立法评论

第1卷
第1辑

中山大学法学院　主办
中山大学中国立法研究大平台　承办
中山大学立法研究中心　协办

主编　黄建武

法律出版社
LAW PRESS·CHINA

本书编委会

主　　编　黄建武

编　　委　（按姓氏笔画排序）

丁建峰　王承志　毛玮　刘诚　孙莹　杜金
杨彪　陈毅坚　郑琼现　黄泷一　董淳锷　韩光明
谢进杰　谢琳

学术委员会　（按姓氏笔画排序）

于海涌　邓世豹　石佑启　冯玉军　任强　刘文静
刘恒　李挚萍　杨建广　吴家清　汪习根　沈国明
宋方青　宋华琳　张亮　陈柏峰　陈俊　周林彬
周旺生　封丽霞　姜明安　郭天武　黄建武　黄瑶
崔卓兰　董皞

《立法评论》卷首语

良法为善治之本，立法乃良法之源。

纵览万国，旷观百世，默验治乱之原，推究兴衰之理，法治兴则国运昌隆，良法立则法治奠基。立法之重，重于九鼎；立法之大，经纬万端。巍巍中华，旧邦新命，历百余年之上下求索，砥砺奋斗，终于确立了全面依法治国、建设现代法治国家的基本方略。法治中国，立法先行，学界唯有切实推进立法研究工作：明澈立法之道，深研立法之理，精通立法之技，博综立法之学，方能为重大立法决策，提供必要的理论支撑，为法治中国的实践，贡献相应的助益。

《立法评论》创办伊始，以立法研究为根本，秉持学术之公心，并重学术义理与实践技艺，促进规范构筑与价值反思，打通法学内外各学科之界限。立足中国之实践，具备世界之眼光。以期商略旧学，融汇新知，折中古今，兼容并包。本评论编委会及诸同人，诚愿为立法研究开辟一片开放讨论的园地。渴盼海内外时贤俊彦,欣予赐稿,于本评论方寸之地,展才思,发慧识,激浊扬清,纵横思辨,抒发高论,构筑名篇,以真诚、理性、宽容、创新之精神,推动立法学术不断精进,共襄立法与法治建设之伟业。

值此创办之际,《立法评论》编委会及诸同仁,诚挚感恩中山大学、广东省人大常委会等的重要支持,感恩一切向本评论赐稿、参与讨论和以各种方式支持我们的良朋益友。

九层之台,起于累土;千里之行,始于足下。我们愿与一切有志于立法学建设的同道携手并进,以宽宏博大之心,海纳百川之学,决定不移之志,坚贞永固之力,承载立法学继往开来之使命,为公平正义的良序社会确立基础,光大中华法律文明之崇高智慧。

《立法评论》编委会

2016年5月22日

目　录

新《立法法》实施研究

立法理论

立法评析与立法建议

地方立法

立法教室

书 评

Table of Contents

Research on the Implement of the New Legislation Law

Legislative Theory

Legislative Analysis and Legislative Proposal

Local Legislation

Legislative Classroom

Book Review

PART 1

新《立法法》实施研究

Research on the Implement of the New Legislation Law

pp. 001 -018

进一步推进民主立法、科学立法与依法立法

姜明安*

目　次

摘要：在全面推进依法治国的新时期，《立法法》的修改是完善法律体系和立法体制的关键环节。此次修法总结了新中国成立以来的立法经验

---

* 姜明安，北京大学法学院教授、博士生导师，宪法与行政法研究中心主任。

教训,定将大力推动我国立法事业,提高立法质量。本文立足于实践经验和法律文本,对新《立法法》在民主立法、科学立法和依法立法三个方面做出的重大突破做出了细致分析。

关键字:民主立法;科学立法;依法立法;《立法法》

在中国特色社会主义法治体系中,立法占有特殊重要的地位。就形式法治而言,要做到"有法可依、有法必依、执法必严、违法必究",[1]立法是前提。没有立法,无法可依,何谈有法必依、执法必严、违法必究?就实质法治而言,要做到"已成立的法律获得普遍的服从,而大家服从的法律又应该本身是制定得良好的法律",[2]其前提仍是立法。没有民主立法、科学立法与依法立法,"良法"不会从天上掉下来,没有良法,何谈大家普遍服从"良法"?何谈法治?更何谈中国特色社会主义法治?

因此,很显然,要推进中国特色社会主义法治,建设法治中国,首先要解决立法问题,解决立法机关如何有效生产"良法"的问题。根据新中国成立以来的长期探索,总结新中国成立以来我国在立法方面的正反两方面的经验,保证立法机关有效生产"良法"的良方是:民主立法、科学立法与依法立法。中共十八大报告(以下简称《报告》)首先提出了"科学立法"的表述,《报告》在论述"全面推进依法治国"的方略时指出,"法治是治国理政的基本方式。要推进科学立法、严格执法、公正司法、全民守法,坚持法律面前人人平等,保证有法必依、执法必严、违法必究"。接着,中共十八届四中全会决定(以下简称《决定》)又增加了"民主立法"的表述。《决定》在论述"良法善治"的治国之道时指出,"法律是治国之重器,良法是善治之前提",因此要"完善立法体制"和"深入

〔1〕"有法可依、有法必依、执法必严、违法必究"这十六字的法治要求是中共十一届三中全会提出来的,比较全面地概括了形式法治的内涵和外延。这十六字的法治要求是形式法治较为经典的表述。

〔2〕[古希腊]亚里士多德:《政治学》,吴寿彭译,商务印书馆1996年版,第199页。亚里士多德提出的"良法"概念,可以认为是人类最早对实质法治理想的描述。

推进科学立法、民主立法”。第十二届全国人大第三次会议通过的《立法法》在科学立法、民主立法的基础上,进一步确立了“依法立法”的原则。《立法法》在总则中规定,“立法应当遵循《宪法》的基本原则”“立法应当依照法定的权限和程序”。这样,作为制定“良法”的整体机制就鲜明地呈现在我们面前:科学立法、民主立法与依法立法。由于民主立法在三项要求中具有更重要的意义,故在三项要求中应置于最前面的位置,三项要求的适当顺序应为:民主立法、科学立法、依法立法。

为了保障和促进民主立法、科学立法、依法立法这三项要求的实施,从整体上提高我国的立法质量,实现良法善治的目标,2015 年第十二届全国人大第三次会议对 2000 年第九届全国人大第三次会议制定的《立法法》进行了全面修改,通过了新的《立法法》。本文特将新立法法中有关民主立法、科学立法、依法立法的规定分别摘引出来,并加以适当解说和阐释。

一、新《立法法》有关保障和促进民主立法的规定

新《立法法》有关保障和促进民主立法的规定主要包括以下三个方面的内容:

其一,保障和促进人民群众特别是人大代表对立法的广泛和深度参与。

我国《宪法》第 2 条规定,中华人民共和国的一切权力属于人民。人民行使国家权力的机关是全国人民代表大会和地方各级人民代表大会。人民依照法律规定,通过各种途径和形式,管理国家事务,管理经济和文化事业,管理社会事务。为了在立法领域贯彻落实宪法的这一原则,新立法法从下述六个方面扩大了人民群众对立法参与的范围和力度,加大了人民群众特别是人大代表在立法中的作用:一是将第 5 条确立的立法原则修改为:立法应当体现人民的意志,发扬社会主义民主,坚持立法公开,保障人民通过多种途径参与立法活动;二是规定人大常委会审议法律案,应当通过多种形式征求全国人大代表的意见,并

将有关情况予以反馈;专门委员会和常委会工作机构进行立法调研,可以邀请有关的全国人大代表参加(第16条);三是要求人大常委会审议法律案时,应当邀请有关的全国人大代表列席会议(第28条);四是规定法律委员会有关的专门委员会和常委会工作机构举行立法听证会,要听取有关基层和群体代表、部门、人民团体、专家、全国人大代表和社会有关方面的意见(第36条);五是要求行政法规在起草过程中,应通过座谈会、论证会、听证会[3]等多种形式广泛听取有关机关、组织、人大代表和社会公众的意见(第67条);六是确定法律草案及其起草、修改的说明等,以及行政法规草案,除相应立法机关决定不予公布的以外,均应当向社会公布,征求意见(第37、67条)。

其二,确立人大,特别是全国人大和全国人大常委会,在立法中的主导作用。

我国宪法明确将国家立法权授予了最高国家权力机关,由最高国家权力机关主导国家立法。《宪法》第57条和第58条规定,国家立法权由全国人大和全国人大常委会行使。行政立法和地方立法均从属于国家立法,而不能超越和违背国家立法。为了切实贯彻宪法确立的这一原则,新《立法法》增加和完善了下述四个方面的规定:一是明确规定全国人大及其常委会加强对立法工作的组织协调,充分发挥其在立法工作中的主导作用(第51条);二是对全国人大及其常委会的专属立法权事项进一步明确、细化,如对非国有财产的征收、征用,[4]特别是确定

〔3〕“听证”简单说来就是听取相对人的意见、陈述、申辩,接收其提交的证据,就对方当事人和其他利害关系人提出的证据进行质证。听证有正式听证和非正式听证。正式听证以听证会的形式举行,有法定主持人主持,有社会公众代表和利害关系人参加,有时还有专家学者参加。听证会不同于论证会,前者解决利益博弈、调整、平衡的问题,保障立法的民主性;后者解决立法涉及的专业技术问题(主要是学者专家参加),保障立法的科学性。

〔4〕对非国有财产的征收、征用指对公民、法人或者其他组织财产的征收、征用。征收主要涉及不动产(土地、房屋等),征用主要涉及动产(如消防部门征用车辆、消防器材灭火,水利部门征用木料、石料防洪等)。征收涉及所有权,征后不归还;征用涉及使用权,用后还要归还。征收征用均要给予补偿。过去法律上没有对征收征用概念加以区别,经常混用。这次《立法法》予以修正。

“税收法定”原则:[5]税种的设立、税率的确定和税收征收管理等税收基本制度只能由法律规定(第8条);三是确定全国人大有关专门委员会、常委会工作机构应当提前参与有关方面的法律草案的起草工作,对涉及综合性、全局性、基础性的重要法律草案,可由有关专门委员会或者常委会工作机构直接组织起草(第53条);四是全国人大常委会通过立法规划、年度立法计划等形式加强对立法工作的统筹安排。国务院法制机构应根据国家总体工作部署拟定国务院年度立法计划,国务院年度立法计划中的法律项目应当与全国人大常委会的立法规划和年度立法计划相衔接(第52、66条)。

其三,适当扩大地方立法主体的范围。

由于我国经济、政治、社会、文化和生态环境“五位一体”的全面发展,随着深化改革和依法治国的全面推进,各个方面对立法的需求不断加大,而我国原有立法体制很难满足此种需求。为了解决目前立法需求不断增加而立法供给不足的矛盾,新《立法法》较大幅度扩大了地方立法主体的范围:将有权制定地方性法规的主体从省、自治区、直辖市以及省、自治区的人民政府所在地的市、经济特区所在地的市和经国务院批准的“较大的市”的人大和人大常委会,扩大到省、自治区、直辖市以及所有设区的市(从新《立法法》通过前的49个市扩大到新《立法法》通过后的284个市)和自治州(全国共30个自治州)的人大和人大常委会(第72条);与之相适应,将有权制定地方政府规章的主体亦从省、自治区、直辖市以及省、自治区的人民政府所在地的市、经济特区所在地的市和经国务院批准的“较大的市”的人民政府,扩大到省、自治区、直辖市以及所有设区的市和自治州的人民政府(第82条)。

---

〔5〕 税收法定是法治国家的基本原则。所谓“税收法定”,是指税收只能由全国人大及其常委会制定的法律规定,行政法规、地方性法规和规章均不得新设税种、税率、税收征管等基本制度或改变法律已规定的税种、税率、税收征管等基本制度。英国在一千多年前即确定了税收由议会规定,没有议会规定,国王不得征税的原则。税收法定是人民主权原则的要求,但是我国目前大多数的税不是由法律,而是由法规规定的,有些重要税收事项甚至是由规章规定的。这次修改《立法法》,就是试图逐步解决这一问题。

扩大地方立法主体的范围,是充分发挥地方深化改革,推进依法治国,全面建设小康社会的迫切需要。有人担心扩大地方立法权会导致立法乱、立法滥,损害国家法制统一。这种担心是完全没有必要的,因为,立法法提供了下述保障,能够防止和避免地方滥用立法权:第一,立法法将重要立法事项都保留给了全国人大及其常委会,划入了全国人大及其常委会的专属立法范围,地方无权染指(第8条);第二,《立法法》确立了上位法效力高于下位法的原则,凡是中央和省级人大及其常委会已经立法的事项,市级人大不能制定与之抵触的地方性法规(第72条);第三,《立法法》建立了对法规的违宪、违法监督审查制度,监督审查机关既可以通过接受备案进行"主动审",又可以接受机关、团体、组织和公民申请进行"被动审"。地方立法机关如果乱立法,滥立法,不仅相应立法会被撤销或宣布无效,而且其负责人和有关责任人员还将被追究法律责任(第98~102条);第四,新《立法法》新增规定,设区的市的立法事项仅限于城乡建设与管理、环境保护、历史文化保护等方面(第72、82条);第五,设区的地方性法规须报省、自治区的人大常委会批准后施行(第72条)。

二、新《立法法》有关保障和促进科学立法的规定

新《立法法》有关保障和促进科学立法的规定主要包括以下两个方面的内容:

其一,创设对立法的可行性评价程序制度和立法前评估程序制度。

在过去的立法实践中,一些地方和部门均存在因草率立法,缺少对立法可行性和风险的评估机制,导致立法不科学、不合理,给国家利益、社会公共利益和公民个人、组织利益造成损害、损失的情况。为解决这一问题,提高立法的科学性,新《立法法》创设了对立法的可行性评价制度和立法前评估制度。关于可行性评价,新《立法法》规定,法律案有关问题专业性较强,需要进行可行性评价的,应当召开论证会,听取有关专家、部门和全国人大代表等方面的意见(第36条)。关于立法前评估,新《立法法》规定,对拟提请常委会审议通过的法律案,在法律委员会提出审议结果报告前,常委会工作机构可以对法律草案中主要制度规范的可行性、法律出台时机、法律实施的社会效果和可能出现的问题进行评估(第39条)。

立法可行性评价和立法前评估两项程序制度虽有着密切的联系,但二者也有区别。首先,评价、评估的法律案所处立法程序的阶段不同:前者在法律案刚列入常委会会议议程的阶段进行,后者在法律案拟提请常委会审议通过,法律委员会提出审议结果报告前的阶段进行;其次,评价、评估的内容不同:前者针对的是法律案中专业性较强的有关问题,后者针对的是法律案中主要制度规范的可行性、法律出台时机、法律实施的社会效果和可能出现的问题;最后,评价、评估的主体不同:前者参加的主体是有关专家、部门和全国人大代表等,后者主体是常委会工作机构。

其二,建立和完善立法后评估程序制度。

为了保障和促进立法的科学性,新立法法创设了一项重要制度:立法后评估程序制度。根据该程序制度,全国人大有关的专门委员会、常委会工作机构可以组织对有关法律或者法律中有关规定进行立法后评估(第63条)。

立法前评估和立法后评估虽然都是为了增加立法的科学性,提高立法的质量,但二者功能不完全相同。立法前评估实质是一种立法论证,包括对相应立法进行必要性、可行性和合宪合法性的论证,其意义在于确定相应立法是否应该出台、何时出台、出台有何风险和如何避免风险,以保证立法的质量。立法后评估是对立法实施情况进行检验,其意义在于确定相应立法是否达到了立法预期的目的,如果没有达到预期目的,是何原因,是立法本身的质量问题,还是在实施环节中出了问题;如果是立法本身存在质量问题(立法后评估主要是评估立法本身的质量问题),应确定产生问题的原因和严重程度,以决定是修改、还是撤销或废止相应法律。立法后评估不仅对于把握相应立法对社会的调整情况,促进相应立法的积极作用和防止与及时消除相应立法的消极作用是非常必要的,而且对于立法机关不断总结立法的正反经验,改进其以后的立法工作亦有非常重要的意义。

三、新《立法法》有关保障和促进依法立法的规定

新《立法法》有关保障和促进依法立法的规定主要包括四个方面的内容:

其一,进一步明确法律保留事项,加强对授权立法的规范和限制。

依法立法首先要求立法遵循法定权限和法定程序。为保证立法机关严格遵循法定权限和法定程序立法,新立法法在原立法法规定的基础上进一步明确了全国人大和全国人大常委会的立法保留事项,对授权立法予以了进一步的规范和制约。在这方面,新《立法法》作出了以下五项修改与完善:一是确定税收法定原则,将“税种的设立、税率的确定和税收征收管理等税收基本制度”列入法律保留事项的范围(第9条第6项);二是将“征用”与征收一道列入法律保留事项的范围(第9条第7项);三是规定作出授权立法的“授权决定应当明确授权的目的、事项、范围、期限以及被授权机关实施授权决定应当遵循的原则等”(第10条第1款);四是规定“授权决定的期限不得超过五年”,除非授权决定另有规定(第10条第2款);五是为处理好改革发展与法治的关系,规定如根据改革发展的需要,需对行政管理等领域的事项在一定期限内在部分地方暂时调整或者暂时停止适用法律的部分规定,需由全国人民代表大会或其常务委员会作出授权决定(第13条)。

其二,加大对部门规章和地方政府规章调整事项的限制。

在现行立法实践中,一些部门规章和地方政府规章存在“任性”限制公民权利、自由和扩大自身权力、权利的现象,屡遭人诟病。为尽量消除这种现象,新立法法分别对部门规章和地方政府规章调整事项的范围加大了限制。对部门规章,新立法法规定,部门规章规定的事项应当属于执行法律或者国务院的行政法规、决定、命令的事项,没有法律

或者国务院的行政法规、决定、命令的依据,部门规章不得设定减损公民、法人和其他组织权利或者增加其义务的规范,不得增加本部门的权力或者减少本部门的法定职责(第80条);对地方政府规章,新立法法规定,设区的市、自治州的人民政府制定地方政府规章,限于城乡建设与管理、环境保护、历史文化保护等方面的事项,没有法律、行政法规、地方性法规的依据,地方政府规章不得设定减损公民、法人和其他组织权利或者增加其义务的规范。另外,对于"应当制定地方性法规但条件尚不成熟的,因行政管理迫切需要而先制定的地方政府规章"只能是临时性的,实施满两年需要继续实施相应规章所规定的行政措施的,应当提请本级人大或其常委会制定地方性法规(第82条)。

在实践中,相比于规章,更多的是规章以下的行政规范性文件"任性"限制公民权利、自由和扩大自身权力、权利,即各级政府和政府部门发布的具有普遍约束力的决定、命令,平时俗称"红头文件"。广义的"红头文件"还包括各级党委和党的工作部门发布的规范性文件。"红头文件"不属于《立法法》规范的"法"的范围,它们目前没有统一的法律调整,违法的概率比法规、规章要高得多。因此,为了规范"红头文件",维护和保障国家法制的统一,迫切需要制定全国统一的《规范性文件法》,对"红头文件"的制定权限、调整事项范围、制定程序和监督审查机制等进行规定。在全国性法律出台以前,应鼓励地方先制定这方面的地方性法规对"红头文件"进行制约和控制,保证"红头文件"的依法制定。

其三,完善和强化立法审查监督机制。

我国《宪法》明确规定,国家维护社会主义法制的统一和尊严。一切法律、行政法规和地方性法规都不得同《宪法》相抵触(第5条)。根据宪法关于国家法制统一的原则,行政法规、地方性法规、自治条例、单行条例和规章不得同法律相抵触,下位法不得同上位法相抵触。为了保障宪法确立的法制统一原则的有效实现,新《立法法》分别在以下四个方面对立法备案审查制度进行了修改完善:一是规定全国人大有关的专门委员会和常委会工作机构可以对报送备案的规范性文件进行主动审查(第99条),《立法法》修改前全国人大有关的专门委员会对报送备案的规范性文件只能应有关机关、团体、组织和公民个人的请求审查;[6]二是规定自治条例、单行条例报送备案时,应当说明对法律、行政法规、地方性法规作出变通的情况,经济特区法规报送备案时,应当说明对法律、行政法规、地方性法规作出变通的情况(第98条);三是规定审查机构经对法规的审查,不仅可对被审查机关提出书面审查意见,还可提出"研究意见"(第100条)。修改前的《立法法》规定审查机构向被审查机关只提出审查意见,而未规定提出"研究意见";四是规定审查机构应当将审查、研究情况向提出审查建议的国家机关、社会团体、企事业组织以及公民反馈,并可以向社会公开(第101条),修改前的立法法没有规定审查机构负有将审查、研究情况向审查建议人反馈的义务,致使审查建议人在提出审查建议后对审查情况一无所知,得不到任何审查信息,从而严重挫伤了广大审查建议人对立法监督的积极性。新《立法法》给审查机构增加反馈义务无疑将鼓励广大人民群众积极行使对立法的监督权,同时,这种反馈义务也必然会给其增加履职压力,督促其认真、积极履行审查职责,以更有效地保障立法的合宪性、合法性。

其四,加强对最高人民法院、最高人民检察院(以下简称"两高")司法解释的规范。

新《立法法》就"两高"的司法解释专门增加了一个专款,规定"最

---

[6] 备案通常即包括审查。在立法法修改前,法规备案也是要审查的,只是仅由人大常委会法工委备案审查室进行审查,是工作性审查而非法律性审查。这次修法将之提升为由专门委员会和常务委员会工作机构进行法律审查,是适应建设法治国家,加强立法监督审查的需要。但是就审查的意义和重要性讲,被动审查的意义和重要性显然大于主动审查的意义和重要性。因为审查机构相对于被行政法规、地方性法规调整的有利害关系的当事人,很难发现立法的问题。例如,你因上访而被收容遣送或劳动教养,你就马上会怀疑《收容遣送条例》或《劳动教养条例》违法;你的房屋被开发商强拆,你就马上会怀疑《房屋拆迁条例》违法;你的企业的产品在某省销售受阻,你就马上会怀疑该省限制外地产品流通的相应地方性法规违法。即使你不懂法,你也会马上去咨询律师或其他懂法的人。相对而言,备案审查机构的工作人员就不一样,他(她)们与这些法规的实施没有利害关系,往往就不会有这样的积极性花时间和精力去琢磨这些法规是不是违法。因此,法规、规章和其他规范性文件审查,最重要的是要打通公民、法人和其他组织申请审查的渠道。当然,加上主动审查则更好。

高人民法院、最高人民检察院作出的属于审判、检察工作中具体应用法律的解释,应当主要针对具体的法律条文,并符合立法的目的、原则和原意。遇有本法第四十五条第二款规定情况的,应当向全国人民代表大会常务委员会提出法律解释的要求或者提出制定、修改有关法律的议案”。“最高人民法院、最高人民检察院作出的属于审判、检察工作中具体应用法律的解释,应当自公布之日起三十日内报全国人民代表大会常务委员会备案。”“最高人民法院、最高人民检察院以外的审判机关和检察机关,不得作出具体应用法律的解释”(第104条)。

《立法法》新增这样的规定,是为了规范和限制“两高”的司法解释权,多年以来,“两高”(特别是最高人民法院)发布了大量的司法解释。全国人大和全国人大常委会制定的某个法律条文可能才100余条,“两高”往往做出200多条或300多条的司法解释。有些解释已经不完全是解释,而是在立法或修改立法,即使是解释,有些也是对人大常委会立法解释权的侵犯。在国外,司法机关通常是通过各案对法律相应的条文做出有针对性的解释,很少或者说几乎不曾像“两高”这样脱离个案做出抽象性、规范性的解释。为了纠正这种偏向,这次《立法法》修改专门增加了这一规定,以适当限制“两高”的司法解释权。当然,说实在话,人大立法往往较为抽象,可操作性较低,立法解释又往往迟迟不出,法院、检察院在办案过程中无所适从以至于只能“自力更生”。现在,《立法法》设定了界限,就将倒逼人大和人大常委会提高立法和释法能力,增加法律的可操作性,保障立法供给满足执法、司法的需求。这样,司法解释越权的现象自然就会逐步减少,乃至最后完全消除。

(责任编辑:刘　诚)

"人大主导立法"的几点思考

沈国明*

目　次

摘要："健全有立法权的人大主导立法的机制体制"乃是党中央对于当代建设社会主义法治国家的重要制度要求。对此，本文从三个方面对"人大主导"进行解读，一是正确理解人大立法与政府立法之间的关系，二是科学构建起相对完备的立法参

* 沈国明，上海市社科联党组书记、专职副主席，中国法学会学术委员会委员、法理学研究会副会长，华东政法大学博士生导师。

与机制,三是在保障立法民主的同时要兼顾立法的科学性。

关键字:人大主导立法;公众参与;科学立法

一、何为"人大主导立法"?——走出"人大主导立法"指人大掌握立法草案起草权的误区

人大常委会不少组成人员对"发挥人大在立法中的主导作用"认识上有偏差。有的人把"人大发挥主导作用"理解成起草法律法规草案的工作应该由人大来承担,有的人把政府提出议案视为不是由人大主导立法的表现。还有人认为,政府提出立法需求会影响人大在立法中发挥主导作用。

从人大实际运作情况来看,人大常委会不具有起草所有法律法规草案的能力。人大常委会人力毕竟有限,一个委员会要联系和监督数个政府部门,根本没有条件承担全部法律法规草案的起草工作。实践中,由人大起草的立法草案通常只限于所谓事关全局的、综合性的、跨部门的这几种没有合适起草单位的法律法规。

从国外历史经验来看,立法机构同样不是完全承担法律草案起草工作。美国国会的工作机构及其立法助手在交流中,非常明确地告诉我们,美国国会85%以上的立法,都是由政府部门提出草案的。

由政府部门提出立法草案,并不意味着立法就体现着政府部门的意志。立法机关能否代表全体人民利益和意志,取决于人大及其常委会是否具有足够的代表性,是否在立法过程中让各方利益充分表达和碰撞,是否能根据最大多数人民的利益进行抉择。人大如果能够代表人民的利益和意志,就能够在审议和通过法律法规的过程中,剔除政府的所谓部门利益倾向,如果人大没有这个能力,反责怪政府部门起草导致立法中的部门利益倾向,那是打错了板子。

由政府部门起草绝大多数法律法规草案是符合实际的,而且好处也很明显。政府在行政管理第一线,最能感受社会对规则的需求,以及了解执法的效果。而且,政府部门起草相关领域法律法规草案,在人力

投入方面比人大常委更有优势。由政府部门起草法律法规草案,可能导致草案带有部门利益倾向,因此,人大要做好审议工作,特别是统一审议工作。

笔者认为,能够发现并剔除部门利益,能够对草案中的这些内容行使否决权,就是人大在主导立法。令人担心的是,人大不着力于解决如何在立法中剔除部门利益的问题,而只关注着如何索要更多的立法草案起草权,真是力气用错了地方。事实上,人大有足够的权力剔除立法中的部门利益,可惜这些权力运用得并不好,人大在立法实践中迁就政府部门比较多,行使否决权比较少。如果这种状况不改变或者不想改变,人大常委会即使承担了法律法规草案的起草工作,仍然不能发挥在立法中的主导作用。

二、推动社会力量参与立法,提高人大立法的代表性

基于人大目前的现状,应当推动"社会力量参与立法",让社会力量参与立法,是对人大代表非专职化、代表性不甚充分的一个补充,期望通过这种制度性安排,弥补法律法规在满足社会需求和反映民意方面的不足。若每位人大代表都能充分反映选民的意见,未必需要让社会力量参与立法的做法来显示立法民主。

任何制度都是有利有弊的,不能指望人民代表大会制度完美无缺。应认识到,在我国目前的发展阶段,人民代表大会制度下的各项运作大体是与国情和发展阶段相适应的。

在代议制条件下让社会力量参与立法,并不意味着所有公民进入立法机关参与立法过程,否则就变成了民粹主义。因此,笔者认为,社会力量参与立法应当有个限度。主要是,就立法中涉及权利和利益分配时的公平性问题广泛听取意见,以使法律法规制定得符合大多数人的要求。这样的做法目前是必要的,因为多数人大代表还不能做到充分反映选民的意愿。

事实上,选民对人大代表的这种状况并没有激烈的反应,这说明,

广大社会成员对社会公共事务参与的积极性不高,人大代表的上述表现只是社会状况的一个缩影。社会参与立法积极性的高低,同法律法规与他们的切身利益紧密性有一定关系,但也不尽然。即使在国外,华人对政治活动的参与度也明显低于其他族裔,这在一定程度上可以用文化传统解释,立法机关对此不必过于纠结。

当然,公众参与是要训练的,在初始阶段,不可能达到理想状态。如果公众参与立法的积极性能极大提高,也许人大代表代表性不足和履职不积极的现状能相应地有所改变。但在这方面,不可能只有执政者期望的“正效应”,也可能带来执政者不愿面对的难题。社会力量参与立法应当尽可能在体制内进行。媒体要参与和引导,立法民主协商、人大组织的听证会、论证会、座谈会应当常态化。在这一过程中,人大应当避免就立法问题做出承诺或结论性的表态,因为人大的立法是集体行为,应当让社会成员都逐渐接受这种概念。

社会力量包括专家,这个群体在参与立法中可以发挥更多的作用。目前,各地的立法实践中只关注法学领域的专家,其实,法律只是一个制度外壳,需要各领域的内容为其提供内核,因此,各领域专家的意见对于制定出一部好的法律法规十分重要。有的地方把立法项目发包给政法院校,这种做法效果很有限。因为,拟制定的法律法规所要调整的各种社会关系,未必是法学院校师生所熟悉的,由熟悉相关社会现状和社会关系的专家参与更合适。选择合适的专家、让专家承担合适的题目,对于解决立法中的难题有益处,但把一个立法项目交由某个专家或团队起草,期望他们解决一系列难题并不现实。

三、注重科学立法,强调实施效果

通过立法保障弱势群体利益,是科学性很强的工作。出于同情,人们往往会在利益分配时向这个群体倾斜,以显示公平。可是,往往效果并不尽如人意。究其原因,对科学性把握不够。

实践一再教育我们,有些法律条文看似能保护弱势群体,实际上却是反效果,这是立法中常有的过失。例如,为保障失业人群体面生活,将最低生活保障线提得与最低工资相近,会导致人们没有就业意愿。解决城乡公共服务均等化问题,只对村镇建设提出要求,但不从财政上解决转移支付问题,所谓的均等化不可能实现。再如,我国未富先老,对老年人权益保护受到空前重视,提高了保障标准,然而很多人将老年人视作负担,一些基本的要求也不能完成。凡此种种,都说明了,不能只提出一些看似代表先进立法理念的条文,更重要的是,让条文实施的结果尽可能与立法宗旨相吻合。

在注重立法民主的时候,一定要注重立法的科学性。立法要真正发挥作用,而不能好看但不中用,成为观赏性立法。在听取民意时、在听取民意后,都要仔细分析,衡量利弊得失。公众参与立法是比较感性的,往往并不了解自己的利益所在,因此要有共产党、要有工会,要有律师。如果我们简单地认为,来自民众的意见必须采纳,与民粹主义无异,结果很可能违背立法初衷,损害民众的利益。

常委会组成人员应当提高科学立法的能力,首先是提高判别力,对立法效果要做预判。其实,有的问题可能比较复杂,有的问题不那么复杂,凭一般正常人的思维和判断也可以得出结论,但是,有的人往往放弃独立思维,听任和跟从领导表态,以致立法出台后达不到预期效果。这样的状态应当改变,人大及其常委会应当首先成为讲科学、讲民主的示范之地。

(责任编辑:刘　诚)

PART 2

立法理论

Legislative Theory

pp. 019 -110

中央地方关系视角下的立法分权

封丽霞*

目　　次

摘要：中央与地方之间进行权力分工与协作，首先应表现为中央与地方立法权与立法职能的划分与界定。从改革开放30多年的立法实践来看，向地方分权一直是中国立法体制发展的方向和趋

* 封丽霞，中共中央党校教授、博士生导师，政法部法学理论室主任。

势。随着《立法法》等专门法律的实施,我国中央与地方立法关系初步实现了制度化与法治化。从建构稳定的法治秩序和实现国家长治久安的目标来看,我国中央与地方立法分权还需要进一步改革与规范。

关键字:中央立法;地方立法;立法集权;立法分权

引 言

中央与地方关系问题,事关国家的稳定与动乱、统一与分裂、兴盛与衰亡。一个国家,正如孟德斯鸠所言,“如果小的话,则亡于外力;如果大的话,则亡于内部的不完善”。[1] 在相当意义上,任何一个国家都只是一个抽象的完整意义上的政治实体。“没有一个政府、即使是最独裁的政府能够做到一切公共决策都由中央作出。”[2]“所有的国家不管规模大小,都必须分成若干行政区,以在其中处理一些纯属与国家有关的事务。”[3]

对于中国这样一个超大规模的国家,“地方政治一向是中国政治史上最大问题”。[4] 关于中央与地方之间实现分权的必然性,严复先生曾这样加以概括:“盖此广土众民,夫既为一国矣,则事之利害,必有关于全体者。又以天时地利人情物产之各殊,必有系于分地者。系其分地者,每最繁剧,而其事又中央之所不必问也。故法每予之以自治之权,使有事得自行其便,惟事设全体,而宜为一律者,则受令于中央之政府。”[5]

从各国政治实践来看,中央与地方之间进行权力分工与协作,国家权力运行和政治治理本身依照劳动分工的规律运作,首先就表现为中

---

〔1〕[法]孟德斯鸠:《论法的精神》,张雁深译,商务印书馆1987年版,第130页。

〔2〕董礼胜:《欧盟成员国中央与地方关系比较研究》,中国政法大学出版社2000年版,第27页。

〔3〕[美]F. J. 古德诺:《政治与行政》,王元译,华夏出版社1987年版,第27页。

〔4〕钱穆:《中国历代政治得失》,三联书店2001年版,第114页。

〔5〕卢云昆编:《社会剧变与规范重建:严复文选》,上海远东出版社1994年版,第210页。

央与地方立法权和立法职能的分工与界定。正如马克思所言“立法权是组织普遍事物的权力”。在任何一个国家,立法都是把由特定物质生活条件所决定的国家意志加以客观化和外在化的过程,也是国家对民众行为进行权威性和确定性指引,对社会资源进行组合配置和创造社会秩序的过程。在国家权力体系中,国家的基本职能有两个:法律的创制和法律的适用。就权力的基本属性而言,立法权是一种创造性的权力,而行政权和司法权都属于“法律的执行功能”范围的权力。在这个意义上可以说,立法权是产生行政权、司法权的渊源与依据。立法作为一项创制普遍的行为规则的政治行为,是国家权力运行的起点,是进行制度安排和国家治理的前提。这也就决定了,在任何一个现代法治国家,中央与地方的权力界定以及政治、经济和社会职能的划分,首先应该通过立法的形式表现出来并加以定型化、制度化和规范化。中央与地方的真正分权,很大程度上通过中央与地方的立法分权来获得。

中央与地方立法关系的实质,从根本上说就是建立在中央与地方各自意志与利益的基础上、以中央集权与地方分权为核心内容的主权国家内部的立法权力和立法结构关系。国家意志和利益通过中央和地方两级政权形式加以表达,国家的法律和政策也必须通过中央和地方两级政权机关才能有效推行于全国各地。故此,中央与地方之间立法权关系的建构是实现国家纵向权限划分的前提性环节,是形成和演绎其他各种中央与地方关系的基础。一个国家中央与地方的立法分权,很大程度上是评价该国中央与地方关系的基本尺度。

从中央立法权来看,中央立法是国家整体利益和社会普遍利益的代言人。中央的集权立法,能够形成国家立法的强大权威和规模效应,有利于培养不同地方的公民对国家法律的整体认同感,有助于民族国家基于同一法律体系基础之上的有效整合,从而有利于国家法制的统一和社会的一体化。从地方立法权来看,每一个地方都是由特定的自然条件、历史文化环境和居民等多种因素共同构成的地方。地方是国家利益在地方的延伸,它代表的是国家利益的一个局部。构成地方的各种因素的多样性、差异性、不可复制性亦导致了不同地方利益的特殊性和不可替代性。因此,地方在就地方性事务进行立法时,具有遥远的中央立法所不可比拟的信息优势和因地制宜条件。地方立法分权不仅能够为当地居民提供一种更为细致周到和直接正面的法律保护,而且大大拉近了民众与立法之间的距离,增添了民众对于国家立法权的真实感和近距离感,更符合立法民主的本质规定性。

一、改革开放、中央与地方立法分权与制度设计

(一)中央与地方立法关系变动的大背景

新中国成立之初的30年,在高度集中的政治经济一体化的计划经济体制模式的束缚之下,"全国一盘棋"是构造中央与地方关系以及不同地方之间的关系的基本原则。每一个地方都是国家这个整体"机器"中的一个"部件",局部必须服从全局,各个地方存在的价值取决于其对全国所做的贡献。在这种格局之下,地方的局部利益服从中央的全局利益是理所当然,地方不可能成为独立的利益和权力主体,地方政府的利益主体意识淡化。在这种历史环境下,全国"一刀切"与"中央高度集权"成为中央与地方关系的主调,立法权被高度集中在中央立法主体手中。

改革开放以来,随着计划经济体制向社会主义市场经济体制的转轨,中央权力不断向地方下放,"全国一盘棋"和中央"一刀切"的格局被打破。地方的"身份"发生了重大变化,"事权"和"财权"地方化的趋势日益明显。特定的地方利益与中央利益出现一定程度的分离。"20世纪80年代以后地方利益结构已不像以前那样是在整体利益的框架内谋取各自的利益,而是从整体利益中脱颖而出,越来越引人注目。"[6]地方在成为有着自主需求的利益主体之后,其发展经济和追逐地方利益的热情被激发出来。政治学者将这种局面总结为"地方主动

〔6〕 胡伟:《政府过程》,浙江人民出版社1998年版,第177页。

型的地方分权资源再分配利益满足体制”,以区别于以往的“中央主动型的权力下放体制”。[7]

地方在中央地方关系中的主动作用,一方面表现为地方突出和强调本地在国家整体经济发展中的地位,影响中央的发展战略决策,争取政策上的优惠和倾斜。实际上,“改革开放以后,各地的自身利益意识空前强烈起来,相互攀比地向中央提出利益要求,甚至超出政策界限追求自身利益,这构成80年代以来中国利益表达的一大景观”。[8] 这时,以权威性和规范化手段来表达和宣示特定地方社会成员的利益,保护本地利益主体,自然成为地方立法的迫切需要和中心内容。

另一方面,由于中央对不同地方实行不同的政策待遇和发展模式,各地的经济发展机制出现重大差异。不同的经济体制以不同的方式对经济利益和社会资源进行配置。不同地方的适应能力和发展程度表现出明显的差异,各地发展呈现明显的“梯度状态”。[9] 各个地方之间的“同质性”在很大程度被打破,而“异质性”却大为加强。其结果就是全国统一立法在某种程度失去了针对性和灵活性,各地急需根据本地的实际需要,进行因地制宜的地方立法。在这种背景之下,地方在国家立法权体系中的地位与价值获得了重新的认识和定位,并逐步获得《宪法》和法律所赋予的立法权。

(二)中央向地方的逐步立法放权

我国经济市场化和政治民主化进程的深入,反映在立法领域就是立法决策的多中心化以及立法主体的多元化。在中央与地方立法关系上,中央与地方在一定程度上已成为两个具有不同权力内涵和利益考虑的立法主体,具有不同的行为目标、价值和功能。来自地方的各种诉

---

〔7〕 王沪宁:《中国变化中的中央和地方政府关系:政治的含义》,载《复旦学报》1988年第5期,第1~8页。

〔8〕 胡伟:《政府过程》,浙江人民出版社1998年版,第177~178页。

〔9〕 参见孙立平:《转型与断裂——改革以来中国社会结构的变迁》,清华大学出版社2004年版,第24页。

求和需要成为中央立法决策时必然要加以权衡的重要因素。地方逐渐改变以往对中央的单向依赖关系,而是根据现实需要向公众供给不同层级和种类的法律产品和公共政策,以多样化的立法形式反映不同地方居民的利益和需求。

从改革开放30多年的立法实践来看,向地方分权一直是中国立法体制发展的方向和趋势。1981年11月26日,第五届全国人大常委会作出关于授权广东省、福建省人民代表大会及其常务委员会制定所属经济特区的各项单行经济法规的决议。1988年第七届全国人民代表大会作出关于授权海南省人民代表大会及其常务委员会制定法规在海南经济特区实施的决议。1992年7月1日,第七届全国人大常委会授权深圳市人民代表大会及其常务委员会根据具体情况和实际需要,遵循宪法的规定以及法律和行政法规的基本原则,制定法规,在深圳经济特区实施;并且授权深圳市人民政府制定规章并在深圳经济特区组织实施。1994年,第八届全国人民代表大会作出关于授权厦门市人民代表大会及其常务委员会和厦门市人民政府分别制定法规和规章在厦门经济特区实施的决定。1996年,作出关于授权汕头市和珠海市人民代表大会及其常务委员会、人民政府分别制定法规和规章在各自的经济特区实施的决定。

(三)以中央集权为主导的"金字塔"式立法分权模式

由1982《宪法》和相关法律构建的我国立法体制的基本特点是"一元两级",即立法权分为中央与地方两级,中央与地方两级立法权都以宪法为行使依据,统一于《宪法》的规定。中央立法权处于"金字塔"的顶部,尤其是国家立法权处于"金字塔"之尖,地方立法权来自中央的单方面授予。下面的每一层级立法权都要向上一层级负责,不得超出和侵犯上级立法权的立法原则和范围,最后统一服从中央。中央相关立法主体,有权对地方立法的合宪性、合法性以及"是否适当"进行审查,并且可以作出改变或撤销的决定。

显然,尽管在我国的中央与地方立法中,存在多个级别的立法主体和多种类别的立法权限,并形成一种立法权"多级并存"和"多类结合"

的样态，但是在中央与地方之间的立法权和立法主体之间依然存在比较明显的地位差别和层级划分。整体而言，我国中央与地方立法权并不像有些联邦制国家那样具有一定程度的“平行展开”和“权力对等”的性质，而是带有典型的“金字塔”式的纵向垂直领导的特点。

1. 对中央专属立法权进行明确列举

2000年《立法法》第8条规定了国家最高立法机关全国人大及其常委会的十类专属立法权，即国家主权事项；各级人民代表大会、人民政府、人民法院和人民检察院的产生、组织和职权；民族区域自治制度、特别行政区制度、基层群众自治制度；犯罪与刑罚；对公民政治权利的剥夺、限制人身自由的强制措施和处罚；对非国有财产的征收；民事基本制度；基本经济制度以及财政、税收、海关、金融和外贸的基本制度；诉讼和仲裁制度；必须由全国人大及其常委会制定法律的其他事项。2015年，新修订的《立法法》对第8条进行了扩充，强化中央在税收立法方面的专属权力，即“税种的设立、税率的确定和税收征收管理等税收基本制度”方面的立法权只能由中央立法主体行使。显然，《立法法》清晰地界定了地方立法主体在这些事项上不能进行任何形式的立法。各省、自治区和直辖市的人大及其常委会也不可能被授权根据地方需要，对上述事项先行制定地方性法规。根据《立法法》第64条规定，这十类事项也被严令排除在地方性法规的“先行立法权”之外。[10]

2. 地方立法在很大程度上是一种执行性立法

相对于中央立法，我国地方立法的主要职能是保证宪法、法律和行

---

〔10〕 从2000年《立法法》的篇章结构来看，国家立法权也被放在一个极其凸显的位置。《立法法》第二章专就全国人民代表大会及其常委会的专有立法权限、立法程序和法律解释等事项作出具体规定。该章涉及我国国家立法权的条文有49条，约占《立法法》全部94条条文的1/2。再加上《立法法》第三章有关国务院及其部委立法权和立法程序的13条相关规定，以及有关中央立法监督权的12条规定、有关中央军委立法权的1条规定，涉及中央立法主体的规定占据整部《立法法》有关中央与地方立法权具体规定的87%左右。而《立法法》中关于地方立法的专门性规定只有11条，占《立法法》有关中央与地方立法权具体规定的13%左右。可以说，我国的《立法法》在很大程度上就是一部“中央立法法”，而远非“中央与地方立法关系法”。这无疑从一个侧面凸显了中央立法权在我国立法权体系中的地位。

政法规在本行政区域的贯彻和执行。换言之,是针对本地政治、经济、文化等发展的实际状况和水平,将原则性强、覆盖面广、弹性大的中央立法,进一步具体化、地方化和实用化,使之具有更强的可操作性。作为典型单一制国家的地方立法机构,我国地方各级立法机关有义务通过地方立法形式执行中央立法的规定,保证中央立法在本行政区域的贯彻和执行。而且,地方立法在很大程度上局限于为执行中央立法制定实施细则或条例。

从制度设计来看,《立法法》并没有列举地方立法的专属性事项,而是以一种模糊的方式加以概括。之所以未对地方立法事项进行专属性划分和列举性规定,在很大程度上是因为受到新中国成立以来的一种积淀深厚"重中央、轻地方"的立法思维的影响。即认为,在中央与地方立法权限划分上必须恪守单一制原则,地方没有完全自主的立法权,地方的所有立法权都来自中央的单方授予。在几乎所有的立法事务上,地方都是中央的执行机构。下级立法权受上级立法权监督,所有立法权受国家立法权的统领与控制。

根据《立法法》第64条、第73条规定,我国地方立法主要有两种类型,一类是执行性立法。根据宪法和地方组织法的有关规定,省、自治区、直辖市的人大及其常委会"在不同宪法、法律、行政法规相抵触的前提下,可以制定地方性法规";较大的市人大及其常委会"在不同宪法、法律、行政法规和本省、自治区的地方性法规相抵触的前提下,可以制定地方性法规";省、自治区、直辖市人民政府"可以根据法律、行政法规,制定规章";较大的市人民政府"可以根据法律、行政法规和本省、自治区的地方性法规,制定规章"。这就说明,在一般意义上,地方立法必须有一个宪法、法律或行政法规的中央立法的依据,地方立法在某种意义上必须在中央立法之后。而且,地方性法规和地方政府规章的内容,应该是中央立法已经涉及过的。地方立法存在的意义,在很大程度上只是在中央立法"圈定"的框架范围内对中央立法加以细化和补充。这样,我国中央与地方立法关系就形成了显著的“上下呼应”和“互为补充”的特点。[11]

另一类是地方自主性立法,即属于地方性事务需要进行的地方立法。除第8条规定的国家立法权专属调整事项之外的其他事项,如国家尚未制定法律或者行政法规,省、自治区、直辖市和较大的市根据本地方的具体情况和实际需要,可以先制定地方性法规。新修订的《立法法》在大量增加有立法权的“较大的市”的数量的同时,对何谓“地方性立法事项”进行了列举式说明:这些“较大的市”在不同宪法、法律、行政法规和本省、自治区的地方性法规相抵触的前提下,“可以对城乡建设与管理、环境保护、历史文化保护等方面的事项制定地方性法规”。显然,《立法法》将“较大的市”有权自主立法的“地方性事务”主要限定为“城市建设与管理”“环境保护”“历史文化保护”等方面。

3.“梯度分权”与地方立法权的差异性

从不同地方享有的立法权的性质及范围来看,我国地方立法已形成一种“梯度分权”格局,不同地方的立法权分配呈现“梯度状态”。即在注重各个地方差异性的基础上,有步骤、非均衡、因地制宜地下放立法权。中央与地方立法关系格局必然呈现出较强的差异性和多样性的特点。

从地方立法的发展历程来看,我国立法权的下放具有渐进性、多样化的特点。一般地方、民族自治地方、较大的市(省自治区人民政府所在地的市、国务院批准的较大的市、经济特区所在地的市、设区的市)、特别行政区等不同地方享有不同级别和权限范围的立法权,不同的地方立法还处于不同的位阶。[12] 一方面,这种“因地而异”的“梯度分权”

〔11〕 从地方性法规和地方政府规章的立法实践来看,大多属于执行性地方立法。参见张春生主编:《〈中华人民共和国立法法〉释义》,法律出版社2000年版,第356页。

〔12〕 我国向地方实行立法分权,除民族地方立法之外,采取的是非均衡、有梯度的方式。其具体过程是:1979年,中共中央、国务院根据广东、福建两省的有利条件,决定在深圳、珠海、汕头、厦门四个地方试办经济特区,并对两省的地方立法采取特殊政策和灵活措施;1983年以后,中共中央、国务院又先后陆续批准了沈阳、大连等14个计划单列市(较大的市),使之在立法方面享有了省级地方立法主体的权力;1988年,第七届全国人大批准建立我国实行特殊立法政策的最大经济特区海南。通过这一系列的政策措施,形成了一种“梯度分权”的地方立法格局。

做法克服了以往立法分权各地都"一刀切"和"统收统放"的弊端,有利于地方合理利用本地优势因地制宜地进行决策,使地方立法自主权真正落到实处。另一方面,这种做法也造成了中央统一立法权领导之下各地立法权"异质性"的强化。由于不同的地理环境、交通条件、历史遗产,以及立法政策、制度模式等现实原因,不同地方的立法发展呈现出巨大的差异和极端不均衡的状态。这种由于立法权下放的不均等所形成的梯度分权格局,不仅扩大了我国地区之间法制环境的差异,也导致了同一主权国家内部的不同地区处于不平等、不公正的竞争地位。[13]

我国中央与地方立法关系的发展,已经在某种程度或从局部意义上超出了"单一集权"模式中央与地方关系的内涵与规定性,在特定地方与中央立法的关系上甚至带上了联邦制的色彩。就民族自治地方而言,其享有的立法变通权,有些已远远超出一些联邦制国家中联邦成员所享有的立法权。就我国香港和我国澳门特别行政区来说,依据特别行政区基本法的规定,这两个特别行政区与中央政府的关系带有浓厚的联邦制色彩。它们所拥有的立法权的地位与范围也已经明显超出联邦制国家中的联邦成员的立法权的地位与范围。[14] 从中央立法与特别行政区立法的关系来看,特别行政区"不实行社会主义制度和政策,保持原有的资本主义制度和生活方式"。凡属高度自治范围的立法事务都由特别行政区自己来进行。特别行政区的政治经济制度独立、财政税收独立、甚至货币制度都独立。就此,有人认为,特别行政区基本法在将香港和澳门收回的同时,又将它们与中国其他地方隔开了。[15] 有

〔13〕 由于权力下放的不均等,不同地方之间的竞争必然是不平等和不公正的。例如,《中外合资经营企业所得税法》规定,合营企业盈利所得税率为30%,并附缴纳所得税额10%的地方所得税和汇出国外利润额的10%的所得税。但在经济特区和开发区则减半征收,地方征税也可由地方机动掌握减免。显然,这就使得经济特区和开发区的中外合资企业与其他地方的中外合资企业处于一种不平等的竞争地位。

〔14〕 联邦制国家的情况是,地方自治立法要求与整个国家的政治、经济制度相同。联邦中央可以依据宪法,要求各联邦成员实行与联邦同样的基本政治和经济制度。

〔15〕 特别行政区立法与大陆(内地)地方立法的差异,参见封丽霞:《"一国两制"与地方立法制度的发展》,载《法学杂志》1998年第3期,第23~24页。

学者认为,“不管怎样,香港(澳门)因素给本来已经比较混乱的中央、地方立法关系又增加了很大的变量”。[16]

4. 中央自上而下的单向性监督

根据《宪法》和《立法法》的相关规定,我国中央立法主体有权审查和撤销不适当的地方立法,地方立法应当接受来自中央立法的纵向监督。比如,全国人民代表大会常务委员会有权撤销同宪法和法律相抵触的行政法规,有权撤销同宪法、法律和行政法规相抵触的地方性法规,有权撤销省、自治区、直辖市的人民代表大会常务委员会批准的违背《宪法》和《立法法》第 66 条第 2 款规定的民族自治地方制定的自治条例和单行条例。国务院也有权改变或者撤销不适当的地方政府规章。

尽管《宪法》和《立法法》都规定,全国人大及其常委会制定的法律不得与宪法相抵触,地方立法不得与宪法和法律相抵触,但是并没有反向规定全国人大及其常委会的立法权亦不得侵入任何地方立法领域。可见,在我国,地方立法必须无条件地接受相关中央立法主体的自上而下的监督。但是反之,中央立法却几乎不受来自地方立法的制约。而且,对于权力归属不明确的立法事项,只能由中央加以定夺。

从《宪法》和《立法法》的规定来看,中央与地方立法冲突的解决,主要依靠的是进行特定立法行为的地方立法主体的上级中央立法机构,而不是作为超脱于中央与地方立法主体之外的以独立“第三者”身份出现的司法机构或其他专门机构。[17] 因此,我国的立法监督在很大程度上是上级立法机关对下级立法机关的自上而下的内部监督。我国的立法冲突审查与裁决也主要是通过全国人民代表大会常务委员会和国务院以类似于行政层级管理的方式进行。

---

〔16〕 参见李亚虹:《中国立法体制建构的几个问题》,载《二十一世纪》1998 年第 6 期,第 47 页。

〔17〕 根据我国《行政诉讼法》第 52、53 条,法院在审判中必须“依据”法律与法规,并“参照”规章,因而无权审查或撤销任何抽象行政行为。

二、现时期中央与地方立法关系的特点

当前我国的中央与地方立法关系,在很大程度上带有“过渡型”或“转型期”的特点。当前的立法体制,是“转型过程中既不能突破现有政治格局,又迫于市场经济的急速发展需要而产生的一个特殊机制。它仍然在衍生与内造之中,是新与旧、独特与一般的混合体。它既没有具体的成文的依据,其实践也还没有上升为一定的理论,有很强的过渡性和实验性”。[18] 具体来说,这种“过渡性”或“实验性”的特殊之处主要表现为:

(一)中央高度集权向地方适度分权的过渡

在新中国成立的前30年,我国在向地方进行立法分权问题上虽然经过多次调整和转折,虽然大起大落、也常常陷于“集权—分权—再集权—再分权”的循环。但是,立法的中央高度集权一直都是这段时期立法体制发展的主旋律。在改革开放之后,我国逐渐打破传统的中央高度集权的中央与地方立法关系的旧格局,开始实现向地方适度立法分权的转型和过渡。在1982年《宪法》确定的中央与地方立法关系基本框架的基础上,立法法、地方组织法、民族区域自治法等重要法律的制定与修改,以及最高立法机关及其常设机关就立法问题作出的若干决议,反映了扩大地方立法权限范围、充分尊重地方立法权的客观要求。

然而,当前中央立法集权与地方立法分权始终存在矛盾,中央与地方立法关系的重塑与定位面临着多重困难。这主要表现为:中央与地方立法权限划分仍带有相当的主观随意性和试验性。《宪法》与《立法法》对于什么是“适度”的中央与地方立法分权、什么是地方立法的专属事项并没有给予明确、科学的阐释。简言之,我国仍旧处于从旧体制下的中央高度集权立法向地方适度分权立法体制的不断摸索、尝试和转

---

〔18〕 李亚虹:《对转型期中央与地方立法关系的思考》,载《中国法学》1996年第1期,第23页。

变的过程之中。

(二)立法的探索性和试验性色彩相当浓厚

过渡型中央与地方立法关系的另一个特点是我国立法的探索性和试验性的色彩相当浓厚。也就是我们通常所说的“摸着石头过河”“有比没有好,快搞比慢搞好”的立法思维。就像经济体制改革摸着石头过河一样,包括立法在内的法制改革也是如此。许多新鲜事物先由行政立法或地方立法调整,经过一段时间的探索、试验,条件成熟时再由全国人大或常委会修改上升为法律。在这种立法观念支配下,行政立法、地方立法逐渐合宪化,并且成为人大立法的智慧来源。在宪法或国家原有法律来不及修改时,国家对于行政立法与地方立法的“改革性”和“超前性”内容采取默认方式。所谓“良性违宪”就是为这些立法寻找正当性理由的借口,即“国家机关的一些措施虽然违背当时宪法的个别条文,但却有利于发展社会生产力、有利于维护国家和民族的根本利益,是有利于社会的行为”。[19]

这种立法的探索性和试验性,在实践中容易造成立法权分散,同时也造成了立法的“短视”或曰“近视”行为。在一定程度上,立法成为“头痛医头、脚痛医脚”的“膏药”,难以做到瞻前顾后、兼顾全局。立法的探索性与试验性的另一种典型表现形式是:先“零售”,后“整售”。这种方法是指在进行相关立法时不必在意法律、法规的完整性。一个法可以分若干次制定出来,先一个部分、一个部分零星地制定。经过一个若干年的积累过程之后,再制定一个完整的法。如我国民事立法。这也决定了我国“试行法”和“暂行法”数量较多。

(三)针对特殊需要和特定事项的授权立法普遍

从我国授权立法的实践来看,为了满足特定时期、特定地区和特定事项的立法发展需要,最高权力机关及其常设机关对国务院、一些地方权力机关以及地方政府进行了多次立法授权。授权立法已经成为我国极其重

---

〔19〕 参见郝铁川:《论良性违宪》,载《法学研究》1996年第4期,第89~91页。

要的一种法律渊源形式,在我国立法实践中发挥了殊为重要的作用。

就中央对地方的授权立法而言,这些授权立法在一定程度上弥补了我国中央立法,尤其是最高权力机关立法的不足与缺憾,使特定的社会关系能够及时得到法的规范调整。另外,这些授权立法细化了中央立法的原则性规定,使之具有可操作性和司法适用的意义,从而有效保障了中央立法的贯彻实施。另外,在我国当前的新旧体制转型期,各种社会关系复杂多变,各地发展也处于极不均衡状态。如果由中央立法进行全国性调整,则有可能使该立法与各地现实情况格格不入。而这在耗费中央立法资源的同时又必然有损于中央立法的权威。通过向特定地方授权立法,就可以在一定程度上解决这方面的困难。因此,这些授权立法在某种意义上可以充当中央立法的“试验田”,能够为中央立法积累有益经验,使日后的中央立法更具科学性、权威性和公信力。

2015 年新《立法法》第 13 条规定:全国人大及其常委会可以根据改革发展的需要,决定就行政管理等领域的特定事项授权在一定期限内在部分地方暂时调整或者暂时停止适用法律的部分规定。这条规定实际上赋予了上海自贸区等特殊的改革试验区更为广泛的立法权。在这些地方,一些行政管理领域的国家法律可以不被适用或只是部分被适用。

(四)地方立法“先行”并带动中央立法的发展

观察改革开放之后中国立法发展的实践,我们可以发现一个显豁的事实是地方立法在某种程度上一直是中央立法的智慧与经验来源。一些地方立法的速度与质量在某些方面甚至超过中央立法。许多立法事项尤其是在经济立法领域,通常是地方进行先行立法,然后中央在地方立法的基础上在进行总结和完善,再颁布全国性法律。简言之,是地方的先行立法带动并推进了中央立法的发展。甚至可以说,在某种意义上,当地方立法普遍开花形成“星火燎原”之势之时,就是中央立法条件成熟之日。

在 30 多年来的地方立法实践中,各地对地方发展的重视使各地均把地方立法放在首位,健全和完善本地法制环境,特别是相关经济法律制度，一直成为许多地方立法主体的重要任务。一些立法力量较强、立法条件成熟的地方，开始向中央索要立法自主权和立法优惠政策，在中央尚未从事某项基本立法之前“先行立法”。地方的这种“先行立法”在经济立法等诸多领域都有所表现。

邓小平同志曾经说过这样的话，“有的法规地方可以先试搞，然后经过总结提高，制定全国通行的法律”。[20] 乔石同志也曾说过，广东省是“立法工作的试验田”。深圳特区作为率先进行改革开放的“立法试验区”，在立法上一直处于全国“先行”的地位。之所以要对深圳经济特区作出立法授权，把深圳市地方立法当作“立法先行”的试验田，第七届全国人民代表大会阐述了这样的理由：“深圳市的进一步发展急需建立起与之相适应的商品经济秩序，它缺乏完整的适应商品经济需要并符合国际惯例的法律体系和保证政府廉洁高效运转的新体制。而深圳市作为我国最早的经济特区，在对外开放和经济体制改革方面走在全国的前列，政府管理经济的方式急需从以行政手段为主向以法律手段为主转化。不仅如此，国外一些发展起来的新兴工业化国家的经验表明，要想在短时间内建立商品经济需要的法律体系，都要大胆地借鉴发达国家和地区的某些经济法规和管理体制。但在借鉴时，为稳妥起见，必须选择适当的地区进行试验，取得经验后再向全国推广。深圳市的人文地理经济情况决定了它是进行此项试验的最适当的地方。”[21]

---

〔20〕 邓小平：《解放思想，实事求是，团结一致向前看》，载《邓小平文选》（第2卷），人民出版社1994年版，第146页。

〔21〕 参见《中华人民共和国第七届全国人民代表大会第二次会议文件汇编》，人民出版社1989年版，第148～149页。以公司制度为例，深圳经济特区率先制定《深圳经济特区股份有限公司条例》《深圳经济特区有限责任公司条例》（1993年8月开始实施）和《〈深圳经济特区有限责任公司条例〉实施细则》。这些地方立法在时间上早于《公司法》，在很大程度上属于“先中央而行”的摸索型立法。深圳经济特区又制定《深圳经济特区股份合作公司条例》，为集体所有制企业的公司化改造提供了规范依据。为了规范国有独资有限公司的组织与行为，深圳经济特区于1999年颁布了《国有独资有限公司条例》。1999年6月，深圳市还颁布了《深圳经济特区商事条例》，首先以地方立法形式明确规定了商人的概念以及营业转让等制度。

(五)中央与地方立法分权的法治化程度远远不够

中央与地方之间立法职权的划分,事关国家统一、政治稳定和经济发展。随着立法法等专门法律的实施,我国中央与地方立法关系已经初步实现了制度化和规范化。但是,从建构一个稳定的法治秩序和实现国家长治久安的目标来看,中央与地方立法分权(事权划分)的制度化与规范化程度还是远远不够的。在单一制的国家结构形式之下,中央与地方的立法分权尚缺乏法律制度层面的清晰界定,这直接导致了现时期立法实践当中存在突出的立法冲突频发、中央立法权威被严重侵蚀以及地方立法发展不平衡、欠规范、短期效应的问题。从新中国成立以来长期的历史实践来看,我国中央与地方关系的规范与调整有两个明显的特征:

一是偏重于政策化调整而非法治化调整。新中国成立之初,宪法性文件中只有《中国人民政治协商会议共同纲领》对中央与地方国家机构职权划分进行了原则规定。之后的1954年《宪法》、1975年《宪法》和1978年《宪法》,对中央与地方职权划分并未加以确定和反映。可以说,在改革开放之前,什么时候向地方分权、怎样分权以及分多少权,并没有一个确定的标准,往往以领导人的认识和意志作为依据。1958年,英国元帅蒙哥马利到我国访问,曾问毛泽东治国经验,毛泽东回答说:"我没有什么经验,就是中央集权多了,我就下放一点;地方分权多了,我就收上来一点。"[22]他要求中央要与地方"商量着办事""每过一个时期就要总结经验",这些阐述都蕴含了至少在当时领导人对中央与地方制度化分权的否定,而是注重以一种灵活多变的政策形式对中央地方关系进行处理。

1982年《宪法》对中央与地方关系进行了原则性的规定"遵循在中央的统一领导下,充分发挥地方的主动性、积极性",即确定了中央地方

---

〔22〕 杨小云:《论新中国成立以来中国共产党处理中央与地方关系的历史经验》,载《政治学研究》2001年第2期,第12~21页。

关系调整的“两个积极性”原则。同时,1982年《宪法》还规定了全国人大及其常委会、国务院,以及地方各级人大、人大常委会和政府的立法权限。2000年,中国第一部《立法法》获得通过。作为国家专门调整和规范立法活动的基本法,该法对中央的专属立法事项进行列举,对地方立法的权限范围、立法程序以及中央对地方的立法监督进行了规范。这使得我国中央和地方的立法职能划分进一步明晰,有力推动了中央与地方立法关系的规范化与法治化。

二是以分散的单行法而非统一法典法的形式加以调整。我国还没有以统一的专门性法典,譬如其他国家的《中央地方关系法》或《地方自治法》等法典形式,就中央地方立法权属问题加以规范和调整。从现有法律法规关于中央地方具体职责划分的规定来看,除了《立法法》《地方各级人民代表大会和地方各级人民政府组织法》《民族区域自治法》、香港澳门特别行政区法之外,其他规定大多散见于行政处罚、行政许可、工商管理、医药文化教育、城乡建设、环境与资源保护、交通通信等方面的行政管理类法律法规,以及财政预算、税收征管、金融外汇、审计统计、国有资产与能源利用、商业外贸、技术监督等经济管理类法律法规,还有一些社会救济与保障、社会保险与劳动保护、工资福利等社会管理方面的单行法律或法规当中。

不可否认,这些涉及中央与地方事权划分与管理职责的法律法规的内容相当丰富、条文数量亦相当可观。但是,这些分散、内部缺乏统一联系的单行法律法规,与规范调整中央地方关系的专门性法典法相比,其权威性、稳定性与统一性都相当缺失。实际上,这些法律法规中关于中央地方职责划分的规定,很大程度上就是政府部门的审批权、许可权、处罚权等行政管理权限在中央地方、上下级政府部门之间的内部划分,很大程度上是以法律法规形式对现有行政管理体制的利益分配结构进行固化。这就使得许多关于中央地方职责分工的规定带有浓厚的部门本位和工具主义色彩,而非国家权力制衡与立法民主意义上的立法分权。

三、中央与地方立法关系的再审视:文本与现实的二元困境

中国作为一个具有悠久的中央专制集权政治传统的超大型国家,其空间结构的巨大差异、历史文化的强大惰性,以及现时期各种问题共时存在、相互纠葛,使得中央与地方立法分权的改革蕴含某些独特的内涵和困难。

(一)中央("条条")与地方("块块")之间的立法冲突与权力消解

关于中央立法的一个突出问题是,虽然在制度层面上实现了充分的中央集权但在实践当中却缺乏足够的权威和支配性权力。在制度设计,中国仍然被认为是目前世界上少数几个中央高度集权的国家之一。中央作为国家主权的唯一代表者居于绝对的主导地位,地方的一切权力从理论上说均来自中央的授权或委托。与制度规定形成鲜明对照的是,在现实的立法过程中,中央立法的高度集权并没有保证国家立法的面面俱到和有效落实。中央将绝大部分极其重要的立法权集中于手中,但又缺乏足够的能力与资源将其有效运作起来并推动立法在全国范围内的施行。尽管从制度设计上,国家立法集中了几乎所有重要的立法权力,但在一些急需中央立法权发挥作用的事项上,中央立法却并未表现出足够的权威和能力,未能保证国家意志的有效贯彻。换言之,中央立法权只是在形式和表象上覆盖了几乎所有重大的事项。而实际上,许多国家立法事项在行政立法的"部门本位主义"(条条)和地方立法的"地方保护主义"(块块)的作用之下被"条块分割"。

在中国现行中央与地方立法关系的语境当中,中央与地方的立法权限划分在很大程度上并不意味着最高立法机关与地方立法机关的整体职权划分。中央立法与地方立法,在很大程度上是通过国务院及其各个职能部门立法与地方立法形成直接关联。当中央立法权主要通过国务院及其部门来实现时,中央立法集权实际上也就变成了中央立法的"部门分权"和"条条集权"。如果国务院的"条条立法"互相阻隔、各

行其是并由此造成整个中央立法的不相协调,那么地方立法就将限于无所适从的局面。而且,近30年的立法实践清晰地告诉我们,中央的"条条立法"与地方的"块块立法"在整个国家立法体制中的地位、职能、利益和权力关系并不是"铁板一块"。相反,它们在相当程度上是不相吻合、具有较大差距甚至是激烈对峙的。这就使得在中央立法的"条条"与地方立法的"块块"就共同事项履行其立法职能时,将不可避免地发生矛盾与冲突。同时,这也使得《宪法》和《立法法》确定的中央与地方立法权限划分无法达到"界限清晰"的效果,只能是形成一种类似于"剪不断、理还乱"状态的中央与地方立法关系现状。

简言之,我国的中央与地方关系是一个以纵向的上下级关系为"统帅"的关系,但这种纵向关系又是由多个错综复杂的"条条"与"块块"关系集合而成。而且,就中央与地方关系发展的现状而言,不管是权力关系、行政关系还是财政关系,中央与地方之间都存在大量的"条块矛盾"。这种矛盾对于中央与地方立法关系的影响就是,整体的国家意志和国家立法在被中央立法的"条条"和地方立法的"块块"消解阻断之后,难以获得统一地贯彻和执行。国家立法权在某种程度上也就被"分割""虚置"和"架空"。

(二)地方立法的两面性:帮忙还是添乱?

在地方立法层面上,尽管在宪法和法律地位上,地方立法只是中央立法的附属和下级。但是,在实践当中,正是地方立法的积极主动和活跃开展才大大减轻了中央立法的压力,缓解了我国迅速发展的社会经济与立法严重缺乏以及立法滞后之间的矛盾。毫无疑问,地方立法的发展是中国特色社会主义法律体系得以基本形成的关键因素之一。许多地方立法"先行"于中央立法的发展,并且在某种程度上已经成为中央立法的主要智慧来源。在我国的立法实践中,许多新鲜事物都是由地方立法预先加以试验,经过一段时间的摸索,条件成熟时再由中央立法主体上升为全国性立法。在这种立法发展模式之下,地方出现的一些超前立法行为甚至是违宪立法行为以"良性"的名义获得了"合宪化”和“合法化”的身份，地方立法亦出现了一定程度上的扩张趋势。与此同时，又由于地方利益的急遽膨胀以及地方立法职能的定位偏差，地方立法中的地方保护主义色彩也日趋浓重并呈现出某种程度上的“法治割据”和“诸侯法治”的局面。

于是，我国当前的中央与地方立法关系的发展就陷入了这样一个两难困境：一方面，在中央政府和地方立法权扩展的同时，最高立法机关的国家立法权相对而言却出现了“弱化”的趋势。在中央与地方立法关系上，中央时常感觉到地方“代行”或“僭越”了一些本应属于中央行使的立法权，感觉到地方立法对于中央立法的“肢解”“冲击”和“挑战”。

另一方面，在享有一定程度的“先行立法权”，甚至可以说一些地方在享有优于联邦制国家的联邦成员所享有的立法分权的同时，我国的地方还时常抱怨自己没有足够的立法自主权。它们的理由是，从宪法和法律的规定来看，地方目前所行使的许多重要的立法权仍然属于中央所有。这些“优先立法权”或“先行立法权”只是在“特定时间”和“特定空间”由地方立法主体代理中央立法主体来行使而已。在一定意义上，地方立法只是中央立法的“试验场”而已，地方的这些先行立法权没有什么宪法和法律的绝对保障，中央可以随时将这些权力收回。而且，在一些明显与中央立法相抵触但却常常以“良性违宪”为由而仍然行之有效的地方立法面前，以及在频繁发生的中央与地方立法冲突面前，地方并没有从自身去寻找原因而总是在抱怨中央立法管得太多、太死。

显然，在同一历史时期，我国的中央与地方立法“分享”了中央高度集权和地方过度分权的两重弊端。这就决定了，我国立法体制在被一些人抨击为高度中央集权的同时，又被另外一些人指责为权力分散、立法混乱和地方法治割据。中央与地方立法关系发展的这种困境，在一定程度削弱了中央立法，尤其是国家立法的权威和全局调控能力。而且更为严重的是，在地方获得部分立法分权的同时，地方立法权对地方居民负责的责任机制以及真正意义上的地方民主却并没有相应地发展起来。这使得地方立法在很大程度上既摆脱了中央立法的监督与控制，在某种层面上又没有获得地方自治立法所应蕴含的足够的民主性和地方性。

简言之，在当前中央与地方立法关系的制度设计之下，在现实的中央与地方立法关系运作的过程中，整个国家的立法权配置既缺乏必要的中央“集权”，又缺乏足够的地方“分权”。在缺乏必要的“中央性”“集中性”和“统一性”的同时，又深度缺乏立法的“地方性”和“民主性”。这既是中央与地方立法关系发展的“瓶颈”所在，亦是中央与地方立法关系的改革所必须克服的“顽疾”。

（三）改革与规范中央与地方立法关系的基本思路

第一，中央立法集权与地方立法分权应当“集分并存”，中央立法集权应是一种“选择性集权”。

正如凯尔森在《法与国家的一般理论》一书中所认为的，全部的中央集权立法，和全部的地方分权立法，都只是“理想的两极”。在一个法治社会里，立法权限划分必须有一个集权的最低限度和一个分权的最高限度，国家才不致有瓦解的危险。[23] 如果中央“过分”集权，对全部立法事务事无巨细、大包大揽，必然导致中央与地方权责失衡，地方难以有积极性通过立法形式有效表达本地利益与社会需求；如果地方“过分”分权，大量僭越中央专属立法事项，必然导致中央立法权威的损减和危害国家的法制统一。实践当中，中央地方立法权配置失衡与权属边界混乱，直接带来的就是在中央地方利益交集、“权重责轻”的重点领域立法密集、权力冲突频发。而在一些“权小责大”的立法事项上又容易出现消极的立法不作为和大量的立法空白。

在当代中国的历史条件和现实语境之下，我们所需要的中央集权的特殊性主要体现为，相对于传统的中央高度集权而言，它应该是“选

〔23〕 参见［奥］凯尔森：《法与国家的一般理论》，沈宗灵译，中国大百科全书出版社1996年版，第337～338页。

择性”的中央集权。相对于联邦主义的中央集权而言,它应该是以中央为“主导”和占“绝对优势”的中央集权。我国中央与地方立法关系的规范与改革,应从过去强调“中央绝对集权”的立法体制朝着“中央选择性集权”和“地方适度分权”的趋势发展。

第二,中央立法应该“有所为”和“有所不为”,中央立法集权应是一种“有限度”的集权。

在当前的历史条件下,加强中央立法集权,并不意味着回到中央高度集权的老路上去。也绝不是把应该赋予地方的立法权“上收”回来,而是在“集分并存”的基础上强化中央立法在全局性公共事务中的制度化权威。恩格斯曾提出这样一个精辟的观点:中央集权并不是要把一切权力都集中于中央,而只是把必要的权力集中于中央,把其他的权力留给地方。[24] 邓小平也曾明确指出:“中央行使权力,是在大的问题上,在方向问题上。”[25]这当然也就意味着中央在行使立法权时,不应是事无巨细、大权独揽,而应该是有限度、有偏重。有时候“眉毛胡子一起抓”,反而可能陷入“居其位不谋其政”或是“捡了芝麻,丢掉西瓜”的困境。

在我国单一制国家架构之内,中央立法的专有立法权限几乎涵盖了国家政治制度、公民的基本政治权利、公民的民商事权利、公民的社会权利等各个领域。实际上,许多依据现行立法体制划归为中央的立法事项,已经超出了中央立法的“必要”和“必须”的范围。在立法实践当中有一个突出问题就是,地方立法的许多内容,尽管从理论上说是“违宪”或“违法”的,但在实践当中却取得了良性的效果。究其原因,并不在于这些内容本身不合法、不正当,而在很大程度上是因为作为上位法的中央立法规定了某些它们本来就不应该或不适于规定的东西,

〔24〕 参见[德]恩格斯:《集权与自由》,载《马克思恩格斯全集》(第41卷),人民出版社1982年版,第396~397页。

〔25〕 参见《邓小平文选》(第3卷),人民出版社1994年版,第278页。

不应该涉足或过多限制本来属于因地制宜的地方性事务。

因此，我们的结论是，没有任何一个立法者是全知全能、先知先觉的，也没有任何一个立法者在任何时候的判断都是英明正确的。中央所集之权只能是依法应属于中央的那部分权力，而不是所有的国家权力；中央不应侵犯依法属于地方的那部分权力。[26] 只有在中央立法"有所不为"的条件之下，中央立法主体才能集中时间、人员、精力等有限的立法资源用于必须由中央立法加以解决的全局性问题上面去。"事实上，也只有在中央政府有所不为的前提下，才能真正保证有所为。"[27]

第三，中央立法集权必须借助于健全而高效的组织体系、运行机制和相应的物质保障。

就我国中央立法的实践而言，要能够真正有效地行使中央立法权，防止国家立法权被部门立法的"条条"和地方立法的"块块"消解和削弱，遏制国家立法权的行政化、司法化和地方化趋势，中央立法主体首先必须拥有适度的立法规模、足够的立法时间和高素质的立法专门人才，在注重立法民主的同时兼顾立法效率；其次，中央立法主体必须配备发达的信息系统和资料系统。唯此，中央立法主体才能对各种现实问题和社会的立法需求作出迅速反应，才能最大限度地利用国内外各种立法信息与资料，加快立法的速度和进程；最后，中央立法主体必须具有强大、长效的控制、监测机制和统一协调能力。唯此，中央立法主体才能对地方的各种立法行为进行甄别、审查和纠正，有效防止中央立法在执行过程中的变形走样以及立法冲突现象的发生，从而确保全国法制统一。

新中国成立以来的历史实践充分表明，只有在中央地方权限划分明确、权责配置合理的基础之上，中央与地方的两个积极性才能充分调

〔26〕 刘小兵：《中央与地方关系的法律思考》，载《中国法学》1995 年第 2 期，第 29 页。
〔27〕 张千帆：《宪法变通与地方试验》，载《法学研究》2007 年第 1 期，第 72 页。

动起来。故此,当前全面深化改革的一个重点要义就是要以制度化的契约(法律)方式明确中央与对方的权力配置,明确哪些权力应该属于地方,哪些权力是中央专属的?如果说改革开放以来中国经济改革成功的关键在于中央向地方的财政分权。那么,中国法治建设取得的诸多成就也要归功于中央向地方的立法分权。

从现实的角度来看,中央与地方立法关系的进一步规范与改革必然是一个充满挑战、长期而艰辛的过程。甚至有学者将其概括为"当代中国宪政体制中最难进行规范性概括的方面之一"。[28] 当代中国中央与地方立法关系的发展必然是富有较大弹性的,有可能长期徘徊于中央高度集权与地方过度分权之间,更有可能超越传统的单一制与联邦制区分的固有理论模式。中央在进行立法时,不能不考虑地方的利益和态度;地方在立法时,也不得不设法取得中央的支持。中央立法与地方立法将长期处于一种紧绷的"张力"之中。

(责任编辑:黄建武)

---

〔28〕 参见胡伟:《政府过程》,浙江人民出版社 1998 年版,第 55 ~ 73 页。

《立法评论》第1卷·第1辑

变革语境下普法活动的立法路线图:以资源分配为视角

杨　彪　叶　琪*

目　次

---

* 杨彪,法学博士,中山大学法学院副教授、中山大学法学理论与法律实践研究中心研究员;叶琪,中山大学法学院硕士研究生;本文写作获得“广东省培养高层次人才特殊支持计划”青年文化英才项目支持。

摘要:普法是我国一项重要的法律活动,目前"六五"普法已经结束,过去普法的得失得到了充分的讨论。普法领域的立法问题受到的关注较少,但普法立法对于有效分配合理普法领域的有限资源,促进普法目标实现具有重要意义。当以资源分配的视角分析时,不同的普法参与者、不同的普法措施具有不同的立法价值。

关键字:普法;立法;资源分配;绩效评估;互联网

一、引子:未完待续的普法论争

我国的普法工作已经走过了30年,虽然一直存在争议,但不可以否认30年的普法确实对我国法治社会的建设发挥了积极作用。如今"六五"普法已经走到了尾声,未来的普法工作何去何从殊值讨论。

有关普法的理论纷争很多,如对普法本身合理性进行讨论,有研究者将我国学界关于普法的主流看法概括为三种有代表性的观点:有观点认为普法在我们这个后法治化国家具有极其重要的意义,反对者对普法及其成效提出了质疑,[1]还有的观点介于两者之间,既不从根本上否定普法活动,又对其目标和作用提出质疑。[2] 此外也有大量论著对普法的定位和作用进行分析,[3]有的认为普法是法律的告知和说服,[4]或是一场自上而下的法律尝试启蒙运动,[5]或是配合立法的政治动员,将大、小传统缝缀起来,整合一体,而蔚为一种法律共同体。[6] 其他的讨论包括普法与传统中国法律传播的比较,[7]现实普法出现的问题和相

[1] 宋晓:《普法的悖论》,载《法制与社会发展》2009年2月,第25~33页。

[2] 凌斌:《普法、法盲与法治》,载《法制与社会发展》2004年第2期,第126~140页。

[3] 王平:《从组织传播到大众传播:普法传播的路径选择》,载《广西社会科学》2010年第2期,第148~151页。

[4] 汪太贤:《从"受体"的立场与视角看"普法"的限度》,载《探索》2006年第1期,第154~156页。

[5] 张明新:《对当代中国普法活动的反思》,载《法学》2009年第10期,第30~36页。

[6] 许章润:《普法运动》,载《读书》2008年第1期,第41~46页。

[7] 张明新:《对当代中国普法活动的反思》,载《法学》2009年第10期,第30~36页。

应对策,[8]再有细致到针对不同群体提出具体的普法建议,[9]等等。还有学者从传播学或教育学角度对普法进行讨论分析。[10]上述研究具有重要的理论价值和现实启发。但作为一项公共事务或社会活动,鲜有论者将普法作为一种立法对象进行考量,某些分析虽然提出了普法立法的政策建议,但并没有真正从立法本身的功能价值出发,[11]在提出具体普法措施时,更少有从立法配置社会资源的角度对普法措施进行分析。

立法是实现社会资源分配或再分配的重要手段,[12]在所有的分配形式中,立法可以说是社会利益与负担最重要、最权威的分配形式。[13]就普法的目的而言,普法绝不仅仅为了法律知识的传播,正如学者认为"普法"并不是一辆发送法律知识的运输车,也不是一种旨在确立支配性关系的权力媒介,而是一条旨在让全中国人民加入法制建设、过上一种"法治"生活的生产线。[14]可见,普法的最终目标应是促进法治社会的建立。普法本身需要消耗大量资源,对于普法者而言——特别是承担重要普法任务的政府,如何利用有限的资源高效普法成为关乎普法持续性、有效性以及能否尽快实现普法目标的关键问题。对普法活动进行立法,不仅可以从运动式治理转向常规式治理,还可以将资源分配或引导分配到普法效率最高之处,从而促进我国下一阶段普法工作的有效开展。本文无意于讨论普法本身的性质或普法合理性问题,而是

---

〔8〕 参见卢刚:《新时期中国普法问题研究》,吉林大学2014年博士学位论文;徐前、叶建丰:《社会普法教育机制的完善构想》,载《中国司法》2014年第3期,第15~20页。

〔9〕 刘莹、林伯海:《新媒体环境下我国青少年普法教育探索》,载《思想教育研究》2013年第5期,第55~58页。

〔10〕 参见郑欣、王英:《农村普法的传播渠道研究》,载《当代传播》2013年第5期,第84~87页;王晓烁、刘庆顺:《影响我国普法实效的因素》,载《河北大学学报》(哲学社会科学版)2011年第2期,第47~53页。

〔11〕 高学敏:《中国公民普法教育演进研究》,复旦大学2014年博士学位论文。

〔12〕 冯祥武:《民主立法是立法与社会资源分配的理性路径》,载《东方法学》2010年第4期,第147~154页。

〔13〕 参见黄文艺:《立法学》,高等教育出版社2008年版,第22页。

〔14〕 凌斌:《普法、法盲与法治》,载《法制与社会发展》2004年第2期,第126~140页。

在肯定普法的必要性的前提下，立足于当前普法现实，将普法作为立法对象，从有效分配资源、利用资源的视角对普法主体和普法措施进行分析考察，勾勒出中国未来普法活动的立法图景。

二、从运动政治到法治政治：普法活动立法的公共价值

立法是国家对资源进行分配、组合的计划预设，〔15〕并且是一种可见、有强制力的方式进行。不同于市场通过价格和意思自治来实现资源的有效配置，实现资源向评价更高者的流动，在诸如普法等公共事务领域，由于巨大的成本、投资周期和"搭便车"者的存在，个体往往没有充足的激励去投入资源、开展活动，此时就需要依靠政府或公共组织来集中资源、投入资源以实现社会总体福利的增加，因此对于公共事务，立法成为了实现社会资源分配或再分配的重要手段。同样在普法领域，资源的配置方式也主要依靠普法者的计划和安排。当价格无法对资源进行安排时，单纯依靠公共组织很可能发生资源的低效、浪费甚至中饱私囊。在假设立法者具有相当明智的发展眼光和立法技术时，立法者可以对某一场域的资源流向作出预先安排和引导，并且以强制力保证资源配置得到有效的执行。此外，普法本身就是一项要求资源集中并高度利用的工作，应当把有限的资源放在最有效的地方，以最有效的方式进行普法活动，特别从政府工作的角度考虑，普法工作毕竟只是一个地方政府众多工作中的一项，扶贫、教育、社会管理等工作都需要消耗大量的人财物，并且普法工作往往需要联合多个部门，进行多种活动，所需消耗的资源十分可观。因此，普法本身的特点要求对有限资源作出尽可能合理高效的安排，而立法就是一种有效安排资源的方式。普法所采取的措施是否能够高效普法，是否能够以最少的成本达到最大的功效，这应当成为普法者和立法者选择、实施、评价普法措施时的

〔15〕 冯祥武：《国家立法与社会资源分配的内在逻辑》，载《政法学刊》2009年第6期，第11～17页。

核心标准。

过去学者一直没有将普法视为可以进行立法调整的社会对象,主要是因为其将普法视为一种政治运动,而一般认为政治运动的内容很难通过立法来规范。如有学者明确表示普法就不是单纯的法律活动,而更多的甚至在根本上是一个政治过程,是国家政权建设、建立民族国家、现代化(首先是推行市场经济)的一部分。[16] 不可否认,我国普法确实是一次自上而下的知识传达,也许正如许章润教授所说这是一场法制强行军。[17] 但首先,就最广泛的意义而言,绝大多数国家建设的内容都是意图将国家上下缝合一致,缔造一个共同体,但这是否就意味着这些领域不能存在立法呢? 显然不是。立法的作用是配置社会资源,激励人们行为,最终实现立法者的目的,从这个角度来说,包括普法在内的政治领域仍然可以并且有必要成为立法的对象。其次,普法本身并不是一成不变的,我国的普法工作已进行了 30 年。可以预见,作为主要普法者的政府会改进工作方法已达到普法目标,不同社会角色在普法中的作用也将改变,我们也可以预见未来的普法方式绝不会是单调的"上对下"单项传达,更多的将是信息的自由流通和公共意见的讨论。而立法正是可以促进普法向这几个方向更好的发展,一个明智的立法者正是可以将普法资源配置或引导到以上几个方向,从而推动普法活动的更新发展。因此可以说,立法可以进行引导和推动未来的普法将以何种方式进行。

三、社会动员与多元供给:普法中的知识传播者

任何社会活动都需要一定的推动者和参与者,普法活动是一项复杂的社会工程,其推动者和参与者更加复杂多样,我们可以说普法的传播受众是全体社会成员,而传播者/推动者则较为复杂。从过去数十年

---

〔16〕 凌斌:《普法、法盲与法治》,载《法制与社会发展》2004 年第 2 期,第 126 ~ 140 页。

〔17〕 许章润:《普法运动》,载《读书》2008 年第 1 期,第 41 ~ 46 页。

的经验过程来看,中国的普法是政府所做决策并在政府的推动下进行的,但随着社会法律意识的不断增强,其他普法推动者逐渐走上舞台并扮演着越来越重要的角色。因此,立法者必须充分认识到各种普法者的参与可能、参与方式、不同角色未来重要性、参与普法将如何影响普法的资源利用以及哪一种参与方式或参与组合可以从整体上更好地提高资源利用。

(一)政府

我国的普法活动中最主要的普法者是政府,政府时普法活动的计划制定者,普法活动从缘起即是在政府的主动下进行,从“一五”到“六五”,每一阶段普法活动的对象重点、方针政策无不是出于政府的计划;[18]政府也是普法的有力推动者,从过去的普法历史中看,普法活动所需要的大量人财物及渠道资源,基本都是由政府提供。有学者把当前的这种普法模式总结为“国家推进型”,典型特征包括政府主导、上级评估、执行力强但资源利用率不高等。[19]

许多学者也提出政府普法潜藏着悖论。有观点认为,政府推进型法治道路必然带来过度膨胀和高度集中的国家权力,这不符合法治的内涵和基本要求的,普法的最终目标与政府自身的利益是相悖的,因为通过普法实现的法治社会的首要标准便是有限政府。[20] 政府权力在推进法治的过程中很难形成自我的制度约束,公民权利不断萎缩,法律的价值合理性与形式合理性脱节,不利于建立整体、全面和具有持久实施力的法治等问题。[21]

---

〔18〕 中国普法的相关制度主要包括中央宣传部、司法部的每五年普法规划、各部委和地方各级制定的普法规划、各地制定的《n省(市)法制宣传教育条例》地方性法规和作为普法内容的现行有效法律制度。参见高学敏:《中国公民普法教育演进研究》,复旦大学2014年博士学位论文。

〔19〕 郑欣、王英:《农村普法的传播渠道研究》,载《当代传播》2013年第5期,第84~87页。

〔20〕 参见何勤华、任超等:《法治的追求——理念、路径和模式的比较》,北京大学出版社2005年版,第22页。

〔21〕 高学敏:《中国公民普法教育演进研究》,复旦大学2014年博士学位论文。

这种分析和担忧不无道理,但这并不能成为我们否认政府普法角色的理由。第一,应当承认,政府担任普法者有若干积极效应。普法是一项需要多种社会资源的活动,除了普法者,往往还需要司法部门、行政部分、学校、媒体等多社会群体的参加,而政府作为一个地区各项社会事务的管理协调者,有能力有渠道调动、整合社会各群体,从而可以有效推进普法工作。第二,由政府担任普法者可以增强了民众对普法活动的信任和接受度,政府作为国家行政力量的载体与人们的日常生活接触最多,对于相当部分的普通人来说政府行为是国家力量或国家意志的代表,因此由政府主导的普法活动可以增强人们对普法内容的信任和接受度。第三,确如学者指出的,由社会力量主导的普法可能更有利于普法的效益最大化,更能对公民的个性化需求做出回应。但考虑到目前社会情况,仅依靠社会力量还不足以推动普法活动的顺利开展,不论是从组织力量还是资源调动,在未来相当一段时间内,政府仍然需要承担起推进普法的重任。最后,关于普法要求的有限政府与政府本身寻求权力膨胀相悖,这种理论上的悖论并非没有解决之道。虽然权力天生具有自我膨胀的天然特性,但政府权力的自我收缩、自我限制是法治社会长期发展的必然要求,从近年来随着对公民权利、法制政府的强调和重视我们可以看到政府自我约束的决心,因此我们不能因为理论上可能的悖论就否定政府在普法中的重要角色。

随着未来市民社会的不断发展、民主法治意识的不断增强、中国政治改革的进行,政府在普法活动中的主导作用也许将逐步减弱,也许其主导作用最终将由社会普法力量取代,但从当前现实出发,目前政府仍然可以并需要在普法活动中发挥重要作用,这一点无法一夜改变,因此相较于政府普法的理论悖论或是潜在危害,我们更应该关注的是在我们无法改变政府作为普法者的重要作用的情况下,如何利用现有制度,能尽可能促进政府积极有效地开展普法工作。

(二)法律人共同体

政府虽然是普法活动最主要的推动力,但普法不单单是一项政府工作,更多的社会群体可以并应当参与其中成为推动普法活动的重要力量。法律人共同体就可以成为一个关键的普法者。虽然有学者提出,过多的依赖于作为少数的法律人群体的主观一致,将脱离作为多数的普法受众,造成一种"法治的精英主义"。[22] 但我们应该看到,法律人作为法律知识的专业人士,可以在普法活动中将更为专业、细致的法律知识进行宣传传播,并且由于法律人经过多年法律教育和法律事件的熏陶,其在普法宣传中除了具体的法律知识,更能传达出法治精神、法律思维,这是非专业法律人难以精确把握的,有论者甚至认为无论在何处,以促进理性化国家的发展为方向的政治革新,一概是由受过训练的法律学家所发动。[23]

并且,从法律人自身出发,他们应有责任和动力进行普法活动。对于法律人来说,实现法治首先是一种职业理想,其希望法律所代表的理性精神及其价值观能够普及于民众,社会能够信任法律、尊敬法律。[24] 当然作为一个职业共同体的法律人来说,将法律理念普法目标并不仅仅是自己崇高理想的实现,法治社会的形成法律人将成为一个巨大的得益者。他们会受到社会的尊重,得到更多的工作机会及相应而来的实利,也正是因为现实的激励,法律人有更为实际的推动力来说服自己加入到普法的行列中来。作为一个整体,无论在物质上还是精神上,法律人都有足够的理由推动这一活动的进行。

(三)媒体

普法宣传教育本质上是一种传播活动,[25] 媒体是普法活动中的当

---

〔22〕 凌斌:《普法、法盲与法治》,载《法制与社会发展》2004 年第 2 期,第 126 ~ 140 页。

〔23〕 参见程燎原:《"法律人之治":"法治政府"的主体性诠释》,载《西南民族学院学报》(哲学社会科学版)2001 年第 12 期,第 110 页。

〔24〕 卢刚:《新时期中国普法问题研究》,吉林大学 2014 年博士学位论文。

〔25〕 王平:《从组织传播到大众传播:普法传播的路径选择》,载《广西社会科学》2010 年第 2 期,第 148 ~ 151 页。

然一环,无论是政府或是法律人共同体,要想将法律知识或是自己所信仰的法律理念及目标推行于社会,不可避免要经过媒体的途径。尤其是随着信息社会的快速发展,媒体在当下社会中的地位逐渐凸显,发挥着越来越重要的功用。随着对媒体的认识研究更加深入,人们也逐渐改变了对简单的信息交流途径的认知。同时,它还是一个以公共利益为取向的公共机构,承担公民与社会团体参与民主进程的政治功能。在当下社会,它事实上起着政府与社会关系的连接作用,从某种程度上讲,社会与政治的共存是通过大众传媒实现的,在人类越来越依赖于高科技的时代更是如此。所以对于普法活动来说,绝不可轻视媒体这一普法参与者,或将其简单化处理。

作为具有自身利益的社会的一元,媒体并不仅仅是法律或者普法者的工具,媒体并不会毫无原因地投入普法的活动之中,其进入普法领域自然存在自己的激励和目标。法律类题材对于媒体具有天生的吸引力,因为法律往往与案件或社会热点事件相连。人们对于反常的事物通常有着浓厚的兴趣,这或可归因为人类自我保护的本能,而法律案件则是一种重要的,甚至是最为极端的一种社会反常现象,因此人们对于案件有着天生的兴趣,这样的兴趣自然也转化为媒体的关注热点。其次法律题材——特别是立法或典型案件——往往与社会热点问题或关注重点相连,媒体在关注社会热点、讨论社会问题的同时也是在将最新最热的法律动态进行传播。[26] 因此,我国媒体不缺乏将法律纳入自己的平台向民众普及的动力,这不仅是普法的要求,也是媒体自身规律的要求。

归结而言,普法活动是一个多社会团体参与的活动,政府、法律人、媒体等多个角色都可以也应当参与其中。就目前情况而言,普法如同

〔26〕 比如2011年最高人民法院《关于适用〈中华人民共和国婚姻法〉若干问题的解释(三)》出台时引起的广泛报道与社会热议,2016年4月实施的新关税也引起了人们对海外代购、海外购物的广泛关注。

任何一种公共事务一样，由于过于庞大的成本和“搭便车”行为的存在以及行为效果的不显著性，个人难以有充足的动力去进行，虽然法律人共同体、媒体作为一个行业整体存在普法的动力和需求，但除非行业组织能够发挥相当强大的作用，由法律人、媒体行业中的个人承担起普法重任目前来看仍不现实，所以政府仍然是主要的普法推动力，如何激励、引导政府进行有效的普法工作仍应在普法立法中予以重点关注。但我们也应当看到政府并不是唯一的普法推动力，随着人们受教育程度的不断提高，获得法律信息的途径在不断增加，至少现在已有相当一部分城市居民不再依赖于政府组织的各类法律宣传教育活，在关于法律知识层面的信息已经表现出相当程度的自主性。公众传媒和自媒体的蓬勃发展，以媒体为代表的其他社会力量将在未来的普法舞台上发挥越来越重要的作用，因此如何促进其他普法力量的有效参与、如何充分发挥网络与新媒体的效力应当成为我国普法立法中考虑的重点。

四、中国普法活动立法的策略与举措

除了对普法者的关注，立法者更应当注重具体普法策略与举措的选择，不同的普法思路对资源的要求不同，普法成果也不同。新的社会环境、特定的普法阶段以及普法领域有限的总资源都要求普法措施的设计者应当将资源投入到能够最有效产生普法成果的措施中去。从普法资源本身来看，普法资源有限，措施是否可以最有效地实现普法之目的；从大的社会资源来看，这些措施是否可以从长期、全局的角度上节约社会资源。

（一）从知识到理念

过去数十年的普法内容主要是以法律知识为主，从前十年的“扫盲式普法”，到“三五”首次在普法目标中提到了法制意识与法制观念，再到“四五”“五五”对法律教育、法律素质进一步强调。“六五”的普法目标有了较大改进，从过去强调单维度、向多维度的转变，从纯粹法律知识、法律意识、法律素质到法治精神、法治文化方向的发展，并将公民自觉学法、守法、用法的法治实践作为目标予以推进。这一转变是值得肯定的，在未来的普法立法和普法实践中也应当按照这一思路，继续侧重法律理念与法律服务，这是长期意义上有利于提高普法效率、节约普法资源、实现普法目标的要求。

首先，我国基础法律体系已基本建成，与民众生活最息息相关的合同、侵权、物权、婚姻家庭、刑法等基本都已经颁布多年，基础法律知识已经随着前期“扫盲式普法”“知识性普法”的进行而得以传播，甚至很多法律知识已经成为了基本常识或社会经验，可以通过人际交流或生活体验进行传播，因此在以后的普法活动中，这部分法律知识再进行重复普及是否还有必要呢？这部分普法资源是否可进行其他更高效的利用呢？其答案不言而喻。

其次，普法的一个关键因素是受众的接受程度，接受程度的高低与对法律的需求密切相关，而法律需求又来源于日常生活，因此与普罗大众生活距离较远的法律人们需求度并不高。而随着我国法律体系不断完善，相应的司法解释、条例细则更加复杂，社会情况更加多变，考虑到具体参与普法活动的人员并不总是法律专业人士，他们是否可以在普法过程中妥善、准确地向普法受众传递法律知识或是回答普法对象具体的法律问题，这些都值得疑问。如果活动本身无法实现普法的目的，那我们就必须考虑改变普法内容，否则将会造成大量普法资源的浪费。另外考虑到比较优势的存在，细节性、专业性的法律知识还是应当交给专业法律人员解决，对于非法律专业人士拥有依法解决问题的法律意识远比细节性的法律知识更为重要。所以与其将普法资源投入到传播不完全准确的知识，不如将有限的资源投入到普法法律理念、法治意识中。

再次，传播法律知识并不是实现普法的最终目的最直接的方式。不可否认基本法律概念、法律知识、法律制度的普及是法治社会的建立的基础性条件，但普法与守法之间并不是单一的因果推导关系，[27]知法

〔27〕 张明新：《对当代中国普法活动的反思》，载《法学》2009年第10期，第30～36页。

并不能确定地产生守法、信法。公民对法律的遵守、接受却并不直接衍生于法律知识，更多的是衍生于人们对法律的感知和体验之中，或者说形成于人们的法律经验之中，[28]正如哈特认为，人们遵守法律或者是基于“外在”的服从，或者基于“内在”的认同，而“知法”既不意味着“内在观点”的形成，也不意味着“外在观点”的提升。[29] 因此，早期普法活动注重法律知识的传播无可厚非，但在基本法律常识已经得到相当普及的今天，仅仅依靠更加全面复杂的知识普及，对于普法目标的实现恐怕助益有限，因此在普法资源的分配上，实不应过于侧重知识传播。

最后，法治理念的传播可以有效实现普法目的。法治理念的普及首先是实现普法目的最直接的方式，正如前文所言，普法的最终目的并非仅仅是“知识的下达”，更是为了促进法治社会的实现。而内心理念的达成更有助于学习外在知识，当法治理念、法律意识已经在社会普法传播、被普遍接受，我们可以预想民众对法律知识、法律动态自然会保持较高的关注度和学习动力。

（二）政府绩效评估

如前所述，政府在普法活动中的作用不可小觑，在普法活动立法中应当关注的激励政府积极开展普法工作、不断自我改进工作方法、争取科学普法、高效普法。一个有效的方法就是绩效评估，未来的普法立法中应当积极鼓励政府制定普法绩效评估标准，激励各级政府开展普法工作。

有学者质疑这种“政府主导型”普法通过上级政府对下级的考核评估导致普法的行政色彩太浓，与“社会主导型”相比无法保证普法效果的公信力和科学性。[30] 诚然，在最为长远的角度上我们可以对政府主导普法所带来的种种潜在问题进行批判，并思考如何将普法完全交给社会。但考虑到目前的普法现状和制度现状，我们看到政府在普法中

---

〔28〕 高学敏：《中国公民普法教育演进研究》，复旦大学2014年博士学位论文。

〔29〕 [美]哈特：《法律的概念》，张文显等译，中国大百科全书出版社1996年版，第63页。

〔30〕 徐前、叶建丰：《社会普法教育机制的完善构想》，载《中国司法》2014年第3期，第15～20页。

的重要角色短时间内仍无法改变,此时更应考虑的是,在现状暂时无法彻底改变时,如何通过制度设计激励政府积极普法、科学普法。这种现状包括:政府在普法活动中的重要地位,政府科层制,普法工作只是政府众多工作中的一项,等等。对于一个地区政府而言,普法工作虽然重要,但毕竟只是众多工作中的一项,可以想象在没有充足激励之下,政府出于理性思考是不会主动为自己加重工作任务量的,因此上级评估考核虽然是一种行政机构内部考核,但确实可以提供足够的激励来促进政府积极开展普法工作。从节约普法资源的角度来看,上级评估考核仍然可以实现资源的节约和高效利用。评估体系实际是对政府普法工作的指引和刺激,一个科学的评估体系——特别是对工作效果的考察——可以有效地促进下级政府重视普法工作的实际效果,将资源投入到最有效的普法方式中,从而减少政府空耗资源走过场的情况;并且通过考察评估,开展普法工作的政府也能通过量化考察标准发现普法中的问题和不足,从而可以在下一考核时间段内调整工作方法、改进工作措施,优化资源配置,提高普法效率。

普法工作绩效评估标准的制定是地方性的专业事务,城市化程度、经济发展程度、教育情况、人口民族构成情况、地区风俗等因素都将影响评估体系的具体制定,本文不欲提出具体的绩效评估标准,仅再次提出方向性的建议,以供立法者和普法者参考,具体的评估体系设计应当由政府根据具体完成:

第一,同时考察工作效果与工作措施。过去全国各地出台了各类法制宣传教育工作考核方案,但在具体考核内容上多为重过程、轻结果。这也是政府主导普法饱受质疑的一个关键问题。因此,正如有学者指出普法在促进社会成员守法方面是否有效及成效如何是真正检验普法效果的核心指标,[31] 在指定评估标准时,应当同时注重工作效果与

〔31〕 张明新:《对当代中国普法活动的认识与评价》,载《江海学刊》2010 年第 4 期,第 137 ~ 142页。

工作措施,特别是前者。

第二,考核标准应量化考核。现有的法制宣传教育考核多为司法行政系统内部考核,由上级机关制定考核方案并加以实施,难免带有一定的主观色彩,而且机关内部考核指标较难被社会公众所接受。考核标准量化后将有助于指标体系的客观性,虽然具体考核仍有政府内部进行,但客观化的标准可以减少各基层单位人为干预考核的结果的可能,使得标准更加明确具体,比如可以使用了"率""比例""次数"等数学单位。

第三,制定指标时应考虑国际通行的量化标准,让独立评估机制与先进国家的主流做法接轨,以此为基础开展的量化评估结果将更具有公信力,有利于提高考核结果的可接受度。如人均经费、收视率、收听率、转发量、犯罪率、再犯罪率、每万人中拥有的律师数量、抽检合格率、适用率等指标,都已得到了国际社会的共同承认。

第四,在确定具体指标的过程中,应当综合考虑以当前地区经济社会发展水平为出发点,并综合考虑现实状况、约束条件、发展空间等多种因素,考核标准可以适当高于现状,通过追赶较高目标来促进地区普法的发展,但也应注意不过分高于现状,以至于脱离现实无法企及。

(三)网络与新媒体的运用

媒介环境是指由大众传媒构成的对人们思想、道德、行为和社会发展具有广泛影响力的外部条件。媒介环境的形成是促进普法教育载体发展的重要外部因素。[32] 在普法教育载体的发展过程中,传统载体是不可或缺的,这些被人们所熟知的形式曾经对普法教育发挥着"主渠道"作用,也必将在一定时期内继续发挥重要作用。但是,面对现代载体的强势发展,传统载体在实效性和时效性方面的不足逐渐暴露。早有实证研究发现,相对于报刊书籍、宣传手册、普法讲座等传统普法模

---

〔32〕 刘莹、林伯海:《新媒体环境下我国青少年普法教育探索》,载《思想教育研究》2013年第5期,第55~58页。

式,乡村地区人们普遍承认电视是获得法律知识的最主要渠道。[33]

随着现代媒体和信息技术的快速发展,现在的信息传播渠道、传播方式与以前已大不相同,特别是移动设备的发展、网络覆盖面的扩大、各类信息交流平台的广受欢迎,信息可以通过更便捷、更及时、更生动、更多样的形式得以传递,这大大扩展了普法可能采取的方式和途径,如微信、微博、户外电子显示屏、公交地铁的"移动 TV"等。以互联网平台为例。互联网平台同时兼顾了传输速度的高效性和传播内容的生动性,一方面网络的普及使得信息不再采取单一路径的传递而是实现了多角度、多向度的即时传输,从而很好地解决了知识传输"相对滞后"的问题,从而可以在最大限度上实现了信息的及时传播和广泛共享;另一方面网络传播可以节约大量宣传资源,包括时间和财物资源,这对于资源一向有限的普法者至关重要。此外,普法的效果与受众的接受程度密切相关,法律理念和法律意识往往被认为是高度逻辑化、高度理性化的,有时甚至与普通人的生活感受或日常经验相悖,因此如何能够让受众更容易接受普法内容,对普法内容更感兴趣,如何能以最易接受、最生动的方式普及知识、传达理念,这是普法工作中对于方法选择所需要考虑的。更为重要的是,法治思维、法治理念的养成绝不可能仅仅依靠一个单向知识传播的过程,大众媒体以及新型社交平台不仅提供了一个信息传播的平台,更提供了一个将法律知识与生活充分结合和公众平等参与、沟通互动的公共空间,这对于激发人们对法律问题的关注思考、促进人们法律经验的习得,法律思维的培养以及对法律的正确定位意义十分重大。

从以上数点可以看出,大众传媒特别是网络传播可以从各个方面改变传统普法宣传方式,提高信息传播效率、节省宣传人财物、激发普法受众接受度、提供公众"实践"法律的空间等,这些优势综合起来将极

---

〔33〕 郑欣、王英:《农村普法的传播渠道研究》,载《当代传播》2013 年第 5 期,第 84 ~ 87 页。

大地提高普法效率,帮助普法者将有限的资源配置到最高效之处。

五、总结与讨论

普法是我国一项重要的社会工程,对于我国法治社会、法治国家的建立具有重要意义,但普法的立法活动一直没有得到充分的研究和重视。立法是对一个场域内资源进行分配的重要方式之一,法律法规可以通过以直接分配或引导走向的方式将资源分配到符合立法目的之处。在普法资源十分有限的情况下,如何将普法资源投放至最有效的普法方法至关重要。未来的普法立法者在考虑高效配置普法资源时应当充分考虑两个方面:一是普法参与者,而是具体普法措施。从普法参与角色的角度而言,政府目前仍然是最重要的普法者,因此对其普法行为仍应当特别关注,此外法律人、媒体都可以成为有力的普法推动者,并且相信在未来的普法发展中,社会力量扮演的角色将越来越重要。相应的在具体普法措施方面,政府绩效考核也许不是推进普法措施最优的措施,但不能否认其是当前政府主导普法未改变时相当有效的措施;普法的内容过去侧重于法律知识的传播,但考虑到"扫盲式"普法已经进行了数十年以及现有的法律环境、社会信息传播环境,未来的立法中更应强调法治理念、法律思维,这不仅是普法本身的要求,也是在现有条件下提高普法效率,有效利用普法资源的要求;最后,大众传媒、网络平台应当充分走入普法者的视野,立法者应当引导普法资源向网络传播和大众传播倾斜,利用网络和新媒体进将极大地提高信息传播效率和接受程度,由此可以提高普法活动的成效。

二是在努力促进普法资源最大化利用的同时我们也应看到,普法本身存在局限,建成法治社会的所需要的远不止普法。普法的前提的是良好的立法、司法、执法环境。法律的接受源于对法律的信任,对法律信任感并不衍生于法律知识的储备之中,而是衍生于人们对法律的感知和体验之中,或者说形成于人们的法律经验之中。而就当前整体的法治环境而言,虽然我们已经取得了巨大的进步,但"普法"与司法或执行有时仍可能构成一对矛盾,前者所努力建立起来的人们对法律的信任或信念,可能在后者的行动中将其完全销蚀。[34] 当民众知法用法的热情被高度唤起时法律却没有提供充足的制度通道,在此种情况下,法律信仰将很难形成。[35] 如果不考虑法律自身功能的局限性,单就法治社会的实现或公民接受信任法律而言,立法、司法和执法也许远比运动式的"普法"更为重要。

(责任编辑:黄建武)

〔34〕 汪太贤:《从"受体"的立场与视角看"普法"的限度》,载《探索》2006 年第 1 期,第 154 ~ 156 页。

〔35〕 吕明:《在普法与守法之间——基于意识形态"社会黏合"功能的意义探究》,载《南京农业大学学报》(社会科学版)2012 年第 3 期,第 118 ~ 123 页。

《立法法》修改前中国城市立法规模的分析与评价

王　怡*

目　次

摘要：北大法宝数据库中的相关立法数据显示了《立法法》修改前中国城市立法的概况：对于城市立法权利用率较高的是直辖市立法，之后是省会城市立法，经济特区立法再次之，最后是其他较大的市的立法；经济技术发达、贸易往来频繁、

* 王怡，中山大学法学院副研究员、北京大学法学博士，哥伦比亚大学法学院法学硕士。

人口密度越大的城市,其城市立法规模也越庞大,偏远地区、经济社会发展缓慢的地区,城市立法规模相对有限;与地方性法规相比,地方政府规章和其他规范性文件在数量上占绝对优势,部门立法痕迹较为明显;经济特区的立法优势条件没有得到充分发挥;较大的市的立法资源未能得到充分利用。

关键字:城市立法;立法规模;立法需求;立法供给

2015年《立法法》修正案出台前,作为中国地方立法实践重要分支的城市立法,并未受到学界足够的关注和重视。《立法法》修正案的出台不仅在实质上拓展了城市立法权的覆盖范围,也引导和要求中国城市立法向着更为规范化的方向发展。本文以北大法宝数据库为研究平台,试图通过检索、分类、总结、对比特定时间区间内城市立法[1]的相关数据,对《立法法》修改前中国城市立法的规模进行宏观概览和评价,既为总结,亦为检讨,以期对未来中国城市立法实践的推进有所助益。[2]

本文选取城市立法的规模作为研究对象,主要立意于以下两个方面:其一,30年来,各类享有立法权的城市都在地方立法层面作出了大量的探索和尝试。尤其是改革开放之后,城市立法更是在地方经济建设、对外开放、社会发展、城市治理等领域扮演着重要角色。一

〔1〕 我国的城市立法属于"派生"立法,2015年《立法法》修改前,城市立法权由《立法法》中所规定的较大的市所享有。地方立法权意义上的较大的市,由《地方组织法》和《立法法》明文规定,且范围相对固定。根据《立法法》的规定,"较大的市"包括经济特区所在的市、省级政府所在地的市和经国务院批准的较大的市。参见许安标:《关于"较大的市"的三种含义》,载《中国人大》2000年第11期;《论"较大的市"之立法权》,载《中山大学法律评论》(第12卷第4辑),广西师范大学出版社2014年版。本文所研究的《立法法》修改前的城市立法规模实质上指的就是《立法法》修改前,《地方组织法》《立法法》所称的较大的市的立法规模。

〔2〕 北大法宝数据库作为国内目前最为成熟、专业、先进的法律信息检索系统之一,其提供的相关数据具有较高的权威性,不仅为国内研究广为引用和参考,也在国际学术领域受到广泛的认可。

方面,享有立法权的城市在长期实践过程中,培养了适应当地发展状况和发展进程的专业地方立法队伍,逐渐提高着城市决策、立法、依法行政的能力和水平,也增强、深化着市民的法律意识和法治观念;另一方面,学界对其立法的数量与质量亦不乏检讨批判之词。无论是褒是贬,我们都应当有客观材料作依据,由此,我们才能在改进和提升的环节中有的放矢。其二,要对我国城市立法的发展状况进行客观评估,离不开对立法质与量两个层面的全面考察。正如城市人口总量及占全国总人口的比重,能够反映一个国家的城市化水平,法律制度规模作为法律规范的数量,其占一定区域内全部规则的比重也应当能够反映该区域内的立法发达水平和法治化水平。在规范意义上,法律活动将均衡原则作为其最终协调机制,即规模上既不过剩、也不短缺。"帕累托最优"和"卡尔多—希克斯改进"是评价法律供求均衡的主要理论标准,该理论认为,如果法律资源配置不当,就可能陷入"法律低效率"的制度怪圈。现实生活中,由于政治经济结环境不断发展变化,社会对法律的需求难以准确预测,法律的供给也难以同需求完全吻合。因此,立法者在确定立法数量时,应当进行理性边际决策,通过对法律资源的有效组合,力求以最低成本的投入换取最高社会效益。

一、《立法法》修改前四类城市立法的总体分析

(一)直辖市的立法规模

中国的直辖市与省、自治区、特别行政区一样均为地方最高一级行政单位,其行政地位与省相同;但是管辖区域与地级市相同,下辖区、县、自治县等。国家在成立直辖市时主要考虑以下几方面因素:其一,是否具有明显的区位优势和经济政治优势。直辖市应在国内主要城市中经济体量靠前,直辖后能够辐射并带动整个地区的经济的发展;其二,人口不少于200万人,且是所在区域最大的城市,因为密度人口是地区经济发展的基础;其三,非省会城市优先考虑,并且直辖市人口规

模和经济体量综合实力等应当超越所在省省会城市，并且长居省内首位，例如重庆市；其四，经济基础至少达到自足水平，便于其后政府调控；其五，尽量不破坏所在省的行政版图。截至目前，我国共有4个直辖市，分布如下表所示：[3]

	直辖市	简称	人口数（万人）	面积（平方公里）	密度（人/平方公里）	市辖区
1	北京市	京	2115	12,187	1498	14区2县
2	天津市	津	1472	2333.5	2843	13区3县
3	重庆市	渝	2970	6133.9	1847	21区13县 4自治县
4	上海市	沪	2415	6340.5	3809	16区1县

由于各个直辖市成立时间不同，其城市立法的时间起点也难以整齐划一。为便于同其他较大的市之立法形成对比，本文首先确定了1983年和1991年两个时间点，作为城市立法规模比较研究的统计起点。以1983年为起点，主要是考虑到1984年是第一批较大的市的获批年，而1983年恰是八届人大的起始年。为同地方人大的换届保持同步，以1983年为起点的统计，按照五年一个时间跨度。以1991年为起点，主要考虑了1992年在我国现代化建设时期中的特殊历史地位，而1991年恰是第八个五年计划的起始年。为紧随五年计划的步调，以1991年为起点的统计，同样也将遵循五年一个时间段的规律。此外，对于某一城市立法总量的统计，不采统一的时间起点，而是划定统一的截止日，向前追溯其自得以行使地方立法权时所制定和发布的法律文本数量。通过北大法宝数据库检索，可以得出以下结果，如图1所示：

〔3〕 数据来自：中华人民共和国国家统计局编：《中国统计年鉴》（2014），中国统计出版社2014年版。

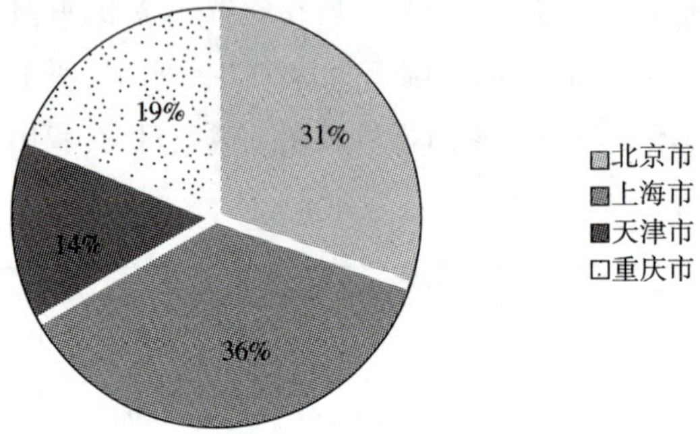

图1　四直辖市地方立法总量比较(单位:件)

1. 四市立法总量比较

首先是我国四个直辖市城市立法总量的统计和比较。上述饼状图表中的统计数字反映了该直辖市自得以行使地方立法权以来,所制定和发布过的地方性法规、地方政府规章、其他规范性法律文件和地方司法文件的总数量。上述四所城市中,重庆市于1997年获得直辖市身份,但在此之前,重庆作为1984年获批的较大的市之一,已经能够行使地方立法权,制定地方性法规和地方政府规章。因此,总体上看,四所城市地方立法的起始时间点相差不大。

从总量上看,上海市和北京市的立法数量远远超过了天津市和重庆市。通过比较立法数量相差不大北京市和上海市,可以发现,上海市的人口密度较北京市偏高,前者几乎是后者的近三倍;[4]而天津市和重庆市相比,重庆市的立法总量略有领先,与此同时,重庆市的总人口数量也远超天津市,比例大约为3∶1,尽管前者的人口密度明显低于后者。上述四所城市中,北京市和天津市无论在人口数量、市区面积还是人口密度方面都极为相似,但北京市的立法活动远较天津市更为频繁,其开展立法活动的次数约是天津市的2.5倍。

〔4〕 参见表1。

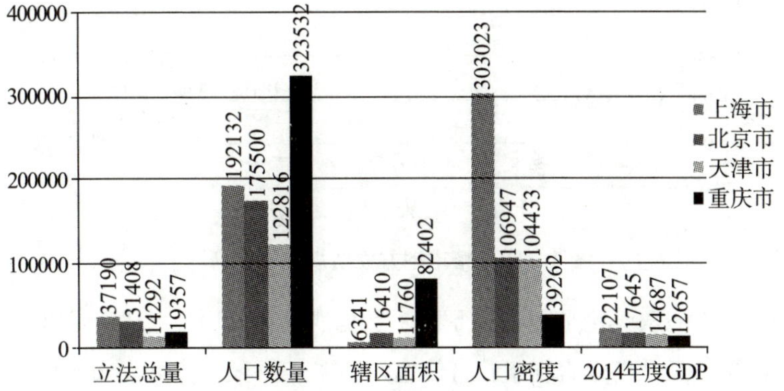

图 2 四直辖市立法总量、人口数量、辖区面积、人口密度、年度 GDP 比较[5]

从图 2 可以看出,四市在立法活动总量、人口密度、年度 GDP 三项指标的排序大体一致,从低到高排序依次为:上海、北京、天津、重庆。应当指出,上述图表中统计的立法总量并不能等同于该城市当中现行有效的法规数量,只能反映自该城市地方人大成立以来,所进行的地方立法活动的次数。[6]

2. 四市城市立法结构比较

为了能够对四个直辖市的立法状况进行更为精确和客观的把握,还有必要将四个直辖市的立法活动进行分类研究,将各个城市制定和发布地方性法规、地方政府规章和其他规范性文件的次数通过下表进行逐一对比,如图 3 所示。图 3 反映了四个直辖市所有立法活动中,地方性法规、地方政府规章和其他规范性文件各自所占比重。从中可以看到,在四个直辖市中,上海市的其他规范性文件的制定数量远高于其他三市;从其他规范性文件的制定占全部立法活动的比值上看,北京市的其他规范性文件的制定活动较其他三市更为频繁。

[5] 数据来自北大法宝——中国法律检索系统,检索时间 2015 年 1 月。

[6] 这里所称的地方立法活动,不仅包括地方人大和常委会制定地方性法规的立法活动,也包括地方政府制定地方政府规章以及各个政府职能部门发布规范性法律文件的活动。

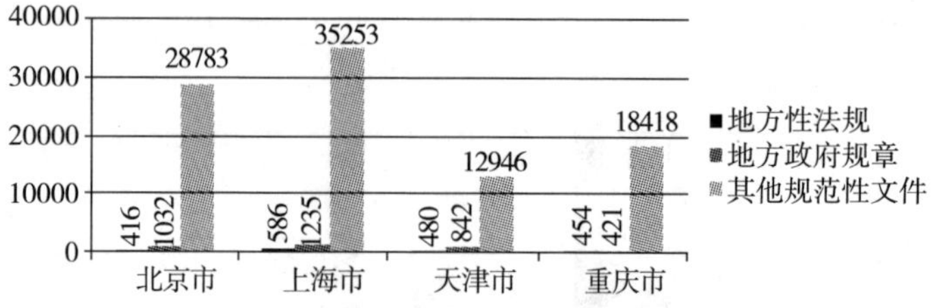

图3　四直辖市地方立法规模比较〔7〕

如前所述,无论是图2,还是图3,数据所显示的均是立法活动开展的数量,能够反映四个直辖市自行使地方立法权至今,制定和发布的地方性法规、地方政府规章和其他规范性文件的总量,并不代表各个城市中现行有效的法律文本的数量。伴随着社会经济发展,特定区域内的法律制度,无论是数量还是质量,都始终处于不断地新陈代谢之中,既有大量新的法律制度的生成,也有旧有制度被取代和被修订。因此,要对城市立法规模进行客观评估,仅仅统计和总结其制定和发布法律文本的数量是不够的,还应注意其动态变化。在图4中,四个直辖市在统计时段中地方性法规的总数量如斜纹柱形所示;在已经制定的地方性法规中,经过修订的法规的数量,如点状柱形所示;已经制定的地方性法规中,当前有效的法规的数量,如黑色柱形所示。

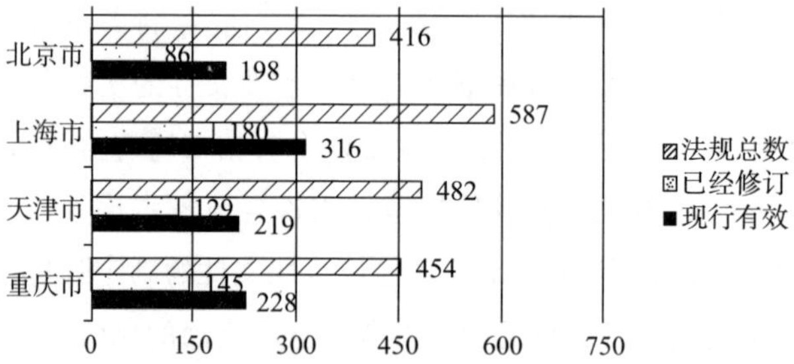

图4〔8〕

〔7〕　数据来自北大法宝——中国法律检索系统,检索时间2015年1月。
〔8〕　数据来自北大法宝——中国法律检索系统,检索时间2015年1月。

通过对比可见:北京市地方性法规的制定数量在四个直辖市中处于弱势,不仅如此,在过去的30余年中,仅有1/5的地方性法规经过了修订,将近半数的地方性法规已经失效,其现行有效的地方性法规数量,甚至落后于天津市和重庆市,如此的制度规模对于有着巨大制度需求的首都北京市而言,其制度的供给效果值得质疑;相较而言,重庆市的地方性法规尽管从制定总量上看落后于天津市和上海市,但其地方性法规的修订率远高于天津市和上海市,其现行有效的地方性法规数量,也多于天津市,仅次于上海市,这在一定程度上似乎能够反映重庆市地方权力机关在法规制定和修改方面的积极性。

3. 四市城市立法规模的发展趋势

图5和图6是对四个直辖市内地方性法规制定和发布情况的分时段统计。其中,图5显示了1991年至2015年五个五年计划期间,四个直辖市地方性法规制定活动的开展情况。图6显示的八届人大到十四届人大,将近20年来地方性法规制定活动的开展情况。

两个图尽管选取了不同的时间段进行比较,但曲线的变化轨迹却是极为相似的。同样,在同一图中,四所城市尽管在地方性法规制定总量上有所差异,但法规制定活动的高峰期和低谷期却能够有所重叠,其中两个立法小高峰大致出现在1996~1997年和2006~2007年两个时间段。不论造成这两个立法高峰的具体因素有哪些,不同城市地方权力机关立法工作开展高峰期的极大重叠,在一定程度上反映了城市立法对上层政策法律环境的高度依赖性和较强的计划性。需要解释的是,重庆市的立法高峰期同其他三所城市略有不同,这在图6中体现的较为明显。之所以存在这样的差异,最为合理的解释应该是重庆市在1997年获得直辖市身份后,迎来了地方立法史上的第一个春天。

最后,尽管由于图5中2015年数据的缺失,以及图6中2013~2014年时间段的不完整,我们无法对各个城市地方性法规制定状况的总体趋势进行精准把握,但从曲线变化的斜率上看,地方性法规制定的积极性在经历了两次高峰期后,目前极有可能正处于低谷走势之中。

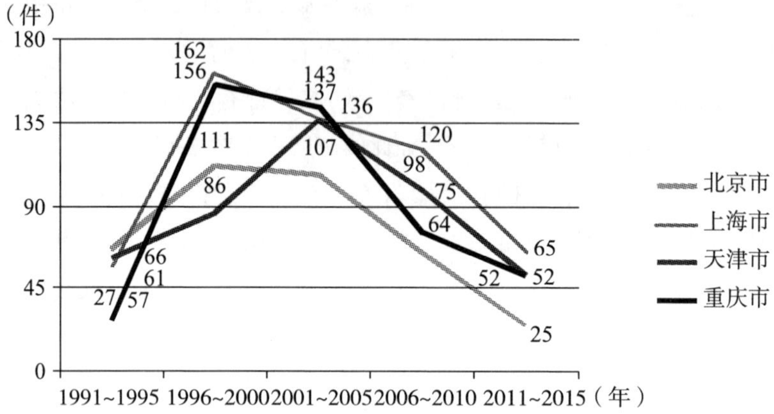

图5　地方性法规制定数量[9]

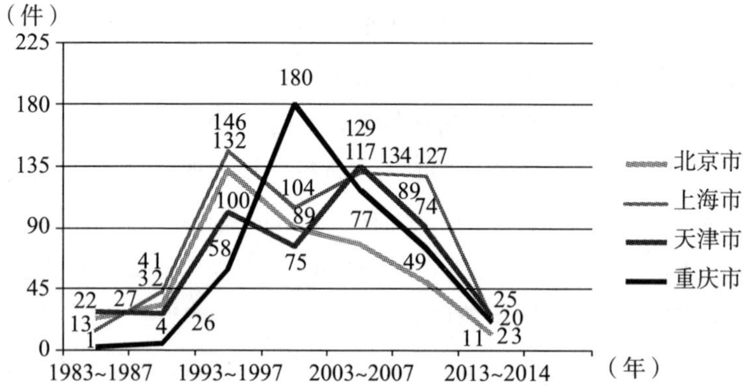

图6　地方性法规制定数量[10]

体现了同样发展趋势的，还有四所直辖市地方政府规章的制定活动，如图7、图8所示。两次地方政府规章制定活动的高峰期同地方性法规制定活动的高峰期高度吻合。

---

〔9〕 数据来自北大法宝——中国法律检索系统，检索时间2015年1月。

〔10〕 数据来自北大法宝——中国法律检索系统，检索时间2015年1月。

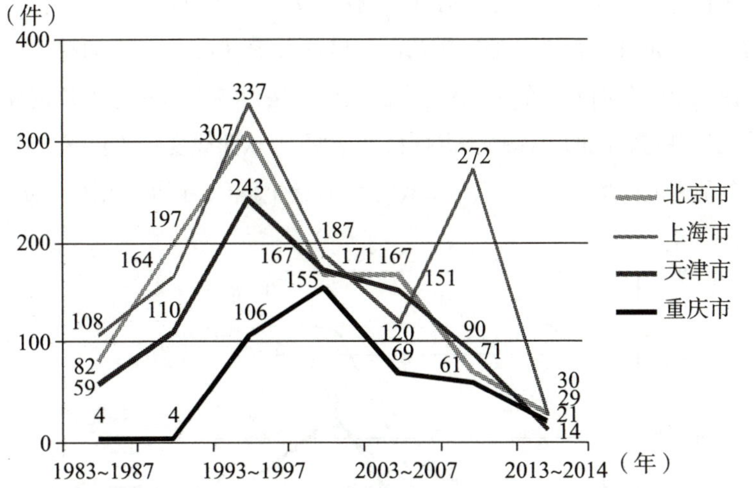

图 7　地方政府规章数量[11]

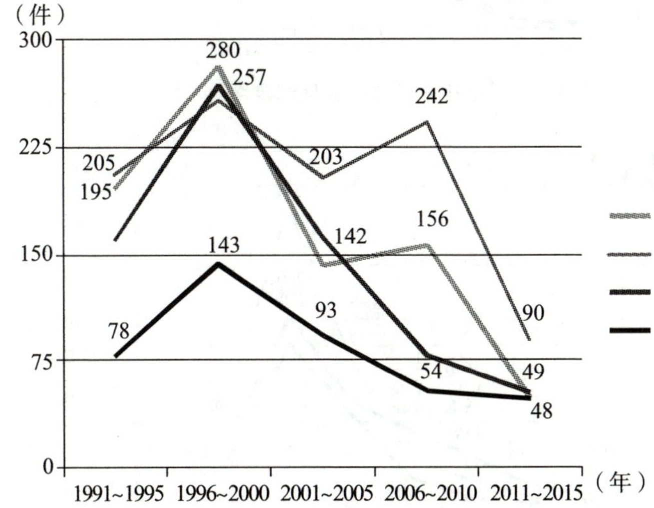

图 8　地方政府规章数量[12]

〔11〕 数据来自北大法宝——中国法律检索系统，检索时间 2015 年 1 月。
〔12〕 数据来自北大法宝——中国法律检索系统，检索时间 2015 年 1 月。

同地方性法规和地方政府规章制定状况形成鲜明对比的，是各个城市其他规范性法律文件的制定状况。尽管由于2015年数据的缺失以及2013～2014年时间段的不完整，我们同样无法对各个城市其他规范性法律文件制定状况的总体趋势进行精准把握，但从曲线变化的斜率上看，城市其他规范性法律文件的数量基数庞大，且逐年攀升。（如图9、图10所示）

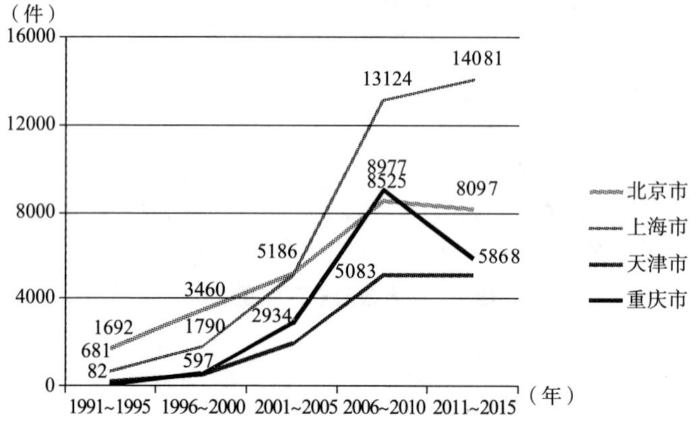

图9　其他规范性法律文件制定数量[13]

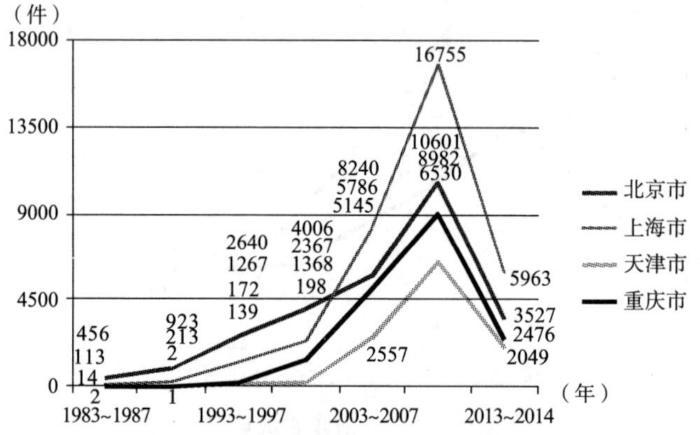

图10　其他规范性法律文件制定数量[14]

〔13〕 数据来自北大法宝——中国法律检索系统，检索时间2015年1月。

〔14〕 数据来自北大法宝——中国法律检索系统，检索时间2015年1月。

(二)经济特区市的立法规模

1. 经济特区立法总体情况

1979年4月邓小平提出开办“出口特区”,次年,“出口特区”更名为“经济特区”,以深圳为实施起点。经济特区在本质上属于世界自由港区的一种形式,其以减免关税等优惠措施为手段,鼓励外商投资,同时引进先进技术和管理方法,以促进国家经济技术的发展。截至目前中国共有6个经济特区,其中四个为经济特区市。包括深圳、珠海、汕头和厦门。尽管经济特区设立于20世纪80年代初期,但确切地讲,经济特区授权立法权是1986年才获得的,并且直至1992年,深圳经济特区才得以通过授权立法的形式,从全国人大及其常委会处获得一定的立法自主权。此后,厦门市、汕头市、珠海市也相继获得立法自主权。自该时起,经济特区立法的特殊性才真正体现出来。

在经济特区市立法的最初阶段,立法工作的重心主要围绕经济建设,内容包括规范市场经济主体和经济交往活动的商事、公司、合伙、国有企业、私营企业、破产、清算、典当等制度规范。早在1994年,深圳市人大常委会就制定了《深圳经济特区土地使用权出让条例》,还有1998年珠海市人大制定的《珠海市私营企业权益保护条例》、海南经济特区制定的《海南经济特区股份有限公司条例》等,都曾对调整和规范经济特区内各类经济主体的关系发挥重要作用。自1992年至2000年,经济特区市所制定的地方性法规数量一直处于高速增长之中,如图11所示中,深圳市地方性法规制定情况统计所显示。[15]

2000年《立法法》的实施,对于经济特区的立法格局而言具有重大历史意义。此前经济特区的立法主要由诸多授权立法决定和决议支持,缺乏专门法律的保障,《立法法》的出现填补了这一空白。自

〔15〕 参见许佩华:《经济特区立法研究》,吉林大学2012年博士学位论文。

此,特区所在市的人大及其常委会获得了所谓的“双重立法权”,即可依职权制定地方性法规,也能依授权制定经济特区法规。2000年之后,经济特区所在市的立法重点从经济发展的重心转向城市综合管理和社会保障。以珠海市为例,2001年的《珠海市企业工资支付条例》,对工资支付、劳动合同和纠纷处理进行了较为全面的规定。在医疗卫生方面也有医疗机构管理、计划生育、妇女权益保护等方面的立法,如《珠海市妇女权益保障条例》。为加强社会治安综合治理等立法,珠海市制定了《珠海市见义勇为人员奖励和保障条例》《珠海市大型群众性活动安全管理条例》等。随着城市的急剧扩张,维护城市管理秩序和环境保护也逐渐成为经济特区立法的关注的重点问题。同2000年前后相比,现时期经济特区市立法的速度有所减慢。如深圳市从1997年至2001年,用经济特区立法权立法数量达到50余件,从2002年至2006年,这一数据为96件,但在2007年至2011年间,地方性法规的制定数量缩减为41件。厦门、珠海两个经济特区也存在同样的情况。

2. 经济特区立法结构分析

统计分析四个经济特区市的立法结构,即地方性法规、地方政府规章和其他规范性法律文件各自所占比例,可以发现,经济特区市的法律规范体系分布同直辖市内法律规范的构成大致相同,即地方性法规的数量最少,地方性政府规章次之,数量为地方性法规的两到三倍,其余则是数目庞大的其他规范性法律文件,制定主体为政府各职能部门。城市与城市之间在法律规范总量上的差异基本是成比例的,例如,深圳市地方性法规的制定活动相对而言更为频繁,相应地,深圳市内其他规范性法律文件的数量也居于四所城市之首。(如图12所示)

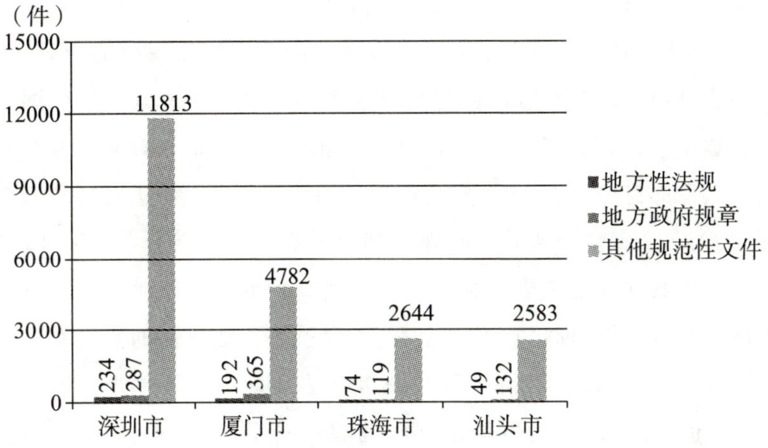

图 11　截至 2014 年[16]

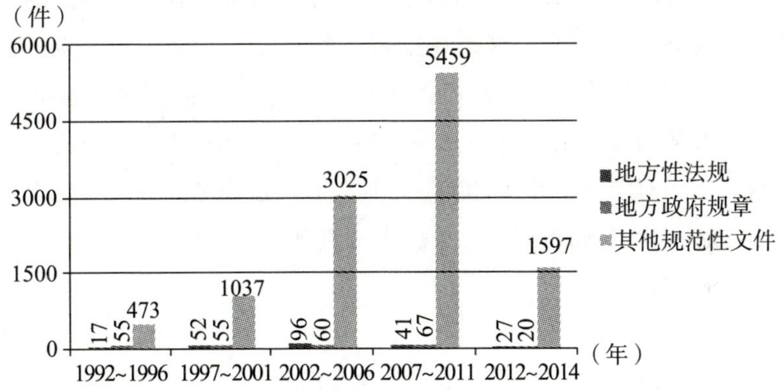

图 12　深圳市地方立法情况统计[17]

(三)省会市和首府市的立法规模

我国的省会为国家一级行政区,一般为省的政治、经济、科教、文化中心,在正式文件中,自治区、直辖市和特别行政区的行政中心并不包括在省会的范畴内。其中,自治区的行政驻地通常称为首府,从

---

〔16〕 数据来自北大法宝——中国法律检索系统,检索时间 2015 年 1 月。

〔17〕 数据来自北大法宝——中国法律检索系统,检索时间 2015 年 1 月。

广义上讲，有时也被称为省会；但直辖市和特别行政区一般不被称为省会，基于上述习惯用法，本部分关于省会城市立法规模的统计，不包括直辖市、特别行政区，但将自治区首府囊括其中。以下四个图表分明显示了：(1)27个省会市地方性法规和地方政府规章制定发布量由高到低的排序；(2)27个省会市地方性法规制定发布量由高到低排序；(3)27个省会市地方政府规章制定发布量由高到低排序；(4)27个省会市其他规范性法规制定发布量由高到低的排序。通过图表数据的观察，不难发现：(1)总体上看，省会城市立法活动的数量低于直辖市立法，但远较经济特区所在城市立法活动的开展更为频繁。当然，省会城市同经济特区城市立法的起点并不一致，从这一来看，总量的比较意义不大。(2)从各省会城市各类立法活动数量的排序上看，工商业较为发达或人口密度较大的省会城市开展立法活动的积极性更高，西部边远省会城市在排名上多为靠后。当然，也有例外存在，例如，福州市作为福建省省会，是东南沿海城市重镇，也是首批14个对外开放的沿海港口城市之一，其制定发布地方性法规和地方政府规章却相对落后于其他省市。同其地方性法规和地方政府规章的弱势地位相比，福州市拥有一个庞大的其他规范性法律文件体系，位列27市第四位。

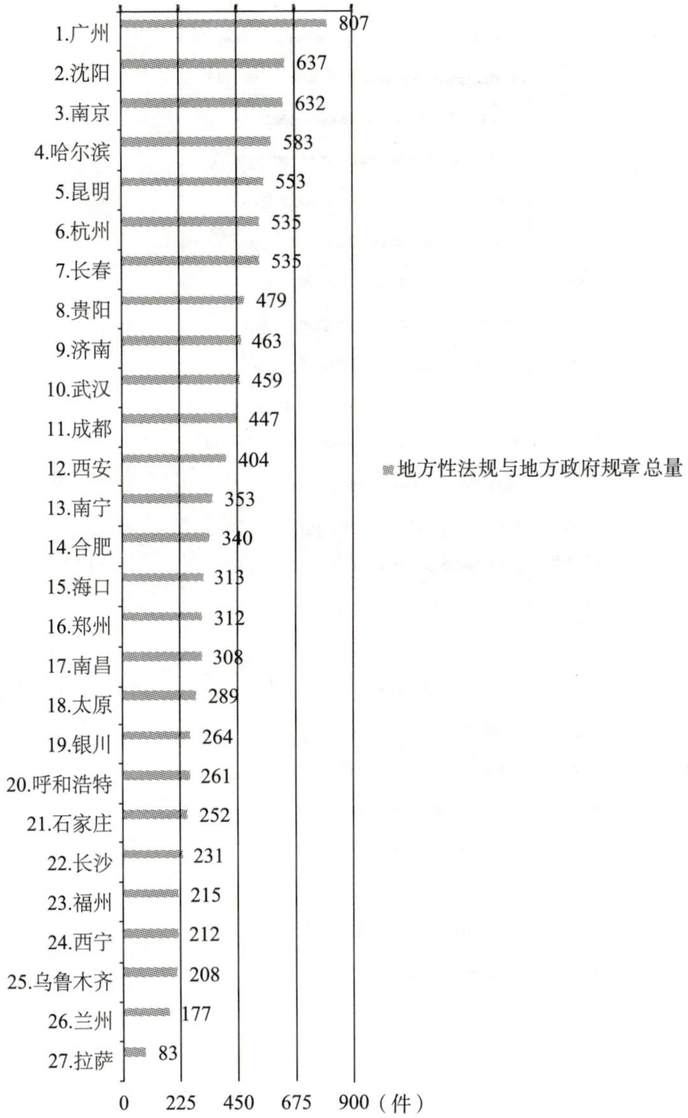

图 13　地方性法规与地方政府规章总量〔18〕

〔18〕 数据来自北大法宝——中国法律检索系统，检索时间 2015 年 1 月。

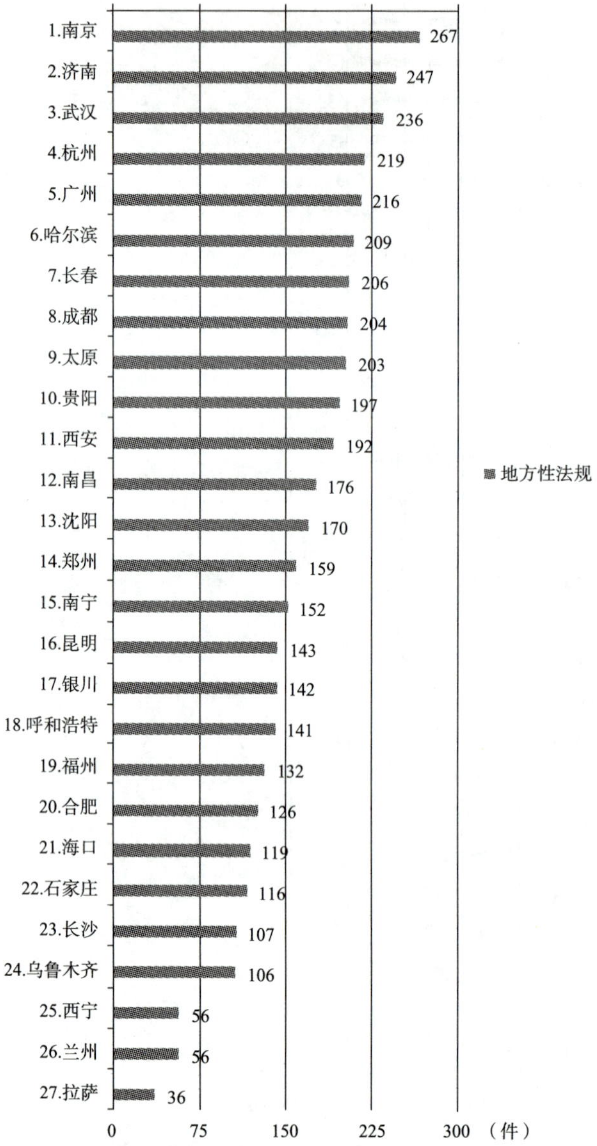

图 14　地方性法规〔19〕

〔19〕 数据来自北大法宝——中国法律检索系统，检索时间 2015 年 1 月。

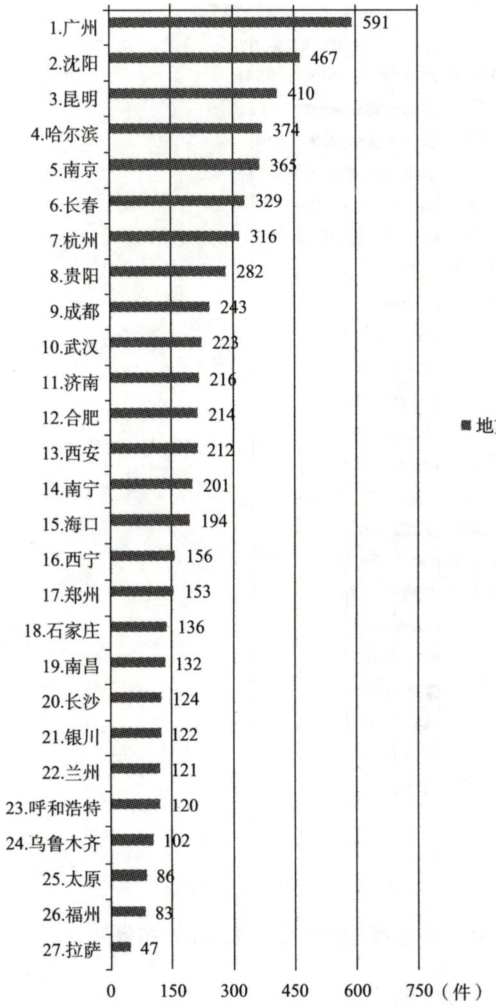

图 15　地方政府规章发布量[20]

〔20〕 数据来自北大法宝——中国法律检索系统，检索时间 2015 年 1 月。

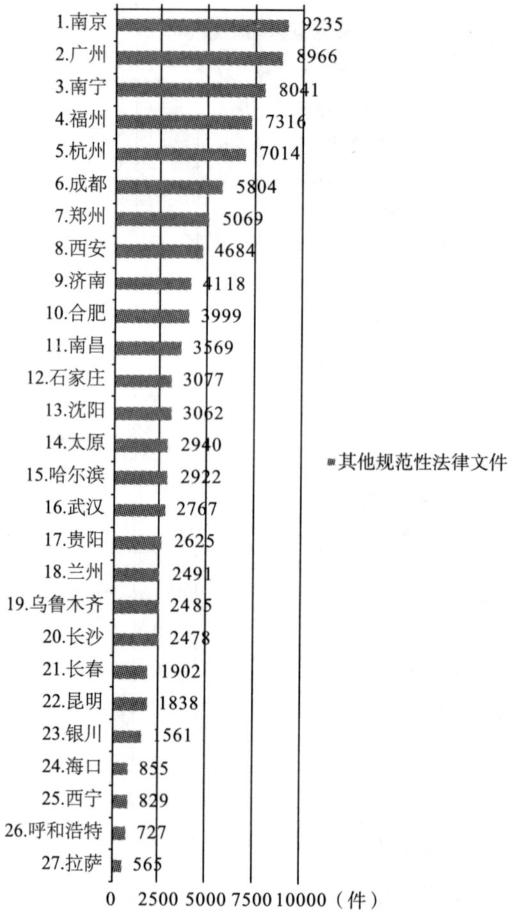

图 16 其他规范性法律文件制定发布量〔21〕

(四)其他较大的市的立法规模

18 个经国务院批准的较大的市包括:1993 年批准的徐州市、苏州市;1992 年批准的淄博市、邯郸市和本溪市;1988 年批准的宁波市;1984 年批准的唐山市、大同市、包头市、大连市、鞍山市、抚顺市、吉林市、齐齐哈尔市、无锡市、淮南市、青岛市、洛阳市。以下根据各城市获批年份

〔21〕 数据来自北大法宝——中国法律检索系统,检索时间 2015 年 1 月。

的不同，制成相关图表。图17是1993年获批的徐州市和苏州市地方性法规、地方政府规章、其他规范性法律文件制定发布的次数，上述三项指标，苏州市均高于徐州市。

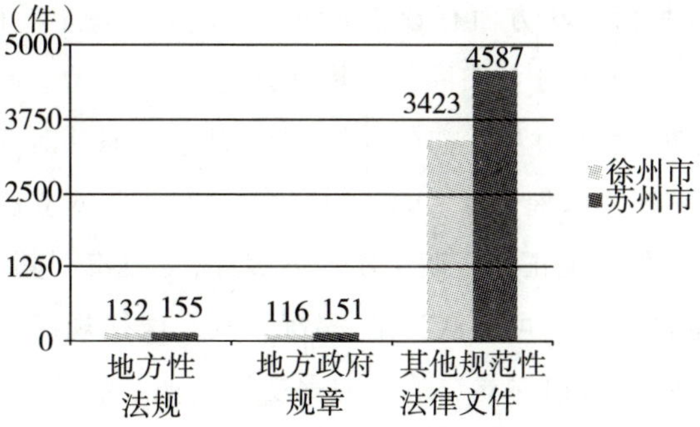

图17[22]

图18显示的是1992年获批的淄博市、邯郸市和本溪市地方性法规、地方政府规章和其他规范性法律文件的制定状况，其中，淄博市相关立法的数量在三市当中处于领先地位。邯郸市和本溪市在地方性法规和地方政府规章制定方面差别并不明显，但邯郸市其他规范性法律文件的数量要远远超过本溪市。

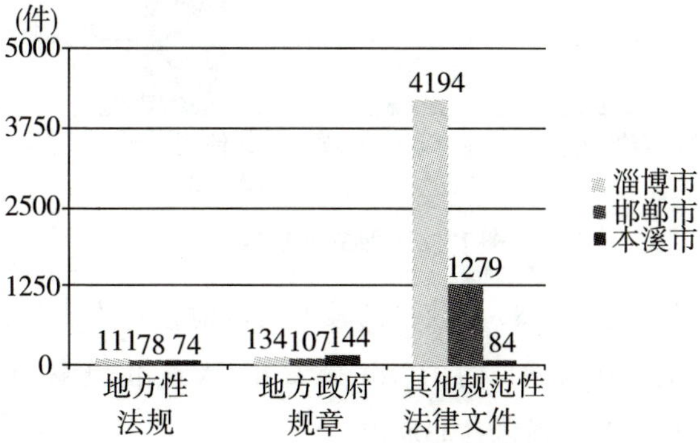

图18　淄博、邯郸、本溪三市地方立法规模比较[23]

〔22〕 数据来自北大法宝——中国法律检索系统，检索时间2015年1月。

〔23〕 数据来自北大法宝——中国法律检索系统，检索时间2015年1月。

图19显示的是1988年获批较大的市资格的宁波市。宁波市在地方性法规和地方政府规章的制定方面都规模适中，同浙江省省会杭州市相比，差别也并不悬殊。同1992年、1993年后两批次的较大的市相比，宁波市在城市立法方面有着非常明显的优势。较早获得较大的市的资格并不必然造成宁波市同其他几市的差异，因为无论是20世纪80年代末还是20世纪90年代初期，都是改革开放的萌芽时期，国家经济社会的发展状况尚未催生巨大的法制需求，并且国家对立法，特别是地方立法的重视程度也正处于萌生阶段。因此，宁波市同其后批准的较大的市，在立法起点上可以认为是一致的，其在法律规模上的差异，大抵源于当地人大、政府对立法活动的重视和当地经济社会发展对于制度的需求程度不同。

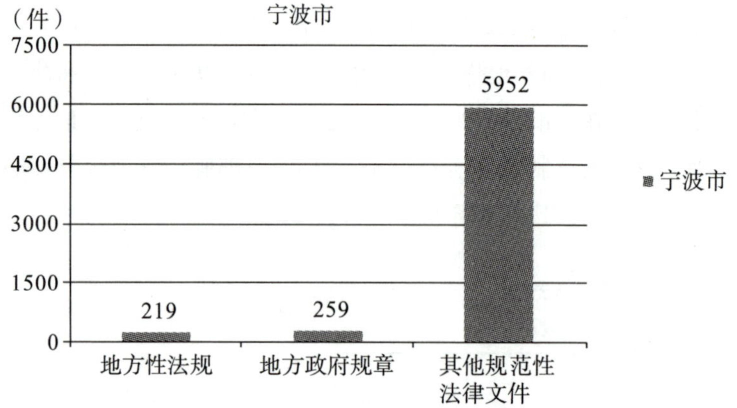

图19　宁波立法规模〔24〕

图20显示的是1984年获批的较大的市地方立法的发展状况。图中制度规模处于优势地位的几个市，青岛市、大连市、无锡市，都是公认的经济水平较发达区域的核心城市。

〔24〕 数据来自北大法宝——中国法律检索系统，检索时间2015年1月。

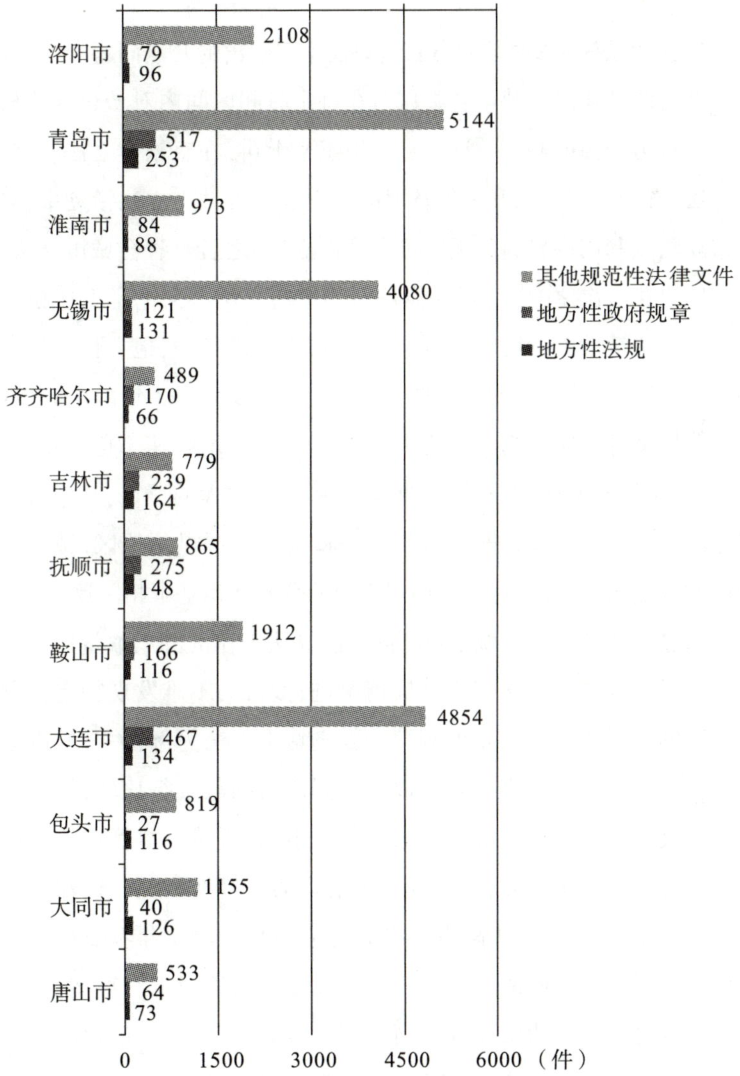

图 20　1984 年获批的较大的市的立法情况[25]

〔25〕 数据来自北大法宝——中国法律检索系统，检索时间 2015 年 1 月。

二、《立法法》修改前城市立法规模中反映出的几点问题

上述统计初步反映了各类城市在特定时间区间内对城市立法权这一重要权力资源的利用情况。从平均意义上讲,在直辖市立法、经济特区立法、省会城市立法和其他较大的市立法四类城市立法活动中,对于城市立法权利用率较高的无疑是直辖市立法,之后是省会城市立法,经济特区立法再次之,最后是其他较大的市的立法。无论是上述哪一类城市的立法活动,在过去的30年中,城市立法活动中,地方性法规制定的高峰时段都大致出现于1997~2000年,2006~2008年两个时段;其他规范性文件的制定则始终处于上升阶段,并且增长速率也逐年递增。其中,经济技术发达、贸易往来频繁、人口密度越大的城市,其城市法律规范的规模也越庞大,偏远地区、经济社会发展缓慢的地区,城市法律规范的规模相对有限,这同人们观念中的普遍认识基本相一致。

通过统计某一特定城市在不同时段立法工作的开展数量以及对其在不同时间区间内立法工作开展情况进行对比,不难发现特定城市立法实践的开展体现着一定的规律。以直辖市立法为例,关于城市立法分时段统计的两个图表尽管选取了不同的时间段进行比较,但曲线的变化轨迹却是极为相似的。在同一图表中,四所城市尽管在地方性法规制定总量上有所差异,但法规制定活动的高峰期和低谷期却能够有所重叠,其中两个立法小高峰大致出现在1996~1997年和2006~2007年两个时间段。不论造成这两个立法高峰的具体因素有哪些,不同城市地方权力机关立法工作开展高峰期的极大重叠,在一定程度上反映了城市立法对上层政策法律环境的高度依赖性和较强的计划性。[26]

尽管我们不能通过统计结果武断地总结出因果关系,但现象总归

〔26〕 需要解释的是,重庆市的立法高峰期同其他三所城市略有不同,这在图7中体现得较为明显。之所以存在这样的差异,一种较为合理的解释是重庆市在1997年获得直辖市身份,1998年是其地方立法史上的第一个春天。

能够反映并揭示事物的部分本质。

其一,数据统计显示了城市立法体系之中地方性法规、地方政府规章对及其他规范性文件各自占有的比例和发展变化趋势。明显的一点是,无论城市的种类、级别如何,城市立法体系中其他规范性文件的数目相较其他两类而言总是有着绝对的数量优势,且越是经济、社会较发达的前沿城市,其规范性文件的数量越是惊人,与地方性法规和地方政府规章之比较也相差悬殊。因此,尽管许多城市从制度规范的总量上看,能够跻身法治强市之列,但从其法律规范的结构来看,大有红头文件架空立法的趋势,造成一种城市立法繁荣的假象,制度泡沫中难以避免的隐藏着立法质量低下,立法欠缺合理性甚至合法性的风险。

其二,在当前城市立法过程当中,部门立法的痕迹之所以非常明显,直接原因包括两个方面。一是各个部门本身的利益需求的驱使,二是城市人大及其常委会的主动性不足。城市人大及其常委会是地方国家权力机关,享有地方立法权,是立法活动的主导机关,其有权根据当地的实际需求制定地方法规,并在从立法规划到起草、审议、表决的各个环节中发挥主导作用。但是从上述统计数据中所示城市地方性法规的数量来看,在当前的城市立法中,地方人大及其常委会的主动性远远不足,甚至处于某种被动的状态。[27] 此外,偏向于保护个别部门的利益的制度规范,相互打架的制度规范给法规的实施造成困难,即使勉强推行也难以取得好的收效,有时甚至产生负面效果。换句话说,城市立法机关主动性的不足不仅导致在制度规模上,规范性文件上的绝对劣势,其也严重制约着城市立法的整体质量和实施效果。

其三,2014 年上半年国民经济运营情况中,36 个重点城市,包括 4 个直辖市、22 个省会城市、5 个自治区首府和 5 个计划单列市 GDP 总量和增速的统计排行如下:上半年中国经济增速为 7.4%,共有 28 个城市经济增速超过了全国水平。其中贵阳的 GDP 增速位列榜首,达到

〔27〕 参见许佩华:《经济特区立法研究》,吉林大学 2012 年博士学位论文。

14.0%;西宁增速13.0%位列第二;重庆、拉萨、天津、乌鲁木齐、南京、合肥、长沙、兰州、西安9个城市的经济增速都在10%以上;福州、武汉、南昌、银川四个城市的经济增速超过9%。大连、北京、沈阳、上海、长春、宁波、哈尔滨、太原8个城市的经济增速落后于全国水平。太原的经济增速最慢排名末位,仅为2.0%;哈尔滨为6.2%,排名倒数第二;宁波为6.7%,排名倒数第三。从城市的GDP总量上来看,排在首位的上海达到10,952.64亿元;北京为9769.3亿元,排名第二;广州7666.18亿元和天津7185.46亿元分别排在第三、第四;深圳6460.78亿元、重庆6440.51亿元排在第五、第六位。GDP排名倒数前三的分别是拉萨、西宁和海口,GDP值依次为139.29亿元、477.62亿元和489.75亿元。对于相关城市立法规模,GDP排名前列的城市大多也是城市法治建设强市,而排在后位的城市,其城市立法规模相对而言不是十分理想。基于这一现象,我们能否在GDP与法律制度规模之间建立因果关系,这一点仍需存疑,但做出如此推测,应当认为还是具有一定的合理性的。

其四,上述统计显示,经济特区的立法优势条件没有得到充分发挥。经济特区立法内含两种不同的立法类型,职权立法和授权立法。其中,职权立法主要指经济特区所在地的省或市作为我国的一级行政区域,按照法定程序制定、修改或废止适用于经济特区范围内的法律规范性文件的活动,属于一般地方立法的范畴。授权立法是指一个立法主体将本属于其自己的立法权授予另一个能够承担立法责任的机关,而由被授权的机关根据授权要求所进行的立法活动。由于授权立法的存在,经济特区立法享有较之一般地方立法更为灵活的立法权限,并且,经济特区立法在效力位阶上时有高于一般地方立法的情形。基于经济特别立法权限的广度和深度,经济特区市立法应当呈现相当的规模,至少这一规模应较省会城市更有优势。再者,经济特区城市之所以被授权进行授权立法,主要是中央出于对经济特区试验田功能的考虑。经济特区市肩负着我国改革开放中探索和创新的特殊使命。建设中国特色社会主义事业无先例可循,为在改革进程中为求谨慎,全局性的开拓需先在地方有所试验,进而通过修正和变通推广向全国。基于经济特区市立法的这一特殊使命,经济特区所在市的人大及其常委会,经济特区市政府,也应当具有高于省会城市立法机关的立法积极性和主动性。

同上述期待相比,现实中,我国经济特区所在市的立法尽管取得了一些成绩,但总体上不甚乐观。以深圳为例,深圳与上海、北京和广州一同被视为中国的一线城市,经济总量紧随上述三地,长期位居全国第四,亦是全国经济中心城市。特别是2013年深圳实现国内生产总值14,500.23亿元,人均国内生产总值达到2.2万美元,为国内大中城市第一名。深圳市不仅是我国人口密度最大的城市,而且还是典型的移民城市,居民大多非本地出生,大部分来自广东省内各地及邻近的湖南、湖北及四川等省份,对外来人口包容度极高。上述经济社会现实中,隐藏着巨大的立法需求,同时也包含可观的制度试验契机。深圳本应也本可以成为中国制度推进、创新、改革的前沿阵地,利用对其对内对外的优势地位,引进和改良大量外埠先进制度经验以为我国所用,但从其现有成果来看,深圳市在城市立法方面的优势地位并不明显,同其自身所处的特殊地位并不相称,这无疑是对其立法权限、立法资源和立法契机的巨大浪费。

其五,同经济特区立法创新性未能发挥相类似的,我国较大的市立法资源也未能得到充分利用,不少城市只是徒具较大的市之虚名——其在立法需求上并未达到"较大"的标准,其在立法能力上也存在相当的欠缺。这一推测可通过考察"较大的市"之授权历史予以辅证。

1983年12月10日国务院办公厅向各省、自治区人民政府发出《关于对"较大的市"的名单(草案)征求意见的通知》(以下简称《通知》)。该《通知》在所附《对可以拟订地方性法规草案的市的名单(草案)的说明》中明确,"《地方组织法》第27条说的'较大的市',除省会以外,应当掌握严一点、少一点""先搞少一点,待取得经验以后,再定一个办法"。根据中央领导同志的上述指示精神,国务院办公厅同民政部的同志研究了一下,除各省省会外,从有50万人口以上非农业人口的大城市中,按照一省一个的原则,并适当考虑经济发展水平、涉外活动多少等情况,选出11个市,作为国务院批准的可以拟订地方性法规草案的第一批"较大的市"的名单草案。该名单经过征求各省、自治区政府意见,国务院即于1984年12月15日正式发布了《国务院关于批准唐山等市为"较大的市"的通知》。自1984年开始,国务院先后分四批共批准19个"较大的市",除1984年批准的第一批唐山、大同、包头、大连、鞍山、抚顺、吉林、齐齐哈尔、无锡、淮南、青岛、洛阳、重庆市外,国务院自1988年至1993年先后批准了宁波、淄博、邯郸、本溪、徐州和苏州为"较大的市"。1994年以后国务院没有再批准新的"较大的市"。综观国务院已经批准的19个"较大的市",整体呈现以下特点:

首先,这些城市的获批多以计划经济体制为背景,获批城市以自然资源占优势的工业城市为主。在这19个城市中,资源型工业城市占一半以上,且多以煤炭资源型为代表。这与计划经济体制下对城市重要性的划分标准基本一致。其次,批准"较大的市"标准较为简单,缺乏科学论证。从上述文件中可以发现,划定标准主要是非农业人口的数量,辅助标准是省际名额,此外,"适当考虑经济发展水平",和同赋予立法权无关的"涉外活动多少等情况"。再次,从实际结果来看,"较大的市"在地域分布上基本为长江及其以北的中东部城市,尤以东北城市居多,这也符合当年划分以工业城市为主的计划经济风格。最后,从国务院批准"较大的市"时间上看,都在1994年以前。可以说,国务院"较大的市"的审批基本上形成于计划经济年代。从时间间隔看,前三批均间隔4年,但是第四批与第三批只相隔1年,1994年以后没有新的审批城市,审批工作明显缺乏长期规划。

以上表明,我国此前所批准的诸多"较大的市"由于脱胎于计划经济背景之下,大多市场经济基础薄弱,法治化动力先天不足,加之后期国家发展道路和经济发展策略的转变,计划经济所倚重的工业型城市未能在市场经济的新形势下成长壮大,在其获得较大的市之身份后,始终处于缓慢的发展进程中。有限的制度需求导致制度供给的动力缺乏,而制度供给动力的缺乏和制度供给的有限实践又进而又导致城市立法能力得不到历练和提升——即使近年来,在这些“较大的市”中,市场经济得到有效扶植,立法需求也日渐膨胀,其立法供给也不得不受制于其立法经验的不足。于是导致如下尴尬局面的产生:一些享有较大的市的立法权的城市,其地方立法权未能或者无法得到高效利用;而在一些无权行使地方立法权的城市,其迫切的制度需求催生了大量不受制度约束的“红头文件”。正因如此,较大的市之立法权时常受到学界诟病。实际上,真正不得当的,并非城市立法权本身,而是这一权力发生的契机和时代背景。

三、结论

制度其作为行为规范和社会关系的总和,既是社会经济发展自发形成的产物,也是人为设计的产物,既是各类社会力量博弈的结果,也为各支力量的继续博弈提供着基础和框架。现代化城市不仅容纳居民数量大,其承担的职能也十分复杂,城市生活中的社会关系密如蛛网,方方面面都需要有章可循,其中许多社会关系由于过于具体或较为富有当地特色,无法适用国家层面的法律,必须一事一立且因地制宜。为此城市立法的规模和质量需同城市的法律实际需求相吻合,并且具备一定的灵活性,能够适应城市当中瞬息万变的社会关系,遗憾的是,中国现有城市立法无论在规模还是质量上,都难以达到这一标准。城市日益增长的立法需求同落后的立法供给之间的矛盾已然成为我国城市化进程中面临的主要矛盾。2015 年《立法法》的修改在实体制度层面对当前城市地方立法主体制度进行调整,取消长期了以来按照“较大的市”的标准审批授予城市地方立法权的做法,通过修改相关法律、法规,赋予设区的市以地方立法权主体的资格,是符合时代发展需要的必然之举。然而,这一制度举措能否带来预期收效,最终还是取决于城市作为立法权力资源的使用者,能否科学、高效地将这一资源投入制度生产。无视历史往往无从进步，本文以北大法宝数据库为研究平台，通过检索、分类、总结、对比特定时间区间内城市立法的相关数据，对《立法法》修改前中国城市立法的规模进行宏观概览和评价，试图揭示我国既往城市立法实践中体现出的规律和特色，其研究目的显然并不局限于对中国地方立法实践进行阶段性总结，更在着眼于启发站在新制度起点之上的城市立法应当如何寻找未来面相。

（责任编辑：黄建武）

我国当代台湾地区“法律”规模实证研究

赵 鑫*

目 次

摘要：本文以1932年至今的当代我国台湾地区“法律”规模为研究对象，采用定性与定量相结合的实证分析方法，借助台湾法源、北大法意、北大法宝三大数据库和SPSS软件的统计功能，初步发现

---

* 赵鑫，北京大学2010级博士研究生，曾任职于国务院法制办国际司，现就职于香港中联办法律部。

和揭示出法律规模与法律类别、法律层级和时间维度的相关性和变化规律,即法律规模与经济社会发展水平和法治化水平密切相关,应当和人口规模以及经济规模正相关,为明确大陆当代法律规模发展方向和解决法律规模研究方法问题提供了镜鉴。

关键字:法律规模;“台湾法”;实证研究

一、法律规模的概念

法律规模概念最早由周旺生教授提出。[1] 适当规模的法律、质量优良的法律和运行良好的法律是建设法治国家的前提和基础。所谓法律规模是一定时空下的法律元素总量。正如经济规模可以用统一折算成货币的GDP衡量,法律规模可以用法律元素来衡量。法的元素是指体现国家权威意志的以权利义务关系为内容的最小单元。

将法律比作一个人,法律规模就是这个人块头的大小,如果精确量化可以说是身高、体重、三围等综合数据的集合体。正如生物体由细胞构成,细胞组成组织,组织构成器官,器官依据功能组成系统,多个系统形成完整的生物。法律由法律元素构成,法律元素组成条文,条文组成章节,章节组成一部法律,多部调整对象性质相同的法律组成法律部门,但按照调整方式划分的刑法除外,多个法律部门形成法律体系。法律体系描述人的结构,法律规模描述人的体积。

如将法律比作一座大厦,法律体系如同平面的图纸,法律规模就是立体的空间,构成大楼的一砖一瓦就是法律元素,法律规模研究就是解决大厦占据多大空间合适和需要多少砖瓦的问题。一国法律条文的总量是形式意义的法律规模。限于材料和研究程度,本文中的法律规模指代形式意义的法律规模,只以成文法材料为限。

[1] 参见周旺生:《应当高度重视中国法律制度的规模问题》,2010年中纪委讲座报告。

二、研究背景与方法

由于法律规模研究具有一定的开拓性,找到与研究对象和研究目的相对应的研究方法和路径至关重要,本文是法律规模研究的部分研究成果,力求在研究方法上有所创新和探索,为今后的研究打下基础。

之所以选取我国台湾地区的"法律"规模入手开始研究,一是因为我国台湾地区与大陆同根同族,文化一体,对大陆的借鉴意义较强;二是语言障碍较小,加上近年来两岸交流的加深,可获得的数据资源比较丰富。

本研究采用台湾法源、北大法宝和北大法意三大法律数据库中可搜集到的台湾地区"法律法规"制度文本为基础材料,采用定性与定量相结合的方法,主要使用SPSS统计软件对数据进行加工分析。方法优势是避免先入为主的纯定性分析,结合扎实的数据可以在定量的基础上定性,更加科学;方法的局限性是数据库的不周延性和海量数据处理中的误差。之所以选择以上三大法律数据库,一是因为这些数据库相对权威,二是因为台湾法源作为我国台湾地区常见检索数据库可以和后两个大陆的数据库相互印证、互为补充。

三、我国台湾地区"法律"规模实证分析

(一)规模主干、研究起点

研究选取1932年8月出版的"六法全书"为起点,将1932年8月作为当代我国台湾地区"法律"规模研究的时间起点,六法全书中的8类"法律"作为整个"法律"规模扩充生长的主干,主干的条文规模如下:

1."训政时期约法",8章,89条;

2."民法",5编,29章,1225条;

3.商法类:

"公司法",6章,233条;

"票据法",5章,139条;

"海商法",8章,174条;

“保险法”,3 章,82 条;

合计:22 章,628 条;

4.“刑法”,2 编,48 章,387 条;

5.“民事诉讼法”,5 编,14 章,600 条;

6.“刑事诉讼法”,9 编,26 章,513 条;

7.“土地法”,5 编,31 章,397 条;

8.“商人通例”,7 章,73 条。

合计:185 章,3912 条。条章比约为 21。

2006 年 5 月 17 日“刑法典”修正为 363 条,2010 年 5 月 26 日“民法典”修正为 5 编 29 章,1223 条。

此后的“法律法规”发布、修改与废止都可以看成从这一主干上生发出的枝叶,研究力争勾勒出台湾地区“法律”规模之树的全貌。

(二)当代法律规模

1. 规模总量推算

北大法宝港澳台数据库中收录台湾地区“法律法规”总计 5386 篇,而北大法意台湾“法规”库中收录 10,487 篇,台湾法源数据库收录 34,355 篇,其中现行有效数量约 15,083 篇。

根据随机选取五篇一般意义上的法律法规“台湾国有财产法”“台湾刑法施行法”“台湾行政程序法”“审计部台湾省嘉义市审计室办事细则”“台湾地区渔民海上作业保险办法”条文数共 298 条,共 23 章,条章比为 12.9。结合主干条章比,可以估算出单部“法律法规”条章比在 13~21之间,单部“法律”平均章数在 5 章左右,这样平均样本规模取保守值整数为 60 条,我国台湾地区形式“法律”规模约为 60 乘以 15,083 等于 904,980 条,取大整数约一百万条。

2. 分类统计

法规类别之编定,参照“‘中华民国’现行法规汇编”体例,依法规性质与机关职能区分为 23 类 222 目,本文以三大数据库中共同采用刨除“其他”类的 22 大类作为分类依据,形成 ABCD 四表。

(1)在北大法宝[2]中以法律法规名称含有词穷举检索形成表A：

表A

检索词/分类	台湾	“中华民国”	“法”	条例	办法	规程	准则	规定	法令	规约	规章	合计(件)
“宪法”类	13	9	58	43	184	53	9					369
民事	2		19	2	11		1					35
刑事		6	7	18	8		1					40
“内政”	46	6	101	114	412	98	17	1				795
“外交”		5	1	11	42	10	3					72
“国防”	9	1	20	50	177	57	6					320
教科文	25	3	70	45	308	66	23					540
“法务”	22	1	52	25	85	9	4					198
经济	34	3	79	55	356	45	28	1	1			602
交通	75	4	31	53	245	72	9	1				490
卫生福利	5		40	29	140	33	15					262
农业	9		53	19	167	23	18					289
劳动			28	14	79	12	14	1				148
环保	2		36	5	148	9	37					237
财金												0
新闻	1		13	6	27	1	2					50
大陆事务	21			6	58	2	2					89
考选	6		15	4	70	12						107
铨叙	1		23	42	89	13	3					171
主计		33	6	9	40	2	4					94
审计	2		2	1	5	4	1					15
“国际”	14	381	28		32			5		1		461
其他	1		1									2
合计	288	452	683	551	2683	521	197	9	1	1	0	5386

〔2〕 参见北大法宝网站，http://www.pkulaw.cn/，访问时间：2013年6月5日。

(2)使用北大法意和台湾法源数据库分类检索：

使用北大法意台湾"法规"数据库[3]和台湾法源数据库,[4]共检索到我国台湾地区"法律法规"数量如表B所示：

表B

类别	法意数量	法源数量(件)
"宪法"类	535	1292
民事	55	91
刑事	40	70
"内政"	1185	2923
"外交"	95	64
"国防"	391	280
财金	864	1286
教科文	775	1627
"法务"	278	1236
经济	883	953
交通	761	621
卫生福利	477	682
农业	430	695
劳动	274	279
环保	368	1102
新闻	75	101
大陆事务	97	77
考选	237	118
铨叙	230	426
主计	78	144
审计	46	10
"国际"	2313	1198
合计	10,487	15,275

标题穷举检索统计1,见表C：

---

[3] 载 http://www.lawyee.org/Act/Act_Other_TW.asp? ClassID = 6,访问时间:2013年6月5日。

[4] 载 http://www.lawbank.com.tw,访问时间:2013年6月5日。

表 C

检索词	“法”	条例	办法	规程	准则	规定	“法令”	规约	规章	细则	合计
法源数量	15, 275	3008	8712	2420	667	2996	56	8	25	1188	34, 355
法宝数量	683	551	2683	521	197	9	1	1	0	604	5250

标题穷举检索统计 2，见表 D：

表 D

检索词	“中华民国”	台湾地区
法源数量	1775	78
法宝数量	452	288

(三)统计分析

导出 22 大类“法律法规”列表，建立数据库，使用 SPSS 软件进行分析，形成以下图表。

按数量多少升序排列，形成表 1，法意报告：

表 1

序号	类别	数量(件)	频率累积百分比(%)
1	刑事	40	4.5
2	审计	46	9.1
3	民事	55	13.6
4	新闻	75	18.2
5	主计	78	22.7
6	“外交”	95	27.3
7	大陆事务	97	31.8
8	铨叙	230	36.4
9	考选	237	40.9
10	劳动	274	45.5
11	法务	278	50.0
12	环保	368	54.5

续表

序号	类别	数量(件)	频率累积百分比(%)
13	“国防”	391	59.1
14	农业	430	63.6
15	卫生福利	477	68.2
16	“宪法”	535	72.7
17	交通	761	77.3
18	教科文	775	81.8
19	财金	864	86.4
20	经济	883	90.9
21	“内政”	1185	95.5
22	“国际”	2313	100.0

表2,法源报告:

表2

序号	类别	数量(件)	所占百分比(%)
1	审计	10	0.06
2	“外交”	64	0.41
3	刑事	70	0.46
4	大陆事务	77	0.50
5	民事	91	0.60
6	新闻	101	0.66
7	考选	118	0.77
8	主计	144	0.94
9	劳动	279	1.8
10	“国防”	280	1.8
11	铨叙	426	2.8
12	交通	621	4.1

续表

序号	类别	数量(件)	所占百分比(%)
13	卫生福利	682	4.5
14	农业	695	4.5
15	经济	953	6.2
16	环保	1102	7.2
17	“国际”	1198	7.8
18	“法务”	1236	8.1
19	财金	1286	8.4
20	“宪法”类	1292	8.5
21	教科文	1627	10.7
22	“内政”	2923	19.1

确定描述量：

表 2-1　法意统计量

法意数量

N	有效	22
	缺失	0
均值		476.68
中值		323.00
众数		40
标准差		523.106
方差		273639.751
极小值		40
极大值		2313
和		10487

表 2-2　法源统计量

法源数量

N	有效	22
	缺失	1
均值		694.32
中值		523.50
众数		10
标准差		714.929
方差		511123.561
极小值		10
极大值		2923
和		15275

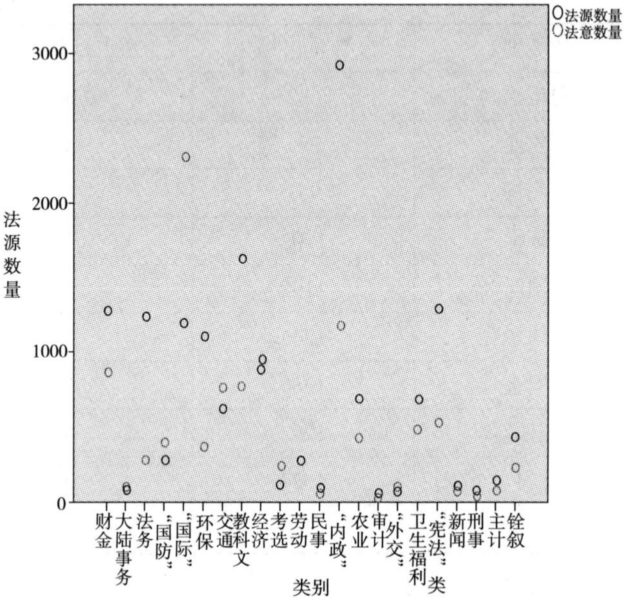

图1　法意分布点图

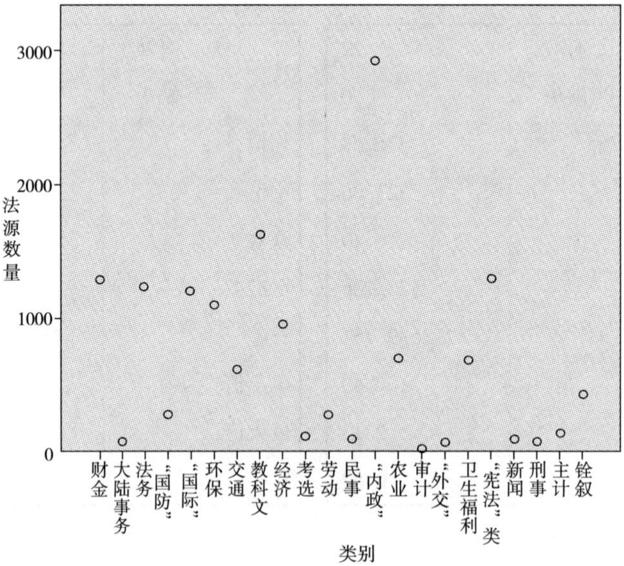

图2　法源分布点图

将以上两图合并为图3：

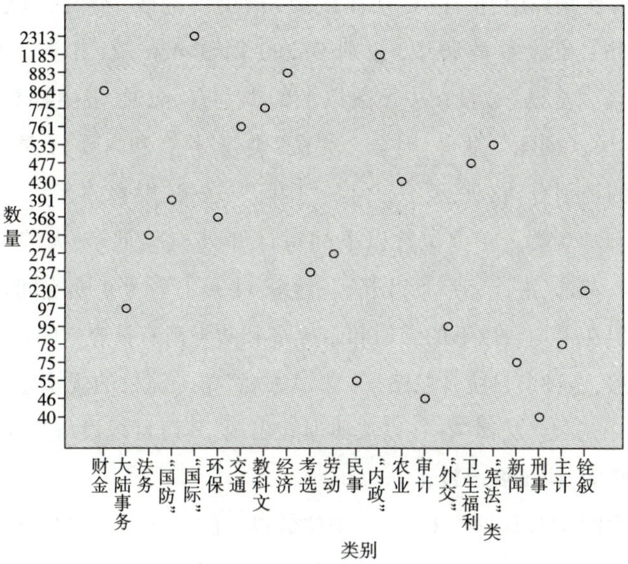

图3　法意分布点与法源分布点合并图

1. 横向类别与规模

综合上述图表分析可见，法意数据库中刑事类“法律法规”数量最少，“国际协定”、条约类最多，法务和环保类居中，分别有278篇和368篇，各类平均数为476.68篇，立法数量在中位数以上的类别有：环保、“国防”、农业、卫生福利、“宪法”、交通、教科文、财金、经济、“内政”和“国际”11类；在平均数以上的类别有：卫生福利、“宪法”、交通、教科文、财金、经济、“内政”和“国际”8类。这说明以上领域“立法”近80年来在规模上得到了较大扩充，受到了更多重视。同时，在40至400篇区间，分布的“法律法规”类别最多。中位数小于平均数，说明超过平均数476.68篇的“法律法规”类别少但数量多，更少类别的“法规”占据了总量的更高比例，可见数据库中22大类类别中“法律法规”数量并不均衡，从“法律”自身的均衡发展角度考虑，在中位数以下的刑事、审计、民事、新闻、主计、“外交”、大陆事务、铨叙、考选、劳动和法务11类还有较大扩充空间，在中位数之上但在平均数以下的环保、"国防"、农业3类尚有扩充空间。

法源数据库中,审计类"法律法规"最少,"内政"类"法律法规"最多,"国防"和铨叙类居中,分别有280篇和426篇,各类平均数为694.32篇,"立法"数量在中位数以上的类别有:交通、卫生福利、农业、经济、环保、"国际"、法务、财金、"宪法"类、教科文和内政11类;在平均数以上的类别有:农业、经济、环保、"国际"、法务、财金、"宪法"类、教科文和"内政"9类。在中位数以下的审计、"外交"、刑事、大陆事务、民事、新闻、考选、主计、劳动、"国防"、铨叙11类有较大扩充空间,在中位数之上但在平均数以下的交通和卫生福利两类尚有扩充空间。

当然,这种篇目统计忽略了"法律法规"单一篇目的规模差异,例如刑事、和民事类"法律"往往以法典形式出现,其篇目规模与实际形式规模差距较大,应该做出校正。

根据图3,比较两个数据库,中位数以上的类别高度重合,可见刨除数据库收录的局限和偏好,这种类别聚集是比较客观的。但类别聚集现象只精确到"篇"这一层面,存在上述篇数少但条文多的例外情况,也存在着分类本身不均衡的问题,因此这一比较还可以进一步向条文乃至元素纵深推进。

2. 纵向层级与规模

从"法律法规"标题文字表述的不同角度分析,法源数据和法宝数据库中"法"、条例、办法、规程、准则、规定、"法令"、规约、规章依次对应的数量趋向基本相同,可见这种分类的大致分布。办法类"法律法规"数量最多,法令、规约类法律数量最少。

因为法源数据库中的样本数量更多,不同名称对应着不同的立法层级、效力和主体,大致可以比较出不同立法主体各自的"立法"规模。根据"立法"机构和"立法"层级,法源数据库将"法律法规"分为"宪法法律"、"法规命令"、行政规则和"国际法"4大类,按这种纵向层级分类对应的"法律"规模如表3所示:

表 3

类别	“宪法法律”	“法规命令”	行政规则	“国际法”
规模(单位:篇)	499[5]	10,595	2791	1198
表现形式	“法”、条例	规程、规则、办法、标准、细则、条例、准则等[6]	准则、规定、基准、要点、流程/程序、计划、注意事项、范例、方法、警示、法令、规章、规约、细则等[7]	条约、协定[8]
发布形式	“总统令”	地方政府令	“部院令”	“总统令”

其结构如图 4,在规模上基本形成“宪法”、“法律”作为顶端,“行政规则”次之,“法规命令”垫底的金字塔结构,“国际法”则独立于另外三者。

3. 时间维度与规模

从“法律法规”公布或修改时间与数量分布角度,选取“法律法规”中含有“台湾”和“中华民国”字样两组样本数据分析,含有“台湾”样本中 20 世纪 80 年代之后制定或修订的“法律”占全部“法律法规”总规模

---

〔5〕“宪法”、“法律”(现行有效共 499 部),具体可参见台湾法源数据库:http://www.lawbank.com.tw/,访问时间:2013 年 6 月 5 日。

〔6〕如:(1)“台南市特定行业设置管理自治条例”,公布日期:2007 年 1 月 30 日,2007 年 1 月 30 日台南市政府南市法行字第 09609501250 号令制定公布;(2)“澎湖县低碳建筑设计准则”,发布日期:2012 年 8 月 29 日,2012 年 8 月 29 日澎湖县政府府行法字第 10113051292 号令订定发布;(3)“政治献金查核准则”,发布日期:2004 年 9 月 23 日,修正日期:2011 年 3 月 23 日,2004 年 9 月 23 日监察院(1993)院台申政字第 0931806219 号令订定发布全文;2. 2011 年 3 月 23 日监察院院台申肆字第 10018309190 号令修正发布全文 51 条。

〔7〕如:(1)“中华民国银行公会会员授信准则”;(2)“内政部委托研究计划作业规定”(原名称:“‘内政部’委托研究计划作业要点”);(3)“‘外交部’排除适用电子签章法之主管法令”;(4)“‘财政部’台湾省南区国税局技工、工友退休准备金监督委员会组织规章”;(5)“‘交通部’台湾铁路管理局—车站旅运服务规约”;(6)“台湾土地银行、中国农民银行、台湾省合作金库办理加速农村建设贷款作业细则”。

〔8〕如:(1)“‘中华民国’与海地共和国间友好暨合作协定”;(2)“中葡友好通商条约”等。

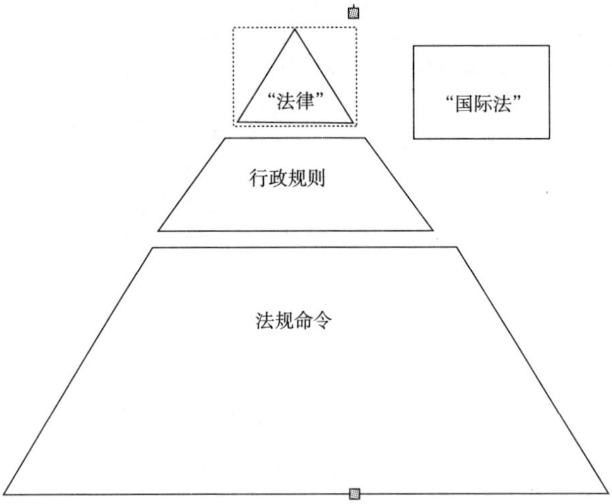

图 4

的 96.88%，而含有"中华民国"样本中该时间段制定或修订的"法律"占全部"法律法规"总规模的 77.65%，可见大量"法律法规"是 20 世纪 80 年代之后制定或修订的，这基本上和经济快速发展时期吻合。而含有"台湾"字样的"法律法规"在这一时段比例明显高于"中华民国"，和 20 世纪 80 年代后特别是 90 年代中后期岛"内政"治倾向有关。

选取法意数据库中"法律法规"规模的极小值和中间值："法律法规"规模最小的刑事"法律"和居中的环保类 2 类数据分析，14 部刑事"法律"在 20 世纪 90 年代之后公布、修订或废止的总量占全部数量的 85.7%；作为中位数的环保类"法律法规"和年份的关系见图 3，可见环保类"立法"具有相邻两年一年多一年少的态势，20 世纪 90 年代之后公布、修订或废止的总量占全部数量的 99.7%，而 2002 年之后数量明显增多，占"立法"总量的 77.3%，其中 2003 年、2006 年和 2011 年分别有 34 篇、45 篇和 44 篇。

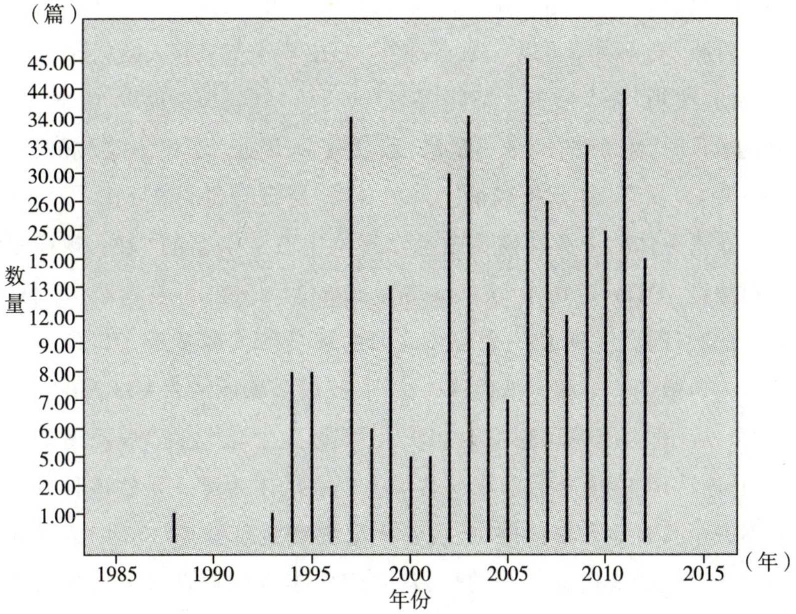

图 5

四、影响我国当代台湾地区“法律”规模的因素

（一）立“法”体制

由于政治原因，1948 年产生的“立法院”“宪政时期”第一届“立法”委员直至 1992 年才诞生第二届，此后每届任期 3 年，后改为 4 年，现在履职的是 2012 年选举产生的第八届“立法”委员，“院长”王金平。“2005 年 5 月，台湾地区启动‘修宪’，废除‘国民大会’。自此‘修宪’启动权限归属‘立法院’，台湾地区形成了‘中央’、直辖市、县、乡四级立法体制。所制定的‘法律’由‘总统’公布；‘总统’有权发布‘紧急命令’；‘行政院’‘司法院’‘考试院’和‘监察院’以及其所属‘部’会，有权发布命令。在地方上，除了‘台湾省’之外，其余地方‘立法’机关有权制定‘自治法规’，地方行政机关有权发布‘自治规则’。其中，‘直辖市’议会制定的叫‘法规’，县和省辖市议会制定的叫‘规章’，

乡、镇、县辖市的乡(镇、市)民代表会制定的叫'规约'。"[9]

对照表3和图4可以发现,各地方"立法"机关数量和人员总量最多,制定的"法规"命令最多;"部院"制定的行政规则次之;而以"总统令"形式颁布的"宪法法律"效力最高,数量最少,因此"法律法规"规模基本上和"立法"主体规模成正比,和"立法"层级的高低成反比。

立法主体的人员规模在政治学理论中有一著名的"议会规模立方根法则"(The Cube Root Law of Assembly Sizes)可供参照。[10] 根据该法则计算,一国或一个地区议会的议员数大体接近于该国或该地区人口数的立方根。按照这一法则,我国台湾地区总人口2300万,其"立法"机构规模理想应为284人,实际上,"立法院"规模逐渐缩小,总席次由1998年后的225席降为现在的113席。虽然该种变动并不完全符合立方根法则,但也在一定程度上显示了"立法"人员规模和本地人口规模存在相关性,从其席次多少依据选区人口划分的规则得到印证。可见,"法律"规模和"立法"人员规模正相关,而"立法"人员规模和本地人口正相关,从而可以得出一般而言"法律"规模和当地人口正相关。

(二)经济社会发展需求

通常认为,对我国台湾地区经济发展而言,1949年至1952年,为经济复苏时期;1953年至1962年,为进口替代时期;1963年至1973年,为出口扩张,即发展外向型经济时期;1974年以来,为重新调整产业结构,工业升级转型时期。

农业方面,首先推动改革,"这一改革分为三步:1949年的'三七五'减租、1951年的'公地放领'、1952年的'耕者有其田'。与之相

[9] 厦门出入境检验检疫局《台湾地区"强制性产品认证"制度研究》课题组:《台湾地区"强制性产品认证"的法律体系及认证产品目录》,载《认证技术》2012年第7期,第36页。

[10] 关于此法则之探讨,可参见 Rein Taagepera & Matthew Soberg Shugart, Seats &Votes: The Effects & Determinants of Electoral Systems, 1989, New Haven, CT: Yale, University Press, pp. 173 – 183。

应，制定了“耕地三七五减租条例”（1951年）、“实施耕者有其田条例”（1953年）、“平均地权条例”（1954年）等法规，保证和确认土地改革的成果”。[11] 1949年出台了“农民银行土地债券法”，“不是依靠资本改造和消灭小农，而是在土改的基础上，在限制大资本下乡的同时，扶持小农组织起来——建立以金融合作为核心的综合农协，变传统小农为组织化的现代小农，包括金融保险在内的农村经济都由农民协会主导发展，农民不仅分享种植业、养殖业的收益，几乎分享了农村金融保险、加工、流通储藏、市场资料生产供应、技术服务、农产品超市和土地‘农转非’等多方面的绝大部分收益”，[12] 避免了小农在短期内大量破产的现象。

工业化方面，其中在20世纪50年代时我国台湾地区虽然推动进口替代工业化政策，但是由于市场规模小而使得以内销为主的产业自1958年开始面临生产过剩的问题。为了解决这一问题使得我国台湾地区“政府”之后改采出口导向政策，开始促进我国台湾地区经济转向出口贸易为主。与此同时，20世纪60年代美国等先进工业化国家的工厂因为面临工资上涨，也开始将劳力密集产业向外移，这一工业发展带动了大量相应“立法”。现代工业的发展需求推动了大量“法律法规”的出台，例如1954年发布“外国人投资条例”、1955年制定“华侨回国投资条例”，1960年发布的“奖励投资条例”、1962年发布“技术合作条例”等。制定了“国有财产法”“减免营利事业所得税奖励标准”“关税法”及其“施行细则”“土地税法”及其“施行细则”“管理外汇条例”等，修订了“银行法”和“预算法”“决算法”，以加强对经济的“法律”调控。结合本文前三部分的统计表明，我国台湾地区经济“法律”体系基本上是20世纪70年代到80年代前期完备起来

〔11〕 俞荣根：《台湾法浅论》，载《现代法学》1992年第4期，第73页。

〔12〕 李昌平：《菲律宾与日韩及台湾地区：不同的农业现代化道路，不同的结局》，载《经济展望》2008年第11期，第158～159页。

的,1970 年到 1980 年间新定的“法律法规”有 160 多个。[13]

城市化方面,“台湾地区城市化率由 1950 年的 24% 迅速上升至 20 世纪 70 年代的 60% 以上”“同时,创建工业园区的经济发展方案,不仅推动了工业的发展,还有效地解决了城市化快速发展中产生的诸多问题”。[14] 早于 1939 年当时政府就颁布过“都市计划法”,1962 年开始针对都市计划法进行检讨,并最终于 1964 年修订了新的“都市计划法”,1973 年完成了第二次修正,到 1976 年发布“都市计划法台湾省实施细则”,结合注释 3 第 116 项可以看出,最近一次修改是 2010 年 5 月 19 日。城市化的需求使台湾都市计划“法”制体系完整建立,也带动了大量相关领域的“立法”。

环境保护方面,结合图 4 可以清晰地发现,立法集中时间为 20 世纪 90 年代后,特别是 2006 年后。搜索 2006 年这一时间节点发生与环保相关的事件,发现正是这一年,台当局环保主管部门拟定“清净家园全民运动”,回应一系列环境治理中出现的问题。[15]

综上,经济社会发展需求是法律规模扩展的动力和深层决定因素,从结果上观察,根据台湾地区“主计处”概估统计,2012 年台湾经济总量为 14, 035, 036 亿台币,合 4740. 15 亿美元;人口总量 2300 万,人均 GDP 为 20, 374 美元,对应的现阶段“法律”规模为 15, 083 篇,约 904, 980 条。

(三)其他因素

除“立法”体制和经济社会发展这一显一隐两大制约因素外,还有政治、文化、法学教育乃至偶然事件会直接或间接影响到“法律”规模。例如观察近 3 年的“宪法法律”层面的规模增量可以发现,2012 年只修订了 1 部“法律”,而 2011 年制定或修改了 104 部,2013 年前 5

〔13〕 郑定:《略谈台湾的经济发展与法律调整》,载《法学家》1993 年第 3 期,第 42 页。

〔14〕 汤韵:《台湾城市化发展初探》,载《长春大学学报》2011 年第 21 卷第 11 期,第 12 页。

〔15〕 王欣:《清净家园全民运动》,载台湾《联合报》2009 年 6 月 5 日第 4 版。

个月制定或修改了 39 部。为何 2012 年"法律"修改规模如此反常，应当是有大选因素作用。

五、对大陆立法和法律规模研究的启示

如前所述，我国台湾地区与大陆文字和文化的一致性和历史传承性决定了这一研究对大陆的立法和法律规模研究具有很强的借鉴意义。

截至目前，根据全国人大法律数据库和国务院法制办法规规章备案系统数据库统计，大陆法律由 230 多部法律、700 多部行政法规、19，380 部地方性法规和地方政府规章组成。以大陆平均样本 50 条的单部法律规模估算，现行法律法规规模为 20，310 部共 1，015，500 条；总体规模与台湾地区相当，宪法法律规模则不及台湾地区的 1/2。

即使加上各地方实际上起法律法规作用的 82，722 件报送备案的规范性文件，大陆现行法律法规规模为 103，032 部共 5，151，600 条，也只是我国台湾地区的 5 倍左右，而大陆的经济规模是我国台湾地区的 17.5 倍，人口规模是我国台湾地区的 56.5 倍。通过上面的分析，法律规模与经济社会发展水平和法治化水平密切相关，应当和人口规模以及经济规模正相关，从以上数据可以得出，如果以台湾地区的"立法"数据作为常量，大陆现有的法律规模同自身经济规模与人口规模相比，还有相当大的发展空间；如果以大陆的立法数据作为常量，是否证明台湾"立法"相对自身的人口和经济过于繁多？可以进一步分析探讨。

在横向分类上，大陆的分类理念与台湾地区相同，即依法规性质与机关职能区分，差异不大；在纵向分类上，因为大陆幅员更为辽阔、各地的地区差异明显，因此纵向分类更多，含有民族区域自治条例、单行条例、经济特区立法、特别行政区立法等更加丰富的形式；在时间维度上，大陆的法律规模从改革开放以来，特别是 1997 年确定依法治国以来取得了迅速扩充，但扩充的速度明显不及台湾地区，这和大陆的法治基础有关,和政策理念有关,更和现行立法体制机制密切相关。

比较大陆的230多部法律和台湾地区的499部法律可以发现,台湾地区"法律"调整的领域更为细密,例如"停车场法";不少法律都有相应规模不大的施行法,例如"刑法施行法"。这种差距下降到法规和地方层面就更为明显,例如我国台湾地区2009年通过"姓名条例",对姓名的登记、变更进行确认和规制。大陆也有停车、姓名登记等生活经验,但并未用法律方式加以规制。

可见,大陆目前需要构筑与自身人口规模和经济社会发展水平相应的法律规模,借鉴台湾地区"法律"规模扩充经验,为构建法治中国打下坚实的基础。

(责任编辑:黄建武)

PART 3

立法评析与立法建议

Legislative Analysis and Legislative Proposal

pp. 111 −232

中国民法典编纂的立法体例问题研究

于海涌*

目　次

摘要:民法典的立法体例问题是我国编纂民法典急需解决的首要问题,在后法律体系时代,我国民法典至今还只是一个半成品,尚未达到大陆法系

---

* 于海涌,中山大学法学院教授,博士生导师,中山大学立法研究中心副主任。

国家民法典立法的逻辑性和体系性标准。在民法典编纂之际,《民法通则》的存废问题,现行民事单行法和司法解释如何安排问题,民俗习惯、司法判例和理论学说的功用问题成为影响中国民法典编纂思路的主要问题;民法总则的姗姗来迟,人格权编的摇摆不定,债权编的设置与否,民事责任能否独立成编以及民商法之间的如何协调等问题在民法典编纂中引起广泛争议。当前我国民法典的立法思路存在不足,现行立法体例安排也应当调整,我国未来民法典应采"九编制"的立法体例。

关键字:民法典编纂;立法体例;九编制

中国民法典的编纂工作目前已经提上了日程,全国人大常委会将中国民法典的编纂纳入第一类立法项目,编纂工作已经全面启动。毫无疑问,在未来一段时间里中国民法典编纂将成为我国规模宏大、影响深远、备受关注的重大立法活动。民法典的编纂既是国家立法中的前沿性的重大理论问题,又是战略性的重大现实问题。中国民法典是否可以展示中国的立法水平,固然是对中国传统法律文化的继承问题,更是对法学理论、民法制度和立法方法进行创新的发展问题。以下是笔者对中国民法典编纂中关于基本思路和立法体例的思考。

一、中国民法典编纂的基本思路

(一)关于《民法通则》和2002年《民法草案》的安排

《民法通则》颁布于1986年,全文只有156条,在司法适用中常常让人感觉捉襟见肘、挂一漏万,但这30年来《民法通则》在我国一直处于民事基本法的重要地位,立法者、法官、民法学者在这30年的时间里已经在司法实践和学术研究已经达成了广泛的共识,因此应当充分尊重法律共同体已经形成的私法文化传统。2002年全国人大的《民法草案》出台比较仓促,其立法体例、制度安排甚至语言风格确实有不少值得商榷之处,一直以来也饱受学术界的尖锐批评,但笔者认为这个民法典草案毕竟是我国第一部正式的立法草案,其中仍有不少有益的成果可以在民法典编纂时予以借鉴。简言之,中国民法典应当借鉴《民法通则》和 2002 年《中华人民共和国民法草案》的有益成果,尊重法律共同体已经达成的广泛共识。

(二)关于现行民事单行法的安排

在改革开放近 40 年的时间里,尽管立法机关颁布了大量民事单行法,但当前我国民法典不仅缺少民法总则编,对债权编、人格权编等制度安排也并不明朗,因此民法典的编纂工作仍然比较艰巨。中国民法典并非另起炉灶,应当以现行民事单行法为主体进行编纂,这是中国民法典的主体工程,也对中国民法典进行编纂的基础。对于这些民事单行法,如果在实施期间没有引起很大的争议,在编纂中除了进行技术上的安排外,一般不做修订。但是如果在实施中发现了明显的错误或者矛盾,则借此编纂的机会进行及时删除、修订或增补。

(三)关于最高人民法院民商事司法解释的安排

由于民事立法长期滞后,制度设计简单粗糙,缺乏可操作性,最高人民法院面对复杂的民事案件,颁布了一系列司法解释。这些司法解释实用性强,具有较强的可操作性,当然这些司法解释也不尽科学,有些突破了司法的范畴,甚至已经演变为变相“立法”。对此虽有“良性违宪”的辩解,但也难免受到诟病。最高人民法院在审理形形色色的民商事案件中积累了大量实践经验,发布了大量的司法解释,这对于民法典编纂而言可谓是一个丰富的宝库。在本草案的编纂中,笔者对最高法院的司法解释进行甄别,对具有借鉴价值的司法解释编纂进了民法典草案。编纂的过程并非直接将司法解释转变为法律条文,而是要根据情况进行分析和甄别。民事法律规范既是民事主体的行为规范,也是法院审理案件的裁判规范。最高人民法院的司法解释,有些属于确定当事人之间权利和义务的实体性规范,有些则属于纯粹解决审判实务的程序性规范,例如“对某某事项提起的诉讼人民法院不予立案”“对某某主张人民法院不予支持”等。这些纯粹的程序性规范,其实和当事人的实体权利并没有直接的关系。鉴于民法典的编纂属于立法活动,毕竟与审判活动有重大区别,所以在民法典编纂中需要对司法解释进行甄别,选取有闪光点的司法解释,在进行修订后可以编纂进民法典。

(四)关于风俗习惯、交易惯例、司法判例和理论学说的补充作用

任何一部法典,无论其于制定时立法体例如何完备,制度设计如何周密,缺漏终属难免,而在私法领域,法官又不得借口法无明文规定而拒绝裁判。这样在审理民事案件时,如果法官根本无法找到可以适用的法律规范,这就需要对法律漏洞进行补充。立法者进行立法时必须对这个问题作出制度上的预先安排,在法典编纂中应当对民俗习惯、商业惯例、司法判例和理论学说给予足够的重视。对于未来民法典中可能存在的立法漏洞,应当允许法官参照民俗习惯和商业惯例进行漏洞补充后进行裁判,如没有相应的民俗习惯和商业惯例,法官应参照普遍认可的司法判例和理论学说。

(五)关于法典编纂中的删除、修订和增补问题

中国民法典的编纂,并非直接把《物权法》《合同法》《侵权责任法》《婚姻法》《收养法》《继承法》等民事单行法进行简单地汇编,而是国家的一项重要立法活动。现行民事单行法和司法解释中存在很多矛盾冲突、繁简失当、轻重失衡、立法漏洞等问题,与一部成熟的民法典相比还有很大差距。在法典编纂中,必然要对全部单行法和司法解释进行系统的审查。结合民商法的研究成果,如何进行删除、修订和增补。在各种利益的交错冲突中,立法者实际上在扮演公共政策选择的角色,面对众说纷纭的制度设计和利益博弈,立法者如何行使立法权,通过一锤定音进行睿智的选择,这十分考验立法机关和起草人的立法智慧。

二、中国民法典编纂中立法体例问题的争议与思考

全国人大在2010年已经宣布我国的社会主义法律体系基本形成,但我国民法典至今还只是一个半成品。大陆法系国家的立法注重成文法的逻辑性和体系性。从法典的逻辑性和体系性观察,我们的民法典还存在诸多缺陷:第一,缺少《民法总则编》。到现在为止,民法总则适

用的只是《民法通则》非常简陋的规定,很多应当由总则规定的内容仍有很大的欠缺。第二,欠缺《人格权编》。《民法通则》已经确定了民法的调整对象为平等主体之间的财产关系和人身关系。现在调整财产关系的法律已经陆续出台了,但是调整人身关系的法律还远远不够,离体系化的要求还有很大的差距。第三,缺少债法总则。大陆法系国家的财产法通常由物权和债权两大板块构成,如果我国民法典没有债法总则方面的规定,这样是不符合大陆体系化要求的。

(一)人文主义和物文主义的问题

对于民法典的制定,梁慧星老师和徐国栋老师为了人文主义和物文主义的问题进行了激烈的讨论。徐国栋主张把人身关系法放在前面,财产关系法在后面,突出人的主导地位。尽管民法是权利法,但权利都是以人为核心的,民法典的立法要体现人文主义,用他自己的话说就是“新人文主义”。徐国栋老师认为,如果按照总则、物权、债权、亲属、继承的体例,那么这种立法体例就没有突出人的地位,变成主要是以财产为主,这就成了“物文主义”。

对于人文主义和物文主义的争议,听起来好像是两个水火不容的主义之争,但是仔细思考以后,我们发现其实二者之间的分歧并不是原则性的争议,而仅仅是立法技术上的争议,而且这个差异对民法典并没有太大的影响。民法是一个行为规范,又是一个裁判规范。无论是人身权利编放在前面,还是财产权利编在前面,它对当事人的民事权益不会产生影响,对法官的判决也不会发生影响,我觉得它仅仅是立法者在立法理念上的些许差别。例如,我国在制定1982年《宪法》时,有学者提要把公民的基本权利和义务部分放在前面,把国家机关部分放在后面,以便突出我国注重保护公民的基本权利和义务。但我国《宪法》实施的情况并不会仅仅因为“公民的基本权利和义务”放在前面就得到了充分的实现,这与把国家机关放在前面或者后面并不会造成天壤之别。对于民法典的制定,徐国栋老师和梁慧星老师的观点似乎看起来是两种主义,其实真正对当事人的行为规范、司法机关的裁判都不会有太大的影响。但是，从理念上讲，笔者认为把人编放在前面更符合以人为本、以人为核心的民法精神，从理念上说是有一定价值的，但是对于二者的差别没有必要过于夸大。

（二）债权编的问题

我们已经出台了《合同法》和《侵权责任法》，这两个法律基本上包括了债法的主要内容。我们国家是否还需要制定债权编？笔者认为，债权编仍然需要制定。

第一，债权是一个上位的概念，它涵盖了侵权行为之债、合同之债。如果我们因为有了《侵权责任法》和《合同法》，就不制定债法总则了，那么"债法"这个概念在民法典中的存在都会成为问题。我国作为大陆法系的成员，其他国家都有物权和债权，而我们国家竟然没有债权的概念，那么我们国家的民法典岂不是成为大陆法系家族中的异类？

第二，民法典只有保持一种开放的体例，才能够吐旧纳新，为将来的发展留有空间。岂不说未来的发展，就以当前的研究而言，对于有些制度，如果既不属于合同范畴，也不属于侵权行为，那么在民法典中如何归类？比如无因管理、不当得利就不好归类。当然有些学者把无因管理和不当得利当作准契约，这样也勉强说得过去，但从长远发展来看，如果将来碰到无法准契约的情形，这个封闭的体系该如何容纳？没有债法总则，仅仅规定了合同和侵权行为，这种近乎封闭的体例为将来保留的开放空间就会更小，如果有了债权编，这就为未来留下一个开放的空间。

第三，我们是在没有制定债权编的情况下先出台了《合同法》，《合同法》承担了相当一部分债法的内容，需要将来编纂的时候应该进行调整。从《合同法》的内容来看，《合同法》大量使用了"债权""债务""债权人""债务人"的概念，其实已经预计与未来的债权编进行相应的调整。

第四，立法的简约也是考虑的重要因素。如果有了债权编，那么债权人的代位权、债权人的撤销权、债的担保、债的转让、债的抵销等都可以顺利处理，而且无论合同之债、侵权行为之债、无因管理之债、不当得利之债等都不用特殊规定了，都属于债权总则的部分。如果没有债权编，那么在立法中就要棘手一些。举个例子，比如说债的抵销，根据合同法，如果张三欠李四100元，李四欠张三120元，两个可以进行抵消。侵权行为中是否也存在债的抵消？当然也会有。比如交通事故，两辆车相撞，结果双方各承担50%的责任，这其中就有债的抵消。如果有债权编，在债法总则中直接规定债的抵消就可以了，如果没有债权编，那么是不是在《合同法》中规定一个债的抵销，在《侵权责任法》里再规定一个债的抵销？再如保证人问题。合同中经常约定有保证人，如果债权人对债务人的资信能力表示怀疑，那么双方可以约定由一个资信能力较强的人做保证人。侵权行为中有没有保证人？同样有。张三打伤了李四，在和解的过程中，李四可能觉得张三没有足够的财产，张三就可以找一个有钱的第三人做保证人，这样纠纷就可以庭外和解。如果将来没有债权编的话，是不是《合同法》中规定一个保证人制度，在侵权行为中再搞一个保证人制度？所以，考虑立法的体系化和逻辑化、保持开放的体系以及立法的简约，债法总则都是需要的。

（三）人格权编的问题

人格权要不要独立成编？笔者认为，人格权不仅应该独立成编的，而且要把它放在民法典的重要位置。在民法典的体例安排上，第一编应当是总则编，第二编就应当是人格权编。因为民法是调整平等主体之间的财产关系和人身关系的法律。更准确地说，民法是调整平等主体之间人身关系和财产关系的法律。应该把人身关系放在前面，财产关系放在后面，以此为了突出人的中心地位和重要性。

根据笔者的思考，如果人格权法要带有一定的前瞻性和开放性的话，人格权的内容其实不少。关于放弃治疗问题、关于缓和医疗问题，关于安乐死问题，关于器官移植问题，关于性自主权问题，关于人工捐献精子问题，还有实验性药品对健康的损害问题等。这些问题如果放在民法总则中，既不科学，也不合理。例如，一个新药刚研制出来，起初我们都是在白老鼠身上做实验,但是这个药品研制出以后,对它的副作用还没有充分评估,这个时候我们需要人体做实验的,在这种情况下,药对人的健康损害的风险还不清楚,但是这个实验又是必需的,要不然新药是研发不出来的,这种情况下存在对人体健康的损害问题。再如安乐死问题,荷兰就有单独的《安乐死法》,当然这对我国来说还过于超前。对于这些问题都应当进行立法规制,由此看来,人格权的内容绝对不少,所以我认为人格权编不仅要制定,而且完全可以独立成编。这不仅是必要的,而且是完全可行的。

(四)民事责任编的问题

在我国未来民法典的编纂中,《侵权责任法》应该安排在什么位置?是把它安排在债编中,还是安排在民事责任编里面?我觉得这就存在一个民事责任是否需要独立成编的问题。

侵权责任到底是一个民法上的债,还是一种民事责任?债和责任其实是两个不同的东西。侵害了别人的权利,应当首先产生的是民事债务,如果当事人自觉履行了债务,无需国家公权力提供救济,这个债务就消灭了,这是第一次的债。如果当事人不承认侵权,不承认债务,受害人提起诉讼,这产生的就是民事责任。所谓民事责任,就是不履行义务所产生的法律后果。这体现的是国家对民事权利的救济。我们可以把它称为第二次的债。所以笔者认为侵权行为既可以产生债,也可以产生民事责任。

过去我们制定《民法通则》的时候,民事责任部分独立成章,这是我国《民法通则》的一个特色。但根据现在民法典立法的几个版本,还没有一个专门设定民事责任编的。笔者认为应该设立一个独立的《民事责任编》。其原因在于:民法典讲究体系和逻辑。物权编、债权编、亲属编、财产继承编,这些编都是对权利的确认,也就是民法要保护的权利和利益。按照逻辑,这些权利遭受侵害的时候,国家应该提供救济,民事责任编就是体现了这种救济。笔者认为,这个逻辑非常清楚,前面几编都是对权利的确认,后面的民事责任就是对权利的保护,也就是对侵害权利所给予的救济，所以我觉得应该单独成立一个“民事责任编”。当然进行民法典编纂的时候，可以把私力救济、违约责任、侵权责任等内容编纂在一起，调整后成立一个独立的民事责任编。这样民法典的体系就更加严密，体系更加完整和紧凑。

(五)民法和商法的协调问题

中国民法典正在如火如荼地制定中，中国商法学界也在积极酝酿制定中国商法典或中国商法通则。对于中国商法通则的立法问题，我的观点是旗帜鲜明的，我认为《商法通则》既没有必要，也不可行。如果要制定《商法通则》的话，那么它究竟是类似《民法通则》的“小而全”的法律？还是未来中国商法典的总则编？这个问题必须明确，这涉及《商法通则》的定位问题。

第一，《商法通则》的定位模糊。如果我们把《商法通则》定位为中国商法典的总则编，那么我们就应当把整个商法典中具有共同性、一般性的规则抽象出来。现在最为关键的问题是，《商法通则》能够提炼出涵盖《公司法》《海商法》《票据法》《证券法》《信托法》《保险法》的一般规则吗？以《票据法》和《海商法》为例，这两部法律都属于商法，但我们能否提炼出这两部法律的共同规则？《票据法》非常强调票面的记载、出票、承兑、付款、追索等，它和海商法的提单、船舶碰撞、共同海损、船舶优先权等几乎没有任何共同之处。如果发生了船舶碰撞，在司法审判中，我们会调查船舶的红灯亮了没有？绿灯亮了没有？船舶有没有减速？航向是否转变？可以说船舶碰撞问题和票据承兑问题几乎是风马牛不相及，我们很难找到共同适应的规则。有学者会认为，商主体、商行为、商事营业资产、商业账簿、商事代理、商事担保等，这些东西可以说是共同的规则。但是，对于这些规则，我觉得大部分属于法人制度的东西。仅《票据法》和《海商法》之间，我们就很难找到共同适用的规则，更何况要找到涵盖所有商法领域的共同规则。如果不把商法通则定位为中国商法典的总则编，而是定位为类似于《民法通则》的东西。现在我们要进一步追问，这个定位合适吗？对此我深表怀疑。我们制定《民法通则》的时候是1986年！那个时候我国国家百废待兴，商品经济的发展刚刚起步，法律规则十分欠缺，由于社会急需一些基本的法律规则，而当时制定《民法典》又不成熟，在这个情况下我们仓促之间制定出一个只有156条的小而全的法律是可行的。现在我们回过头来看《民法通则》，可以说是挂一漏万，捉襟见肘。我们没有任何一个民法学者会否定《民法通则》重要历史作用，因为在当时急需的情况下，《民法通则》的确发挥了民事基本法的重要作用。到目前为止，我国的《公司法》《海商法》《保险法》《票据法》《信托法》《证券法》都这么齐全了，再制定一个小而全的类似于《民法通则》的《商法通则》，显然不太可行。总之，无论是把《商法通则》的定位类似于《民法通则》小而全的基本法，还是把它定位为《商法通则》的总则篇，我认为都是不太可能的。

第二，《商法通则》有没有足够的特殊性。我们制定财产所有权，我们不会把它区分为男人的所有权还是女人的所有权，因为这种分类是没有意义的。商行为、商事代理、商事担保，如果它没有足够的特殊性，从而需要突破民法的一般规定，那么这种突破就是不必要的。在民法的担保物权之外，是否需要单独的商事担保？在民法的代理制度之外是否需要专门的商事代理？我认为虽然有一定的特殊性，但这种区别是否需要单独立法，我对此表示怀疑。

第三，可能导致法律适用中的混乱。如果我们在中国民法典之外再制定一个《商法通则》，它会不会反而导致法律适用的混乱？如果甲股份有限公司和乙股份有限公司之间订立了买卖合同，它是不是适用《民法典》中合同的规定？如果他们出现了一个抵押，是不是适用民法中的担保物权，还是有什么特别的商事担保？再如，我是一个自然人，我不是商主体，有个商主体（商业公司）出具一个票据给我，显然我是民事主体，公司是商事主体，问题是：对于这个票据，这到底是适用《民法典》还是《商法典》？是适用《民法通则》还是《商法通则》？这个反而会在法律的适用中引起不必要的混乱。

第四，商法的“去法典化”趋势。法国、德国、日本都制定了《商法典》,但是适用之后慢慢呈现了去法典化的趋势。如果《公司法》《海商法》《票据法》《证券法》《信托法》等制定为单行法,而能够涵盖《公司法》《海商法》《票据法》《证券法》《信托法》所有的领域总则性规定又非常有限,那么商法典的内容基本上就被掏空了。从大陆法系的发展来看,这个商法典已经逐渐被淡化,出现了式微的趋势。

第五,尊重中国民商合一的立法传统。从中国的立法历史来看,在中华民国制定《民法典》的时候,曾经考虑我们国家到底是采取民商合一,还是民商分立的模式。当时民国的立法院长胡汉民进行了考察,考察的结果认为,中国采取民商合一,不在民法之外制定专门的《商法典》,在《民法典》之外制定若干的单项法即可。台湾地区和大陆具有同样的法律文化传统,从目前的情况来看,台湾地区这样做没有什么大的妨碍,这是中国法律文化的继承问题,这也可以给我们一些启示。我认为在民法典之外,未必要制定商法典通则。我的初步结论就是,在中国制定民法典之外没有必要制定商法典,至少我表示建设性的怀疑。

(六)附编的问题

在民法典的编纂中,还涉及法律的溯及既往问题、比照适用问题、民族自治地方对民法典部分内容的变通或补充适用问题、授权对某些事项进行地方立法、授权国务院对某些事项制定实施办法、民法典生效后的法律废止、民法典的实施日期等问题,这些问题比较杂乱,而且放在前面任何一编都不适合,属于"无法归类"之列。《民法通则》有"附则"之设,《瑞士民法典》有"末章",《绿色民法典草案》有"附编"和"尾题",笔者认为,为了保持民法典立法体例的统一,可以考虑在法典的最后专门设置独立的"附编";如果考虑附编的内容偏少,其附编之下没有"章""节"为支撑,也不妨继续沿用《民法通则》中"附则"之设。

三、对全国人大在中国民法典立法体例安排的基本评价

大陆法系非常强调法律的逻辑性和体系性,从现在我国民法典的立法状况来看,笔者认为全国人大在民法典立法中对立法体例的整体

规划不尽科学,颇有商榷之余地。我国民法典的整体立法属于化整为零,先制定各个民事单行法,最后再进行民法典的编纂。从立法的整体规划来考察,我们在立法中对体系性和逻辑性的安排没有给予足够的重视,这势必会给未来民法典的编纂工作带来一定的困难。

(一)立法机关应该先制定民法总则,然后再制定民法分则

如果从体系性和逻辑性来考察,立法机关在进行民法典的立法规划中,应该先制定民法总则编,然后再制定民法分则各编。我们现在是制定了《物权法》《合同法》《侵权责任法》,但民法总则编却在后期才进入立法程序,所以这就难免会出现一些不太协调的问题。例如,《物权法》已经出台了,其中第60条规定:对于属于村农民集体所有的土地等,由村集体经济组织代表集体行使所有权。现在的问题是:村集体经济组织是什么类别的民事主体?农村集体经济组织显然不是自然人,但它是什么组织?它是法人还是非法人?它是企业法人还是非企业法人?是盈利性的组织还是非营利性的组织?这一切都没有明确的规定。再如,《物权法》中制定了建筑物区分所有权,其中规定了业主委员会,但业主委员会是个什么组织?是否具备法人资格?这个问题应当在《民法总则》中予以规定,但是《民法总则》迟迟没有出台,这个问题也只能一笔糊涂账。所以笔者认为我们在民法典的立法中没有坚持逻辑性,没有按照“先总则,后分则”的逻辑顺序纲举目张地展开,由此导致现在立法中出现了一些混乱。

(二)立法机关应该先制定权利法,然后再制定救济法

笔者认为立法机关应该先制定《人格权法》《物权法》《债权法》等确认民事权利的单行法,最后才制定为权利提供救济的《侵权责任法》,这样才更为合理。从逻辑上讲,应该首先确定民事权利,然后再规定侵害民事权利应当承担的法律责任。现在《侵权责任法》已经出来了,而《人格权法》还遥遥无期。如果我们先出台了《人格权法》,那么在随后制定《侵权责任法》的时候,就可以针对人格权法中的相关内容进行有的放矢地进行规制;现在恰恰相反,制定《侵权责任法》的时候,人格权法还没有出台,那

么针对侵害人格权的内容进行规制只能是雾里看花，水中望月，更不可能针对侵害人格权的某些特殊情况加以前瞻性的立法。

（三）未来中国民法典编纂可能面临的困难

如果我们预先对整部民法典的立法有一个科学的立法规划，那么在各个民事单行法逐步出台以后，在最后编纂中国民法典时相较而言就会容易一些。从目前的立法来看，我国民法典的立法对体系性、逻辑性的安排有一定的缺陷，这样会导致立法中存在很多衔接失当、轻重失衡、矛盾冲突、立法漏洞等问题，在未来法典编纂中，对各个单行法进行审查、删除、修订和增补的工作就会相对比较困难。

四、中国民法典“九编制”立法体例的构想

根据本人关于中国民法典编纂问题的思考，从编排的体例来看，笔者认为民法典编纂的立法体例应当采用九编制，并按照以下次序进行安排：

（一）“先总则，后分则”

纲举目张，“民法总则编”无疑应当是整部民法典的第一编，对于这个安排学术界几乎没有争议。

（二）“先人身，后财产”

从理念上讲，我个人认为把人格权编放在第二编，婚姻家庭编放在第三编，这样安排更符合以人为本的立法精神，在立法编排上应当在体例安排上体现国家立法机关重视人格利益保护的基本理念。在人格权编和婚姻家庭编以后，关于财产权利的各编应当依次为第四编物权编、第五编债权编、第六编财产继承编。

（三）“先权利，后救济”

常言道：“无救济，则无权利”，因此，在人格权编、婚姻家庭编、物权编、债权编、财产继承编以后，随后应当安排的就是第七编救济编，也就是民事责任编。笔者认为，前几编都是对权利的确认，后面的民事责任编就是对权利的救济，其中的逻辑关系非常清楚。

（四）“先国内，后涉外”

随着中国对外开放的不断深入，人员交流频繁，国际贸易如火如荼，因此涉外民事纠纷也相应增多，关于涉外民事法律关系的法律适用是一个无法回避的突出问题。《民法通则》第八章专门规定了“涉外民事法律关系法律适用”，中国的法院系统普遍设立有专门审理涉外案件的法庭，因此笔者认为应当将我国于2010年10月通过的《涉外民事法律关系法律适用法》纳入民法典，作为民法典的第八编。

（五）中国民法典九编制的立法构想

综上所述，中国民法典应当采用九编制的立法体例，并按照以下次序进行编纂，这可能是一种比较妥当的制度安排：

第一编：总则；

第二编：人格权；

第三编：婚姻家庭；

第四编：物权；

第五编：债权；

第六编：财产继承；

第七编：民事责任；

第八编：涉外民事关系的法律适用；

第九编：附编。

（责任编辑：杨　彪）

评析我国首部域外法律

——《深海海底区域资源勘探开发法》

刘 亮 黄 瑶*

目 次

* 刘亮,法学博士,现供职于广东省人民检察院;黄瑶,中山大学法学院教授、博士生导师,中山大学法学院海洋法律与政策研究中心研究员。

摘要:2016年2月通过的《深海海底区域资源勘探开发法》是我国历史上第一部规范国际海底区域活动方面的法律。该法是我国履行《联合国海洋法公约》有关义务的具体举措,也是旨在鼓励和促进我国深海海底勘探开发活动的一项国内立法。从立法技术来看,《深海海底区域资源勘探开发法》采用国际上普遍使用的专门立法模式,坚持并突出了"区域"活动的各项国际法基本原则,重构了我国深海海底开发活动法律关系,顺应了当今国际社会深海开发活动法律规范发展的趋势。与其他国家的大洋立法相比,《深海海底区域资源勘探开发法》具有自身的特点和优势,同时也存在尚待改进的地方,应随着勘探开发实践的发展加以补充及完善。

关键字:国际海底区域;深海海底;资源勘探与开发;海洋法;域外立法

深海开发的发展需要一个稳定的法律秩序,以确保投资的可靠性以及处理由此引发的环境问题。[1] 在像国际海底区域(以下简称"区域",又称"深海海底")这样属于国家管辖范围外的地方进行勘探开发活动,尤其如此。随着深海开发技术的提高和《联合国海洋法公约》(以下简称《公约》)的生效,越来越多的国家制定了有关"区域"内活动的法律法规,以适应不断发展的海底勘探开发活动。中国是《公约》缔约国,在法律规范的制定方面,也积极谋求改变。2013年正式提出制定关于规范深海海底区域活动方面的法律,[2]2015年10月形成了有关草案并提交全国人大第一次审议。2016年2月29日,在对草案进行修改后,第十二届全国人大常委会第十九次会议最终审议通过了《中华人民共和国深海海底区域资源勘探开发法》(以下简称《深海法》),该法于5

〔1〕 See John Warren Kindt, "Deep Seabed Exploitation", (1984 – 1985) *Journal of Environmental Law*1, p. 16.

〔2〕 参见张丹:《国际海底区域勘探开发与中国的大洋立法》,载《法制与社会》2014年第8期,第71页。

月1日正式实施。《深海法》全文共7章，总计29个条款，内容包括许可制度、环境保护、法律责任等各个方面，为我国各类主体参与国际海底区域勘探开发活动提供了法律依据，弥补了我国国内规制“区域”活动方面法律的空白，意义重大，将对我国深海海底勘探开发活动产生深远影响。在《深海法》这一新的法律颁布及施行之际，本文拟对该法进行梳理，评析其亮点和特点。

一、《深海法》与其他国内法对比具有相当的特殊性

《深海法》的出台与《公约》关于“区域”活动中国家应当履行的责任和国际海底区域资源开采活动的发展紧密相关，这使它与其他国内法相比，具有相当的特殊性。主要体现在以下几方面：

（一）履行国际义务是《深海法》出台的重要原因

根据《公约》的规定，区域内活动的主体是广泛的，包括国家、国际组织以及各国国内的自然人、法人、其他组织等。虽然现代国际法调整的对象已经扩展到个人，但国际法的实施主要还是依靠国家的遵守。[3]因此，为确保这些主体尤其是成员国国内主体的活动遵守国际法的规定，《公约》明确要求各国采取相关措施，由此构成了成员国对《公约》的直接义务。这些义务性的规定体现在多个条文中。《公约》第139条第1款规定，缔约国应有责任确保“区域”内活动，不论是由缔约国、国营企业，还是具有缔约国国籍的自然人或法人所从事者，一律依照本部分进行。该条规定了缔约国确保其本国及其国民遵守国际条约的义务。至于采取何种措施履行这种义务，该条没有明确说明。不过，《公约》附件三第4条第4款规定，担保国应按照第139条，负责在其法律制度范围内，确保所担保的承包者应依据合同条款及其在本公约下的义务进行“区域”内活动。这一条款应当是对第139条的补充规定，指明了缔约国应当采取的措施就是确保其国民活动在法律框架范围内进

〔3〕 参见王铁崖主编：《国际法》，法律出版社1995年版，第5页。

行。此外,《公约》第209条第2款对缔约国的确保义务规定得更加清晰更加直接。该款规定,各国应制定法律和规章,以防止、减少和控制由悬挂其旗帜或在其国内登记或在其权力下经营的船只、设施、结构和其他装置所进行的"区域"内活动造成对海洋环境的污染。由此可见,制定符合《公约》要求的"区域"立法并确保这种立法的实施,是缔约国应当履行的国际义务。正如国家海洋局局长王宏所言,《深海法》的出台,是我国积极履行国际义务的重要体现。[4]

(二)《深海法》的制定可避免我国承担不必要的国际责任

缔约国对"区域"内活动的国家责任来源于《公约》所规定的缔约国担保制度。根据《公约》第153条第2款、附件三第4条第3款等的规定,缔约国国内的自然人、法人要进入"区域"活动,需由该国提供担保。缔约国之所以承担担保责任,与其所承担的国际义务紧密相关。《公约》第139条第2款规定,缔约国或国际组织应对由于其没有履行本部分规定的义务而造成的损害负有赔偿责任。而且,该款还规定了缔约国承担连带责任的情况。当然,《公约》附件三第4条第4款也对缔约国的担保责任做了一定的限制,规定如果担保国已经制定法律和规章并采取行政措施,而这些在其法律制度范围内可以合理地认为足以使其管辖下的人遵守时,则该国对其所担保的承包者所造成的损害应没有赔偿责任。"换言之,如果担保国缺少相关国内立法,将可能对承包者造成的损害行为承担赔偿责任。"[5]因此,制定有关"区域"内的法律、规章、行政措施等就成为缔约国避免对其所担保的承包者承担责任的必然选择。当然,这并不是说,担保国制定有关法律、规章或采取行政措施后,就一定可以完全免除其担保责任。根据2011年2月国际海洋法法庭海底争端分庭发表的咨询意见,担保国的责任可以分为"直接

---

〔4〕 参见《依法开发深海海底资源——〈中华人民共和国深海海底区域资源勘探开发法〉解读》,载 http://www.gov.cn/xinwen/2016-03/31/content_5059982.htm,访问时间:2016年4月26日。

〔5〕 张湘兰、叶泉:《中国国际海底区域开发立法探析》,载《法学杂志》2012年第8期。

的义务"和"确保遵守的义务"。"直接义务"是担保国必须独自完成的、确保被担保者某一特定行为的义务。[6] "确保遵守的义务"不是在每一次和每一个案件中要实现被担保合同者遵守前面所提到的义务,相反它是一种采取充分措施、用尽各种可能的努力、做到极致去获得这种遵守结果的义务,用现代国际法术语来讲,可以被界定为一种行为义务而不是结果义务,是作为一种"适当注意"的义务。[7] 制定法律、规章和采取行政措施确保国内实体遵守《公约》规定的义务,即属于缔约国"确保遵守的义务",如果已经采取措施,即可免除相应的责任。[8]

(三)《深海法》是我国立法史上第一部域外法律,在立法上摒弃了常用的属地主义原则

每一部法律都有其相对应的效力或者适用范围,包括对象效力范围、空间效力范围和时间效力范围。从立法角度来看,确定法的效力范围一般有四种方式:属人主义、属地主义、保护主义和以属地主义为主、兼采属人主义与保护主义。我国立法一般采用最后一种方式,即一方面所颁布的法律原则上适用于我国境内或者我国管辖范围内的人或实体;另一方面在我国国家或者国民利益在国外遭受损害时或者发生其他需要我国管辖的情况时,也允许适用我国的法律,行使管辖权,维护国家或国民利益。[9] 《深海法》关于效力范围的内容主要规定在第2

---

〔6〕 See Responsibilities and Obligations of States Sponsoring Persons and Entities with respect to Activities in the Area (Request of Advisory Opinion submitted to the Seabed Dispute Chamber), Para. 121, 1 February 2011, International Tribunal for the Law of the Sea: https://www.itlos.org/en/cases/list-of-cases/case-no-17/.

〔7〕 See Responsibilities and Obligations of States Sponsoring Persons and Entities with respect to Activities in the Area (Request fo Advisory Opinion submitted to the Seabed Dispute Chamber), Para. 120, 1 February 2011, International Tribunal for the Law of the Sea: https://www.itlos.org/en/cases/list-of-cases/case-no-17/.

〔8〕 See Tim Poisel, "Deep Seabed Mining: Implications of Seabed Disputes Chamber's Advisory Opinion", (2012) 19 Australian International Law Journal 213, pp. 219-220.

〔9〕 参见沈宗灵主编:《法学理论》,北京大学出版社2009年版,第307~308页。

条中,该条规定:"中华人民共和国的公民、法人或者其他组织从事深海海底区域资源勘探、开发和相关环境保护、科学技术研究、资源调查活动,适用本法。"可见,《深海法》所约束的对象范围与许多其他法律一样,也是具有我国国籍的公民、法人或者其他组织。单从这一点看,《深海法》与其他法律似乎没有多大区别。然而,应当特别注意的是,这一条将主体的活动限制于"区域"。也就是说,从空间范围上,《深海法》调整的是属于国家管辖范围以外的国际海底区域内的活动。这一点是我国其他法律所不具有的。因此,《深海法》是第一部规范我国公民、法人或者其他组织在国家管辖范围以外海域活动的法律,〔10〕也是我国立法史上第一部域外法律。〔11〕此外,第2条使用了效力对象在先、效力范围在后的表述方式,也就是属人主义的表述方式,这与我国其他法律使用效力范围在先或者仅使用效力范围的表述方式(即属地主义表述方式)对比明显。〔12〕因此,《深海法》在立法方式上采用的是属人主义原则,摒弃了我国其他立法常采用的属地主义为主的原则。〔13〕

(四)《深海法》的适用需注意处理好国际法与国内法的衔接问题

《深海法》的出台,一方面是为了履行《公约》规定的国际义务,另一方面也是出于规范国内个人或实体在国际海底区域勘探开发活动的需要。因此,《深海法》从其孕育到诞生,再到以后的施行,始终都贯穿着国际法与国内法的衔接问题,需要着重处理好国际法与国内法的关

〔10〕沈跃跃:《认真学习全面实施深海海底区域资源勘探开发法》,载《中国人大》2016年第9期,第7页。

〔11〕翟勇:《各国深海海底资源勘探开发立法情况》,载《中国人大》2016年第5期,第51页。

〔12〕例如,《矿产资源法》第2条规定:"在中华人民共和国领域及管辖海域勘查、开采矿产资源,必须遵守本法。"又如,《环境保护法》第3条规定:"本法适用于中华人民共和国领域和中华人民共和国管辖的其他海域。"在效力范围上,这些法律采用的都是属地主义原则。

〔13〕参见《关于〈中华人民共和国深海海底区域资源勘探开发法〉(草案)的说明》,载http://www.npc.gov.cn/npc/lfzt/rlyw/2015-11/09/content_1950725.htm,访问时间:2016年4月27日。

系。第一,《公约》作为国际法,在执行方面需要国家的协助。正如梁西先生所言,国际法的有效执行离不开各国国内法律秩序的支持。[14]《深海法》为《公约》对我国及我国个人或实体的实施创造了条件,这是执行层面的衔接。第二,从某种意义上说,《深海法》就是作为《公约》的补充而制定的,这一点与我国其他法律中的涉外条款不一样,主要不是国际条约优先适用的问题,更多是一种衔接问题。第三,《深海法》要协调好与国际机构制定的规章制度的关系。"深海海底资源勘探和开发法具有其特殊性,其中一个重要的元素是,该法一定要同国际海底管理局制定的有关勘探和开发的规章相衔接,相协调。""要处理好国内程序中的国家担保同国际程序中的签订勘探和开发合同等程序之间的关系,这部分制度上的对接与协调是法律制定过程中的重点,亦是难点。"[15]第四,《深海法》还将《公约》与我国矿产资源、环境保护、安全生产、劳动保护、合同法、行政处罚法、刑法、税法等方面的法律法规做了有效衔接或协调,形成了一个较为完备的履行《公约》的法律法规体系。[16]

二、《深海法》顺应了当今国际社会"区域"立法的发展趋势

从立法时间来看,我国《深海法》出台并不早,甚至有点落后,但从立法方式和主要内容来看,该法充分发挥后发优势,囊括了国际条约、当代国际法以及世界其他国家立法中的各种先进思想和原则,顺应了国际社会"区域"立法的发展趋势。

(一)采用了国际上普遍使用的专门立法模式

目前,除我国外,国际上制定深海勘探开发方面法律的国家已经有

〔14〕 参见梁西主编:《国际法》,武汉大学出版社 2003 年版,第 15 页。

〔15〕 张梓太、沈灏、张闻昭:《深海海底资源勘探开发法研究》,复旦大学出版社 2015 年版,第 220 页。

〔16〕 例如,《深海法》第 9 条第 4 款规定,承包者从事勘探、开发作业还应当遵守中华人民共和国有关安全生产、劳动保护等方面的法律、行政法规;第 28 条规定,深海海底区域资源开发活动涉税事项,依照中华人民共和国税收法律、行政法规的规定执行。

17个,没有这方面法律的国家,也在抓紧制定本国的相关法律。[17] 从法的位阶来看,各国制定深海活动方面的法律法规主要有两种类型:一种是立法机关的立法,其中又分为综合性立法和专门性立法两种模式;另一种是行政机关制定的规章或者颁布的法令。所谓综合性立法,是指缔约国所制定的深海勘探开发活动方面的法律,既适用于该国管辖范围内的海域,也适用于该国国民在"区域"内的活动。所谓专门性立法,是指缔约国专门制定的仅适用于其国民在"区域"内活动的法律,也就是专门为本国国民在"区域"内的活动进行立法。通过梳理各国法律可以发现,由立法机关立法的国家占16个,其中10个采用专门立法模式,如德国、美国、日本、新西兰、法国等,6个采用综合性立法模式,如俄罗斯、澳大利亚、库克群岛、尼日利亚等;由行政机关制定规章或颁布法令的有1个,即苏联,但采用的也是专门立法模式。可见,在规范"区域"内活动法律方面,采取专门性立法模式的国家在国际上占了大多数。我国《深海法》由立法机关全国人大颁布,仅适用于我国国民在"区域"内的活动,而不适用于我国管辖的海域,因此,采用的也是专门性立法模式。

其实,在《深海法》出台前,我国国内不少学者已经对其立法模式选择做了探讨。一种观点认为,应当采用专门立法模式。理由主要有:专门立法能够全面考虑"区域"的特殊性;"区域"开发属于新的领域,立法应当具有前瞻性;现有"区域"活动的主管机关需要做出改变。另一种观点认为,应当采用综合立法模式,即修改已有的相关立法,将"区域"纳入其中。[18] 应该说,我国选择专门立法模式是比较明智且符合我国国情的。因为我国关于海底勘探开采的法律散见于《矿产资源法》《海洋环境保护法》等法律法规中,先制定统一的海洋基本法,再将"区

[17] See "National Legislation Database", International Seabed Authority(国际海底管理局网站):https://www.isa.org.jm/national-legislation-database, visited on April 28 2016.

[18] 参见张湘兰、叶泉:《中国国际海底区域开发立法探析》,载《法学杂志》2012年第8期,第76~77页。

域"部分纳入其中,既耗时又无必要,此其一。其二,综观深海勘探开发活动走在前列的国家,如英美德法日等,采用的都是专门立法模式。其三,国际海底勘探开发活动仍然处于不断发展过程中,随着国际海底管理局颁布的规章越来越多,有关法律规范将愈加复杂,专门立法模式更能满足不断变化的立法需求。

(二)吸收并突出了国际上的先进理念

《深海法》站在国际社会整体利益的角度,吸纳了一系列国际法中的先进思想和理念,如和平利用、合作共享、保护环境、维护人类共同利益、可持续发展、预防原则等。其中,以下两个方面表现得尤为突出:

一是将维护人类共同利益放在首位。《公约》第 136 条和第 137 条对"区域"及其资源的法律地位做了明确的规定,即"区域"属于人类的共同继承财产,"区域"内的资源属于全人类。根据《公约》这些条款的规定,《深海法》第 1 条即将维护人类共同利益作为制定法律的目的之一,充分说明我国对国际社会整体利益的重视。然而,很多国家更加看重的是如何将"区域"的资源为己所用,并没有在其立法中将维护人类共同利益明确写入。例如,美国等所谓的"互惠国家",[19] 为确保对"区域"内资源的利益,在《公约》还未生效时就制定了有关深海活动方面的法律。[20] 这种做法表明这些国家并不以维护人类共同利益作为首要原则,尽管当时各国已经对"区域"作为人类共同继承财产的法律地位达成了一致。还有,英国 2014 年新修订的《深海开采法》、斐济 2013 年颁布的《国际海底矿物管理法》、库克群岛 2009 年颁布的《海底矿产资源法》等都没有将维护人类共同利益规定在条文中。[21] 可见,与这些立

---

〔19〕 这些国家包括美国、英国、法国、比利时、荷兰、联邦德国、加拿大、日本、意大利。See Michael R. Molitor, "The U. S. Deep Seabed Mining Regulations: The Legal Basis for an Alternative Regime", (1981 - 82) 19 San Diego Law Review 599, p. 608.

〔20〕 See David D. Caron, "Municipal Legislation for Exploitation of the Deep Seabed", (1980) 8 Ocean Development and International Law Journal 259, p. 265.

〔21〕 参见张梓太、沈灏、张闻昭:《深海海底资源勘探开发法研究》,复旦大学出版社 2015 年版,第 237、251、279、286 页。

法相比,《深海法》站位更高、立意更远。

二是更加突出环境保护。在规范"区域"内资源勘探开发活动的同时,《公约》特别重视对"区域"海洋环境的保护。例如,《公约》第145条、第147条、第209条等都直接规定要保护"区域"内海洋环境。因此,我国在制定《深海法》的过程中,始终把海洋环境的保护贯穿于立法全过程,表现出对海洋环境前所未有的重视。首先,《深海法》将海洋环境保护作为立法目的之一,规定在第一条中。其次,把保护海洋环境作为专门章节列出,成为当时草案的一个亮点。〔22〕后来环境保护成为《深海法》第三章。最后,环保的理念体现在整部法律中。"环境"一词在《深海法》中共出现20次。〔23〕在第三章以外的其他章节也有关于环境保护条款的规定。另外,有关环保的条款广泛吸纳了预防的方法,符合当前国际上关于"预防的方法"可能发展为习惯国际法的趋势。〔24〕

(三)对我国的以往相关做法做了重大改进

作为一部全新的法律,《深海法》重构了国家、申请人、承包者、国际海底管理局等之间的法律关系,因而改变了我国在"区域"活动的以往做法,主要表现在以下几个方面:

首先,放宽了"区域"活动的参与主体。《深海法》颁布前,负责我国"区域"勘探开发活动的主体只有一个,即中国大洋协会。根据《中国大洋矿产资源研究开发协会章程》第5条规定,协会受政府委托,行使承包者的权利并履行相应的国际义务。这说明,协会基本上包揽了我国参与"区域"勘探开发活动的所有事务。正因为这一点,引起了不少

〔22〕 参见沈晓冲:《提高深海环境保护意识》,载《中国人大》2015年第22期。

〔23〕 参见《依法开发深海海底资源——〈中华人民共和国深海海底区域资源勘探开发法〉解读》,载 http://www.gov.cn/xinwen/2016-03/31/content_5059982.htm,访问时间:2016年4月26日。

〔24〕 See Donald K. Anton, Robert A. Makgill and Cymie R. Payne, "Seabed Mining-Advisory Opinion on Responsibility and Liability", (2011) 41 Environmental Policy and Law 60, p.63.

学者的批评，认为这种情势并不利于我国大洋事业的快速发展。[25] 还有学者认为，我国应当通过积极的保护性法律法规和鼓励性政策，促使投资主体的广泛化、资金来源的多元化以及技术保障的社会化等。[26]《深海法》应该说是吸取了上述观点，其第 2 条对参与者作了重大改变，将“区域”活动主体改为我国公民、法人或者其他组织。这种改变不仅适应了《公约》对“区域”活动主体可以为缔约国、国营企业、自然人、法人的包容性要求，而且通过放宽主体资格条件，提供公平竞争机制，可以促进我国深海资源勘探开发产业的发展。另外，这种改变也与世界各国立法看齐，因为欧美等发达国家和近年来新制定深海开发活动法律的国家所规定的参与主体都是广泛的。

其次，主管机构发生变化。《深海法》颁布前，中国大洋协会既是我国深海活动的参与主体，又代表我国行使一定的国家管理权力，因此属于既当裁判员又当运动员的双重角色。这种角色体现在中国大洋协会的章程中。第一，协会在性质上是经国务院批准成立的社会团体法人。[27] 第二，协会的宗旨是通过国际海底区域资源研究开发活动，开辟我国新的资源来源，促进我国深海高新技术产业的形成与发展，维护我国开发国际海底资源的权益，并为人类开发利用国际海底资源做出贡献。[28] 第三，协会的职能涵盖组织开展我国国际海底区域活动的各个方面，包括政策、法律、技术、经济等方面的研究，组织协调开发活动，参与国际事务等。[29] 行使了许多国家应当行使的管理职能。虽然协会章程也规定其在业务上要受主管部门国家海洋局的指导[30]，但这种指导

---

〔25〕 参见张湘兰、叶泉：《中国国际海底区域开发立法探析》，载《法学杂志》2012 年第 8 期，第 77 页。

〔26〕 参见张林、张瑞：《我国国际海底区域资源开发现状及其对策分析》，载《南京政治学院学报》2007 年第 23 卷，第 134 页。

〔27〕 参见《中国大洋协会章程》第 1 条，载 http://www.comra.org/2013-09/23/content_6322483.htm，访问时间：2016 年 5 月 2 日。

〔28〕 参见《中国大洋协会章程》第 2 条。

〔29〕 参见《中国大洋协会章程》第 4 条、第 6 条、第 7 条。

〔30〕 参见《中国大洋协会章程》第 3 条。

性质上不属于上下管理关系。管理机构既当运动员又当裁判员显然不利于促进我国深海活动的发展,因此《深海法》在第5条中明确规定,由国务院海洋主管部门(也就是国家海洋局)负责深海活动的监督管理,其他相关部门在职责范围内做好管理工作。〔31〕这样就结束了中国大洋协会所处的尴尬地位,明确了监管者的身份和职责,理顺了行政主体与行政相对人的关系。

最后,设定了新的申请程序。此前,根据《中国大洋矿产资源研究开发协会章程》,企业主体其实也是有机会参与"区域"勘探开发活动的,只是需要经过加入协会、协会召开有关会议决定、协会以承包者身份与国际海底管理局签订合同等过程,程序比较烦琐,能否顺利加入协会和最终参与"区域"活动都具有很大的不确定性。而且,企业加入协会,还需要交纳会费,〔32〕增加了成本,并且在法律上无法获得承包者的地位,只能根据协会的安排进入"区域"进行活动。这给予企业主体进入施加了诸多的限制,非常不利于调动申请者的积极性。随着参与主体、管理机构发生变化,《深海法》对参与"区域"活动的申请程序也作了重大改变。《深海法》第7条和第8条不但明确了我国申请者向国家海洋局提交申请的材料,而且规定只要符合国家利益并具备资金、技术、装备等能力条件,就应当在60工作日内给予许可。这样不但简化了程序,明确了期限,增加了法律的确定性,而且降低了风险和成本,能够起到鼓励和促进"区域"活动发展的效果。

三、《深海法》与其他国家立法之比较

目前,制定深海海底勘探开发活动方面法律的国家不仅有《公约》成员国,也有非成员国,如美国。成员国关于深海活动方面的立法有一个共同点,即都要围绕《公约》的要求来制定本国法律。另外,这些国家

---

〔31〕 参见《中国大洋协会章程》第3条。

〔32〕 参见《中国大洋协会章程》第13条。

又由于国情不同,制定的法律必然有所差异。这样一来,《公约》成员国关于深海方面的立法就具有了强烈的比较法品格。下面选择德国2010年《海底开采法》、英国2014年《深海开采法》和斐济2013年《国际海底矿物管理法》,重点从立法体例、核心制度、权利义务、法律责任、特色条款等方面与我国《深海法》进行比较,以加深对该法的横向认识。

(一)立法体例比较

在体例安排上,我国《深海法》共七章,分别是:总则、勘探和开发、环境保护、科学技术研究与资源调查、监督检查、法律责任。其中总则部分又包括立法目的、适用范围、法律原则、管辖等方面的内容。德国法虽然没有做章节划分,但也依次规定了立法目的、定义、管理机构、申请条件、探矿者和承包商的义务、负责人员、制定命令之授权、开采监督、考古和历史文物、费用、罚款、刑事条款、过度安排十三个方面的内容。可见,中国、德国法都遵循了立法目的、适用范围、管辖、行为模式、法律后果等大陆法系国家立法中常采用的逻辑思路,因此两者立法体例编排方面本质上是相似的,只是内容有所不同而已。英国法的体例编排思路则与中国、德国明显不同,在第1条就直接进入正题许可证制度,[33]没有立法目的、法律原则等统揽全局性的条款,其体例安排包括禁止未经许可的开采、许可证、合同、防止干扰作业、海洋环境保护、许可证修改和撤销、外国的歧视性措施、国际裁判的认可与执行、信息披露等,体现了英美法系成文法更注重法律适用的立法特点。斐济法的体例编排比上述三国都更完毕、更具体,颇有同时兼具上述三国法律内容的特点。该法共八部分57个条款,与《深海法》分为七章类似,但条款更多,不仅规定了定义、目的、管辖等中国、德国法律中的条款,也包含了英国法的内容,如规定了争端解决条款。总体看来,在体例结构方面,四国立法中,中国和斐济法更为清晰、齐整、全面。

〔33〕 参见英国2014年《深海开采法》第1条。

(二)核心制度比较

各种深海立法的目标是对“区域”内活动进行有效规制,其中最重要的内容是允许什么样的人在符合什么条件的情形下进入区域内活动并为其提供担保,有关这方面的内容因此构成各国立法的核心制度。在这个问题上,中、德、英、斐四国法律规定了三种制度。一是中国、德国的行政许可制度。我国《深海法》第7条规定,我国公民、法人或者其他组织在向国际海底管理局申请从事深海海底区域资源勘探、开发活动前,应当向国务院海洋主管部门提出申请并提交相应的材料。第8条第2款规定,获得许可的申请者在与国际海底管理局签订勘探、开发合同成为承包者后,方可从事勘探、开发活动。这两条奠定了我国许可制度的基础。德国法第4条第2款规定,任何欲在区域从事区域活动者,需要经过州署的同意,并与管理局签订合同。[34] 该条奠定了德国的许可制度。二是英国的许可证制度。英国法第1条规定,只有在持有有效的勘探许可证或者开采许可证的条件下,才能勘探或者开发深海海底资源。许可制度与许可证制度是有区别的。实行许可制度的国家,行政许可一般不得转让[35]。如果相关当事方要转让权利义务,只有在与管理局签订合同后,将该合同的权利义务进行转让,而且这种转让需要经过行政机关的同意。[36] 与许可制度不同,许可证是可以转让的,即便是还未与管理局签订合同。而且,许可证还可以由其受雇人或者代理人持有。当然,许可证的转让也需要得到行政主管部门的同意。[37] 三是斐济法中的担保制度[38]。所谓担保制度,是指申请人必须从斐济管理局获取合法担保证书并与国际海底管理局签订合同,才能在“区域”从事相应的活动。这与《公约》的规定实现了直接对接,因为《公

[34] 参见德国2010年《海底开采法》第4条第2款。

[35] 如德国2010年《深海采矿法》第4条第11款规定,州署的批准不得转让。

[36] 如我国《深海法》第10条第1款规定,承包者在转让勘探、开发合同的权利、义务前,或者在对勘探、开发合同作出重大变更前,应当报经国务院海洋主管部门同意。

[37] 参见英国2014年《深海开采法》第2条第2款第13项。

[38] 参见斐济2013年《国际海底矿物管理法》第22条。

约》明确要求各国为其国民在“区域”内活动提供担保。担保制度看起了与许可证制度相似，但二者其实也是不同的。获得担保证书意味着申请者得到国家担保，无论申请者是否与国际海底管理局签订了合同。获得许可证则不一定就代表得到了担保，虽然英国法对申请者何时能获得国家担保没有做出规定，但参照新加坡2015年《深海海底开采法》可知，申请者在该国获得许可证之后，还需要部长授权才能获得国家担保，[39]即许可证和国家担保是分开的，尽管这两者有时可以同时获得。

（三）权利义务比较

在权利内容方面，我国《深海法》规定，承包者对勘探、开发合同区域内特定资源享有相应的专属勘探、开发权。[40] 所谓专属权，《深海法》并没有进一步解释，但应该是指承包者对同一片区域的同一种资源享有排他性的勘探或者开发权。另外，我国法还规定，承包者有转让勘探、开发合同的权利。[41] 英国法将权利内容规定在许可证的内容中，规定持有勘探或者开发许可证的人可以在许可证中载明的具体深海海底区域从事相应的活动。[42] 与中、英两国法相比，德国、斐济法律都没有对申请人的权利做出直接规定，只能简单参照英国法，将其权利理解为在区域内从事勘探或开发活动。在义务方面，四国法律规定的内容都比较详细，而且具体义务大体相似，区别是各国对义务规定的表达方式各有特点。我国法律对承包者义务的规定以列举式为主，包括合同义务、保障人员安全、保护海洋环境、保护文物和铺设物、遵守安全生产和劳动保护法律法规、情况备案或者登记等。[43] 德国法对义务的规定既有列举式，也有概括式，擅长用规范性文件来总括义务。英国法像规定权利内容一样，将持证人义务主要放在许可证内容中。斐济法将海底

〔39〕 参见新加坡2015年《深海海底开采法》第8条。
〔40〕 参见我国《深海法》第9条第1款。
〔41〕 参见我国《深海法》第10条第1款。
〔42〕 参见英国2014年《深海开采法》第2条第1款。
〔43〕 参见我国《深海法》第9条至第14条。

矿产活动相关的义务专门规定在其法第四部分,属于专篇性的规定,可见其对"区域"活动主体义务的重视。所以,对于深海活动权利义务内容的规定,我国《深海法》的规定更为全面,尤其是权利内容的规定,应该是我国的特色。当然,在义务性内容方面,其他三国立法比我国更为详细、具体。

(四)法律责任比较

统观四国法律,关于深海活动的法律责任包括行政责任、刑事责任和民事责任三大方面,但各国法律规定的内容并不完全相同。我国《深海法》第六章设置了法律责任专章,包括行政责任和刑事责任两大方面。规定的行政违法行为有提交虚假申请材料、不履行合同义务、未经同意转让或变更合同、未按规定报备合同、造成海洋环境污染等。[44] 处罚措施有撤销许可、责令停止违法行为、没收违法所得、赔偿罚款等。[45] 在刑事责任方面,我国法规定对造成海洋环境污染损害或者文物、铺设物损害,构成犯罪,才追究刑事责任。[46] 德国法分别规定了罚款和刑事责任两个条款,前者属于行政责任,违法行为与我国法所规定的范围差不多,但行政措施只规定了罚款。[47] 在刑事条款方面,德国法主要规定对人的生命健康、生产安全、海洋生物等造成危险的情形承担刑事责任。[48] 与中德法律主要规定行政责任和刑事责任不同,英国法主要规定的是行政责任和民事责任,刑事违法虽有涉及,但只是作为排除条款使用。行政责任分散规定在关于许可证的条款中,违法内容也以违反相关义务为主,处罚措施主要是罚金和撤销许可证。民事责任规定在第13条中,主要是因违反第10条规定的规章所赋予某人的职责而承担责任,而且这种责任仅以造成人身伤害为限。[49] 斐济法并没有系统规

〔44〕 参见我国《深海法》第23条、第24条。

〔45〕 参见我国《深海法》第23条、第24条、第25条。

〔46〕 参见我国《深海法》第26条。

〔47〕 参见德国2010年《深海采矿法》第11条。

〔48〕 参见德国2010年《深海采矿法》第12条。

〔49〕 参见英国2014年《深海开采法》第13条第1款。

定法律责任，其行政责任和刑事责任主要体现在第36条对违法行为采取的行政措施和第53条规定的法律团体犯罪的刑事处罚中。行政处罚措施比我国更多。在刑事责任方面，斐济法并没有列出追究刑事责任的具体情形，只是规定追究法人团体犯罪的同时要追究负有责任的董事或高管的刑事责任。[50] 可见，与其他国家法律相比，在设置专章的情形下，我国《深海法》关于法律责任的规定是比较系统且明确的，尽管没有对民事责任作出规定，但作为一部行政法，这并非瑕疵。

（五）特色条款比较

所谓特色条款，在这里是指本国法具有而其他三国法中所不具有的条款或者内容。我国《深海法》中的特色条款主要有法律原则条款、[51]承包者权利条款。法律原则条款规定深海活动应当坚持和平利用、合作共享、保护环境、维护人类共同利益原则，体现了我国对国际社会整体利益和海洋环境保护的重视。合同权利条款则体现了我国对承包者权利的保护。德国法中主要是负责人条款，[52]规定探矿者和承包商有义务任命相关负责人，以确保该法规定的各项义务的履行，这说明德国法强调各项义务能得到落实。英国法中有公海自由、外国的歧视性措施、海底争端分庭裁判或者仲裁裁决的认可和执行等条款，[53]这些条款体现了英国对公海自由权利、对各国活动申请者权利义务平等和对履行国际裁判义务的重视。斐济法中的特色内容有设立政府所有的海底矿产资源公司、担保证书的放弃、争端解决等，[54]这些条款总体上体现出斐济作为一个太平洋小国，对维护本国在“区域”内的利益、防范本国为其国民担保的风险和及时化解国际争端的重视。这些特色条款，反映了不同国家对不同事项的关注或偏好，对各国法律具有一定的

〔50〕 参见斐济2013年《国际海底矿物管理法》第53条。

〔51〕 参见我国《深海法》第3条第1款。

〔52〕 参见德国2010年《深海开采法》第6条。

〔53〕 参见英国2014年《深海开采法》第7条、第8条。

〔54〕 参见斐济2013年《国际海底矿物管理法》第21条、第28条、第54条。

互补作用,我国可以借此来完善本国法律。

通过对比中国、德国、英国、斐济四国立法可知,各国作为《公约》成员国,在确保立法符合《公约》规定从而在内容上具有共同点的同时,基于文化制度的差异,又保留了各自的立法特色。由于同为大陆法系,我国《深海法》在立法体例、核心制度、法律责任等方面与德国法更为相似,只是内容比德国法更具体。英国法具有典型的英美法系特征,在立法表达方式上与我国差异较大,但实质内容殊途同归。斐济立足本国国力弱小的国情,深海立法比各国都要全面、具体、详尽,担保风险防范最为严格。综合立法体例、核心制度、法律责任等对比要素看,与这三国立法相比,我国《深海法》总体上是一部体例健全、结构合理、内容全面,同时又具有自身特点的法律。

四、《深海法》有待完善之处

从我国当前海洋发展的基本国情来看,《深海法》的及时出台,改变了我国没有专门规制深海活动法律的历史,为我国深海活动提供了法律依据,因此对我国而言意义深远。然而,从与其他国家立法比较和未来深海活动发展的角度考虑,该法依然存在一些有待完善的空间。

(一)主要条款需要进一步具体、细化

有关这方面的问题主要体现在行政许可的条款中,随着《深海法》的实施,需要补充或者细化的条款会逐渐暴露出来,下面只是列举几个方面的内容做一说明。

其一,关于担保内容的疑问。根据《公约》的规定,成员国要对其国民在"区域"内活动提供担保,然而,在《深海法》中,没有出现任何关于担保的词语或者相关的条款。那么,这不得不让人产生一个基本的疑问,即如果从事"区域"的活动得到了主管机构的许可,是否就意味着我国对该申请人提供了担保?对于这一点,汤加 2014 年《海底矿产资源法》和新加坡 2015 年《深海海底开采法》做得比较好,规定得相当明确。汤加在其法第七部分专门规定了"对区域部分活动之担保"。该法第 77

条第3款规定汤加管理局可以根据法律发放给申请人勘探之担保证书或者开发之担保证书，以担保申请人在与国际管理局签订合同下的区域部分从事具体的海底矿产资源活动。[55] 新加坡法第8条则规定，部长授予许可证时，部长有权为持证人与国际管理局签订的合同提供国家担保并向持证人发放担保证书。[56] 因此，对于行政许可与国家担保，我国法律最好作出一些衔接性的规定或者增加解释性条款，如得到国家许可即意味着获得了国家担保或者签订合同后即得到这种担保。

其二，关于许可的期限和效力。英国等实行许可证制度的国家一般都会规定许可证的有效期限，[57] 这样做的目的是确保在一个可控的时间段内，持证人能尽最大努力去实现其所申请的活动。如果许可证没有期限，持证人拿到许可证后可能会尽量拉长合同期限或者无限期拖延与国际海底管理局的谈判，以致长期无法从事实质性活动，[58] 这样一来，便有可能影响其他后来更有实力拥有更新技术的申请人的权利。因为就同一块区域同一种资源而言，一个国家一般只颁发一个许可证。因此，对许可的期限做出规定，有利于促使申请人加紧勘探和开发活动，推动我国深海活动技术的进步。还有，关于许可效力的终止我国法也没有做任何规定，这样容易引发一系列法律问题。例如，申请人得到许可后无法与国际海底管理局签订合同的情形下许可的效力如何，与管理局签订的合同履行完毕后，这种许可是否还继续有效等。

其三，特定情形下许可的处理。例如，对于一些管理局已经与其他国家国民在同一区域签订了同一种资源勘探开发合同的情形，是否应

---

〔55〕 参见汤加2014年《海底矿产资源法》第77条第3款。

〔56〕 参加新加坡2015年《深海海底开采法》第8条。

〔57〕 例如，英国1984年《深海采矿（勘探许可证）条例》第4条即规定，每一个许可证应当赋予最初10年的期限和可以延长5年的期限。当然，我国在做这方面规定时，不一定要设定固定期限，可以根据具体情况灵活决定。

〔58〕 斐济2013年《国际海底矿物管理法》中就考虑了类似情况，该法第41条第2款规定，被担保人自与ISA签订合同之日起超过5年没有采取任何实质性措施从事海底矿产活动，那么就可以撤销担保证书。

该准许？如果准许了，因上述原因，申请者没有与管理局签订合同，那该如何处理？如果多个人一起申请，都达到条件，那么该如何公平处理？还有，对于同一区域，但不是同一种资源勘探开发的申请，是否许可？如果都许可，二者有无可能在活动中影响对方勘探、开发活动？这些都是实践中可能出现的情形，但在我国法律中没有做出任何规定。虽然赋予主管机关较大自由裁量权比较符合当前深海商业活动依然处在初级阶段和我国现阶段海洋开发的基本国情，但为确保国际海底区域活动有序进行，我国对许可的批准也应当设定一些必需的排除条款，借鉴其他国家立法对上述情形做出处理。

其四，关于许可转让的禁止。由于中国和德国法律中所规定的许可制度不同于英国、新加坡等国的许可证制度。前者是行政审批许可后，申请人可以据此与管理局签订合同，之后的权利义务转让是通过合同的转让来完成的，而后者中，申请人获得了许可证后，即便与管理局没有签订合同，也可以转让该许可证。德国法中规定了这种行政许可不得转让[59]，我国法与德国法同属大陆法系，按理也应当作出同样的规定，以免与英美的许可证发生混淆，但遗憾的是我国《深海法》目前没有这方面的规定，因此有必要加以明确。

（二）整部法的严密性有待加强

一方面，有必要增加“兜底性”义务条款。我国制定《深海法》的重要原因之一是履行《公约》义务，其中最重要的内容又是确保本国国民切实履行各项义务。然而，《公约》的义务散落于各个条款之中，而且管理局又会根据需要不断制定出各种规章制度，因此，《公约》及管理局所规定的义务事实上是一直处于变化之中的。为确保本国国民对这种义务的履行，对成员国来说，最好的方法就是像德国那样，规定一条“兜底性”条款。德国法中该条款的内容是：探矿者和承包商有义务履行公约、执行协定、管理局发布的规则和规定、合同、本法、根据本法第7条

〔59〕 参见德国2010年《海底开采法》第4条第11款。

制定的命令以及州署采取的其他行政措施中所赋予的义务。[60] 该条体现了德国法的严密性。反观我国《深海法》,并没有这样的"兜底性"条款,除第9条第2款中要求承包者履行的合同义务不具有特定性外,其他条款规定的都是具体特定的任务,对义务性的规定显得很不周延。这说明我国法的严密性依然有待加强。

另一方面,可以考虑增加纠纷解决的指引性规定。从事"区域"活动过程中,各类主体难免发生纠纷,例如,合同转让纠纷、承包者与管理局之间的纠纷、申请人与行政机关之间的纠纷等。一旦发生纠纷,该如何解决?如果能有一些指引性条款,为参与主体提供解决问题的方向,那么就可以提高纠纷解决效率,也可使整部法律更加完整。另外,依然从履行《公约》义务看,一些国际机构做出的判决或者裁决的承认和执行,也是成员国应当履行的义务。[61] 如果不加以规定,一旦案件当事人(承包者)不履行义务,那么就可能导致我国承担国家责任。因此,斐济法关于争端的条款和英国、新加坡法律中规定有关认可和执行国际海洋法法庭海底争端分庭或者《纽约公约》仲裁裁决的内容,[62] 都是值得我国借鉴参考的。

(三)有关程序可进一步完善

《深海法》性质上是一部特殊的行政法,而且内容以行政许可法为主,有关的行政决定对行政相对人来说,可能涉及重大利益,因此,在确保实质正义的同时,也要重视程序正义,注重程序的清晰和完善,尽可能做到公平、公正、公开。《深海法》虽然对申请许可等程序已经做出了大体规定,但有些地方依然缺乏。例如,对行政机关如何审查申请并作出决策没有做任何说明,容易给人造成闭门决策的感觉。这方面斐济

---

〔60〕 参见德国2010年《海底开采法》第5条。

〔61〕 《公约》附件三第21条第2款规定,根据本公约有管辖权的法院或者法庭对管理局和承包者的权利和义务所作的任何确定性决定,在每一缔约国领土内均应执行。

〔62〕 参见斐济2013年《国际海底矿物管理法》第54条、英国2014年《深海开采法》第8A、8B、8C条和新加坡2015年《深海海底开采法》第18、19、20条。

法做得比较好,不但规定了会议法定人数最少为3人,而且规定决策通过投票程序来决定。[63] 还有,在国家需要的情形下,我国也可能就国际海底区域的某一区块发动企业等进行勘探,这种情形下可能涉及招投标的问题,如果对相关程序加以规定,将有利于确保企业公平竞争。库克群岛的法律就考虑到了这个问题,该法规定主管机关可以发布通知邀请民众参加投标。[64] 高度重视程序问题,才能使我国《深海法》更加健全。

综上所述,作为我国立法史上第一部域外法律规范的《深海法》,突破了属地主义的立法苑囿,架起了《公约》与我国国内法相连接的桥梁,与既有国内其他立法相比显示出"与众不同"的特征。该法立足国情,及时而有效地满足了我国现阶段履行《公约》义务和规制深海活动的法律需求,与世界各国立法尤其是德国、英国等深海活动先进的国家和其他新修订或者新制定的国家立法相比,总体上"比肩而行",并不落后,有些方面尤其是理念等方面甚至走在了前头。毋庸讳言,该法并非完美无缺,它存在一些有待完善的空间,譬如,条款的细化、严密性的增强、程序的完善,等等。相信随着我国深海海底勘探开发活动的发展,《深海法》将不断被充实及改善。

(责任编辑:孙　莹)

---

〔63〕 参见斐济2013年《国际海底矿物管理法》第12条。

〔64〕 参见库克群岛2009年《海底矿产资源法》第100条。

精神卫生立法中的行政强制权主体研究*

——以易肇事肇祸精神障碍患者的管制为视角

胡汝为　惠　玮**

目　　次

---

* 本文受广州市医药卫生科技重大项目"精神卫生立法实证研究"资助,基金号20121A031002。

** 胡汝为,博士,中山大学公共卫生学院讲师,中山大学国家治理研究院研究员;惠玮,中山大学公共卫生学院2009级本科生。中山大学公共卫生学院2013级本科生杨梦瑶参与文章的编辑和修改,一并致谢。

三、广州市易肇事肇祸精神障碍患者管理相关部门机构应有职能分析

四、地方立法推动管制体系的完善

摘要:随着《精神卫生法》的颁布实施,我国的精神卫生事业发展已经开启一页全新的篇章,在精神卫生服务的预防—治疗—康复的规范和精神障碍患者权益的维护方面正式进入有法可依的新阶段。但在强制医疗程序的设置和规范之外,并没有明确对肇事肇祸精神障碍患者或存在肇事肇祸危险的精神障碍患者的认定主体和该类特殊群体对社会稳定的影响如何管制。笔者通过对广州市易肇事肇祸精神障碍患者目前的管制现状进行调查,重点分析强制医疗中属于行政强制权的主体该如何确定,对在此类典型的外来务工流动人口输入地的精神卫生立法过程中,易肇事肇祸精神障碍患者如何管制提出了相应建议,从卫生行业的地方立法困境分析地方政府保护弱势群体的治理能力现代化和法治化的路径。

关键字:精神卫生立法;强制医疗;易肇事肇祸;管制

引 言

近年来,一些严重的精神障碍患者、尤其是肇事肇祸精神障碍患者,[1]成为直接威胁人民群众的生命财产安全,严重影响社会秩序的潜在社会不安定因素。截至2013年9月30日,广东省登记管理的重性精神疾病患者已达到44万余人。而据估算,广东重性疾病患者人数应该

[1] 肇事精神障碍患者是指病人的行为触犯了我国《治安管理处罚法》但未触犯《刑法》,例如患者有行凶、伤人、毁物等,但未导致被害人轻、重伤的;肇祸精神障碍患者是指病人的行为触犯了《刑法》,属于犯罪行为。而易肇事肇祸精神障碍患者是指存在发生肇事肇祸行为的危险的一类精神疾患病人。

在120万人左右。[2] 大量没有登记在册的精神障碍患者分布在各个社区中,并没有受到相应的医疗救治和管制。广州市作为省会城市,2009年的统计数据测算,广州地区常住人口精神障碍重症患者超过13万人。仅市内具有"潜在攻击性"的精神分裂症患者就有4.2万人,但登记在册的仅为2.1万人,意味着半数以上的此类患者游离在规范的社区管理外。[3] 据广州市的调查显示,2012年11月18日至2014年4月30日间,全市[4]共报告本市户籍人口严重精神障碍发病病例2933例,除此之外,还有大量非户籍人口与对隐私保护有顾虑的患者并没有参加自愿报病活动。尽管广州市已经出台了一些优惠政策,但大量流动人口重性精神障碍患者仍处于相关救助政策之外,其自身权益保障情况堪忧的同时,也对公共安全产生了威胁。

从精神障碍患者违法犯罪情况方面来看,据统计,2012~2013年广州市公安机关受理涉及精神障碍患者违法犯罪警情1972起,立案163宗(刑事案件81宗、治安案件82宗),[5]造成的人员伤亡和财产损失惨重,重视易肇事肇祸精神障碍患者的救治与管制、把风险降到最低,对维护公共安全和社会和谐意义重大。尽管广州近年来已经出台了救济相关的政策,但对于大量的流动人口中的重性精神障碍患者则仍处于相关救助政策之外,其自身权益保障情况堪忧的同时,也对公共安全产生了巨大威胁。同时,在当前的制度下,对疑似精神障碍患者的疾病认定困难和送诊费用责任未明等问题也极大影响了对于易肇事肇祸精神障碍患者的管制。

---

〔2〕 李楠楠:《粤登记在册重性精神病人44万》,载《信息时报》2013年10月10日A32版。

〔3〕 王道斌、严艳、张立璞:《广州地区常住人口精神障碍重症患者超过13万》,载http://www.southcn.com/,访问时间:2015年10月10日。

〔4〕 包括广州市、荔湾区、越秀区、海珠区、天河区、白云区、黄埔区、番禺区、花都区、南沙区、萝岗区、增城市、从化市。

〔5〕 黄庆、魏勇、张桂华:《广州市依法不负责任的精神障碍患者违法犯罪案件调查》,载《穗府调研》2014年第21期。

一、肇事肇祸精神障碍患者强制医疗依法执行的困境

我国的精神卫生服务经过多年的发展已经形成了具有地方特色的市、区、街道三级防控体系，并且联合了民政局、市残联等多部门为精神疾病患者提供治疗、康复等服务。同时，许多精神疾病患者家庭经济比较困难，患者本人缺乏劳动能力，不同的地方政府对该部分患者提供了相应的优惠政策。救助政策看似虽多，但通过对一线直接提供公共服务的精防医生的访谈中发现，现实中实现以上政策仍然存在一些问题。特别是部分外籍的常住人口难以享受到相关政策的优惠，而这些没能及时就医的易肇事肇祸精神障碍患者则对社区公共安全产生了一定程度的潜在危险性。而对于《精神卫生法》的实施，在实际操作中仍存在以下需要明晰的问题：

（一）"危险性"的认定考验政府的治理能力

《精神卫生法》第30条第2款规定，已经发生危害他人安全的行为，或者有危害他人安全的危险的。但对于"有危害他人安全的危险"，一方面缺乏规范、统一的评估工具，执行过宽或过严将不利于保障患者利益或他人安全。根据国家卫计委《重性精神病患者危险性行为评估表》所列，达到"1级：口头威胁，叫喊，但没有打砸行为"或以上的患者均应采取一级管理，[6]，若对于强制医疗按照此评估表的描述进行，容易导致执行过严；但同时由于仅对当前情况简单评估而未综合考虑危险性行为的发展走向、精神病人对自己行为的辨别或控制能力等因素，[7]又容易导致执行过宽；另一方面也未说明具体对精神病人做出危险性的判断应由哪个主体来完成，即是否只能由医学专家下结论。

---

〔6〕《卫生部关于印发〈重性精神疾病管理治疗工作规范〉的通知》，载 http://www.nhfpc.gov.cn/jkj/s5888/200911/a5adc74527324f1c9e5cc7beba9c1392.shtml，访问时间：2016年5月7日。

〔7〕倪润：《强制医疗程序中"社会危险性"评价机制之细化》，载《法学》2012年第11期，第89~99页。

2012年3月新修订的《刑事诉讼法》在特别程序中专设一章，规定了针对不负刑事责任的精神病人的强制医疗程序。《刑事诉讼法》第284条规定："实施暴力行为，危害公共安全或者严重危害公民人身安全，经法定程序鉴定依法不负刑事责任的精神病人，有继续危害社会可能的，可以予以强制医疗。"可见在我国《精神卫生法》实施以前，精神病人只有在有可能继续危害社会的情况下，才能成为强制治疗的对象。这里的"有继续危害社会的可能"，即强制医疗程序中的"社会危险性"。毫无疑问，《刑事诉讼法》第284条明确规定了精神病人强制治疗的前提条件，大大减少了强制治疗的不确定性，但是，对于具体应当如何判断精神病人的"社会危险性"这一重要问题，修订后的《刑事诉讼法》却未涉及。

按照目前《精神卫生法》的规定，危险行为分为两大类共四种(已经或可能危害他人/伤害自身)并区别处理；并将"危险性"作为非自愿医疗的唯一条件，却又淡化了公安机关在非自愿医疗相关程序上的责任。现行国家法赋予精神障碍患者自愿接受治疗的权利，除非法律有特别规定，患者的监护人可以决定是否接受治疗，否则其他人无权干涉患者的该项权利但如果患者监护人不履行监护职责的情况下，公安机关可以协助医疗机构采取措施对患者强制治疗。这种警察强制处置权的行使符合《行政强制法》中对行政强制措施的定义，是行政机关在行政管理过程中，为制止违法行为、控制危险扩大等情形，依法对公民的人身自由实施暂时性限制的行为。[8] 但这种强制却是在"协助医疗机构"的情况下采取的，使公安机关在"非自愿住院治疗"的执行上，有了做"配角"的理由。然而，所谓的"主角"医疗机构，却是一个没有执法队伍，没有法律专业判断"危险性"中的伤害/危害在什么条件下可以界定为危害公共安全或他人人身安全的机构，他们又如何能独立承担认定易肇事肇祸的精神障碍患者的责任？行政部门和专业机构之间

〔8〕《行政强制法》第2条第2款。

的分工合作是否合法合理并有效地解决对专业领域和行业的管制问题,是衡量国家治理能力现代化与否的重要指标,因为从国家的角度思考法律是一个现代现象,[9]这同时也是根据功利原理应指的"管理艺术"。[10] 这艺术在本身具以表现的措施具备持久性的限度内,一般用立法这一名称来表示,在他们是暂时性的、凭当时事态决定的情况下,则用行政来表示。立法者对单个的个人不可能有任何了解,他能有任何理由来干预的,仅是所有人、或者范围很大而且属性稳定的各类人可能以某种方式参与的那些行为的概况,更为细致的操作与执行,便是国家治理的技术。立法者既要从国家治理的技术角度来思考法律,又要从形成良好的秩序或生活方式的角度来思考法律。[11] 法律不是保护权利的简单工具,而是一项政治的技艺,是一门国家治理的艺术。"在现代多元复杂的社会中,法律技术越发达,越能有效地实现政治利益,政治原则越明确有力,越能够驾驭法律技术。"[12]所以在广州市精神卫生立法中,需结合各部门目前的技术条件和管治能力对"危险性"认定的法定职责和专业医疗意见的提供进行合理分工,避免地方政府执行国家法规定的强制医疗时出现无法可依的现象。

(二)精神卫生医疗资源不足,相关部门职责分工不清,信息沟通低效

由于目前精神卫生工作存在各部门职责不明晰,协调机制欠缺等问题,导致肇事肇祸事件发生时多有出现推诿责任、处置工作无法顺利开展的情况。同时,各部门多无固定人员参与精神卫生工作,未建立有效沟通机制。各相关部门(街镇政府、公安部门、民政部门等)多未设有固定工作人员负责精神卫生工作,在沟通上容易出现信息滞后、工作交

[9] 强世功:《立法者的法理学》,生活·读书·新知三联书店2007年版,第24~25页。
[10] [英]边沁:《道德与立法原理导论》,时殷弘译,商务印书馆2000年版,第349~350页。
[11] 强世功:《立法者的法理学》,生活·读书·新知三联书店2007年版,第24~25页。
[12] 强世功:《法制与治理》,中国政法大学出版社2003年版,第20页。

接遗漏等问题。

根据卫生部《2009 年中国卫生统计年鉴》统计,2008 年全国共有精神病院 598 家。美国有 3 亿人,却有 5400 多家精神病医疗机构。中国疾病预防控制中心精神卫生中心提供的数据显示,全国至少有 5600 万名各类精神障碍患者尚未接受过任何有关的医疗服务,即使是严重的精神疾病患者,每 4 人中也仅有 1 人接受过正规的精神科医疗服务。根据《2008 年民政事业发展统计报告》,隶属于民政部门的精神病院一共有 159 家,收养在这里的人有 3. 1 万人。其中主要是无劳动能力、无生活来源、无法定赡养人和监护人的“三无”病人,此外也有许多病人因为家属不愿将其接回或者是完全无法适应社会等原因,在这里一住多年。[13] 再有收治无床位的情况,民政部门的精神病院会向卫生部门的精神病院“借用”进行收治,加剧了医疗资源的困窘局面,使属于不同主管部门的医疗机构分工不明,补偿更无法到位。政府关于精神疾病方面的公民教育欠缺,社区服务不到位及民间心理咨询义工的不足,也使潜在的精神障碍患者对社会的危害日趋明显。本次课题组调查了有精神科床位的综合医院(简称综合医院精神科,下同)及精神专科医院,下合称有床位的精神科治疗机构。广州市目前有 14 间有床位的精神科治疗机构,其中精神专科医院 8 间,综合医院精神科 6 间,主办单位包括卫生部门、民政部门、教育部门、总工会、企业、民营等。广州市精神病医院、广东省精神卫生研究所、中山大学法医鉴定中心为广州市 3 间精神疾病司法鉴定机构。在全市 10 个辖区和 2 个县级市中,白云区的精神卫生机构最多,而增城市、从化市、花都区、海珠区则没有设立精神卫生专业机构。全市 14 间有床位的精神科治疗机构定编床位数为,2012 年合计定编床位 4382 张,按照 2010 年第六次人口普查全市常住人口 1270 万计算,广州市精神科实际床位密度为 3. 45

---

〔13〕《精神病人无处安放的人生》, 载 http://news. 163. com/special/00012Q9L/jingshen0326. html,访问时间:2016 年 1 月 12 日。

张/万人。调查中发现,大部分精神卫生专业机构的实际开放的精神科床位已经超过了定编床位数,合计实际床位数为6239张,计算实际开放的床位人口密度为4.91张/万人。现阶段大部分资料收集、患者筛查、治疗康复、随访工作是卫生系统负责,缺少其他部门参与。各部门间交流合作较少,易肇事肇祸患者信息交换沟通不及时,卫生行政部门外的其他部门日常工作任务繁重,难以协调时间专门召开精神卫生工作会议。

(三)现场处置与送院治疗方面问题

精神卫生法实施后,精神卫生专业医疗机构取消了派车辆、医护人员接送患者的服务,有肇事肇祸倾向的患者送诊成问题。自《精神卫生法》实施以来,精神专科医院取消了入院"一条龙"等派医护人员、车辆接诊患者等便民服务措施,家属、所在单位、公安机关等在患者有肇事肇祸倾向时无法通过精神专科医院将患者送往医院。在患者送诊过程中出现了由于患者监护人不履职、责任人不明确、责任者不具备送诊条件以及监护人害怕负担后续责任等原因,对患者的送诊存在一定的推诿现象。重性精神疾病应急医疗处置空有虚名,目前专科医院按照现行法律规定无法出诊,社区精防医生也没有处方权,遇到应急处置事件,医疗机构的作用被忽略,该发挥的作用却无法发挥。

另外,公安部门以"治"为主,对于未发生实际危险行动的患者处理过于谨慎。公安部门只在肇事了才进行处理,未达到防患于未然的效果。对于处理精神疾病患者肇事肇祸事件问题上各利益主体间存在分歧。部分患者处在病情不稳定存在一定风险或者未造成不良后果时,又或者肇事肇祸发生在家中缺乏目击者及证据时,公安机关存在对滋事、肇事肇祸现场不认可,对社区医务人员做出的危险性评估不予采纳的现象。患者已经确诊,但是有轻度滋事但无伤人,无毁物等肇事肇祸情况,而家属不同意或者不方便送患者住院治疗。经常出现在处置精神病人肇事肇祸现场时公安、卫生部门到场,但街道居委、残联及民政等其他相关部门到位不及时或不到场的现象。

（四）保护性医疗措施的使用条件及范围

《刑事诉讼法》第285条规定，根据本章规定对精神病人强制医疗的，由人民法院决定。公安机关发现精神病人符合强制医疗条件的，应当写出强制医疗意见书，移送人民检察院。对于公安机关移送的或者在审查起诉过程中发现的精神病人符合强制医疗条件的，人民检察院应当向人民法院提出强制医疗的申请。人民法院在审理案件过程中发现被告人符合强制医疗条件的，可以作出强制医疗的决定。对实施暴力行为的精神病人，在人民法院决定强制医疗前，公安机关可以采取临时的保护性约束措施。《精神卫生法》出台后，司法实践中出现了很多强制医疗程序的案例。当严重精神障碍患者实施了危害他人安全的行为时，关于是否进行强制医疗及由谁来决定强制医疗，《刑事诉讼法》和《精神卫生法》的规定发生了分歧。根据《精神卫生法》的规定，严重精神障碍患者一旦发生了危害他人安全的行为，就需要进行强制住院治疗。这是一种行政性的强制医疗决定程序。通过这种程序，能够使需要强制住院治疗的精神障碍患者及时得到医疗，防止患者本人或者他人受到不应有的伤害。《刑事诉讼法》则针对严重精神障碍患者规定了司法强制医疗程序。根据《刑事诉讼法》的规定，只有精神障碍患者实施了暴力行为，危害公共安全或严重危害公民人身安全，有继续危害社会可能的，才可予以强制医疗，并且有严格的决定程序，是否进行强制医疗最终要由人民法院经司法程序决定。但在司法鉴定已经明确了是精神障碍患者，但法院又未判决的期间，公安部门收治的已肇事肇祸人员，如何确定他们的收治机构和费用，是目前亟待解决的问题。典型案例如2014年2月20～22日广州市脑科医院住院部的一名病人王某出逃的事件。这名患者因伤害他人致死被公安机关抓捕送司法精神鉴定后判定为无行为能力，其后被送往广州市脑科医院住院治疗。经门诊医生诊断，王某患有严重精神障碍,并伴有冲动伤人行为的危险。[14] 经过治疗后病情好转,但其未经家属及公安机关同意后私自离开医院,引起公众恐慌,其后患者因饥饿自行到派出所寻求帮助后送返医院。据悉该患者经司法鉴定后未能安排入住民政医疗机构,遂送入无特殊监护措施的一般精神病专科医院治疗,之后则发生了该起私自离院事件。可见,即使已经入院,患者拒服药、老年精神病患者、ICU住院患者等,为防止其跌倒、坠床、拔管等的情况下,可否实施保护性约束?综合医院的非精神科患者也常有类似的情况需要约束,这又是否合法?在《精神卫生法》正式实施后,患者的权益得到了法律的保障,然而法规中并未有对特殊患者(如罪案疑犯或犯案后司法鉴定无行为能力的精神疾病患者等)的监管作出详细的指引,导致对该类患者的处置出现了模糊地带,收治责任不明确、治疗经费得不到落实等问题为收治该类患者的一般精神专科机构带了严重后果。

二、频发的肇事肇祸案件折射的强制医疗管制需求

上述案件反映了《精神卫生法》中至少存在如下问题:一是公安机关是否有权对该类患者进行社会危险性评判,评判的标准又是什么?二是该类患者的入院出院是不是应有法定程序进行规范,治疗期间的监护责任归哪方管理,对于其中的外市籍流动人口的监管又该由哪个部门负责?三是该类患者是否应当由公安机构安排专门机构进行收治,普通精神专科医院收治该类病人是否恰当,患者如在普通精神专科医院收治,住院期间的安全问题是否应由公安部负责,如将所有责任移交医疗机构为此产生的额外费用又应如何处理?四是司法鉴定已经明确了是精神障碍患者,但法院又未判决的期间,公安部门收治的已肇事肇祸人员,如何确定他们的收治机构和费用?"越权无效"原则为限制

---

〔14〕《广州涉案出逃精神病人被找回,脱逃期间无暴力行为》,载 http://news.xinhuanet.com/local/2014-02/23/c_119456941.htm,访问时间:2016年5月28日。

行政权所设,是指法律没有授权行政机关行使的职权,便是越权行政,行政主体做出的行政行为无效。因此,要对易肇事肇祸精神障碍患者进行管制这样的行政决定和将要给予的医疗救助都需要以法律法规的形式对行政强制的实施者的法律地位和实施条件进行明确。

(一)公安机关的认定与近亲属的非自愿之间的矛盾缺乏解决机制

由于公安机关对危害的认定与近亲属或所在单位不相符的现象存在,使得部分疑似精神障碍患者应送诊而未送诊,最终导致严重的肇事肇祸事件。2014 年 3 月,河南"武疯子"朱开志手持铁锹打杀了同村 3 位村民。[15] 在此之前的近两年里,他曾 7 次持凶器伤人,受害人及其监护人 5 次报案,强烈要求采取强制措施均未果,最后酿成惨剧。正是因为家属和公安机关对朱开志肇事肇祸危险性认定的结果不相符,又没有相应的条例来规范此处的危险认定应由谁决断,最后造成惨痛的伤害结果发生。由于国家法没有对"危险性"的情形进行列举式规定,而公安机关作为执法者、患者家属等人作为当事人对于危险性的主观认定不同,导致最终认定结果不同,即使得执法者无法可依。故此,对于此处立法的空白,在地方性法规需要进一步解释,细化危险性的认定主体与认定标准或列举常见情形。

(二)流动人口的医疗保障和社会救助的缺失而诱发的"社会危险性"

由于不少流动人口输入地优惠政策暂未能覆盖到市内常住的外市籍流动人口,部分存在肇事肇祸潜在危险的患者受制于经济能力,未能及时送诊而发生惨剧。据统计,2012 ~ 2013 年,广州市公安机关共受理涉及精神障碍患者违法犯罪警情 1972 起,立案的精神障碍患者违法犯罪案件 163 宗,造成 39 人死亡,人身财产损失惨重;而在立案的 163 宗

---

〔15〕 张淑玲:《多次伤人报警无果:精神病人打杀三邻里》,载《京华时报》2014 年 3 月 17 日第 16 版。

案件中,由本市户籍精神障碍患者实施的刑事犯罪案件31宗,外市的132宗,外市精神障碍患者犯罪案件占总数61.7%。可见,外市籍流入的精神障碍患者犯罪数量更多,并且在调查中发现,流动人口肇事肇祸精神障碍患者实施的犯罪危害性更大。精神病患者由于受当前医疗技术和医疗水平的限制,药物依赖性强,往往需要长期甚至终身治疗,而同时又丧失了劳动能力,没有经济来源,对家庭和社会也是沉重的负担。一位常住广州荔城的48岁湖南籍无业已婚女性,自1994年始渐起无明显诱因精神异常,间断治疗于湖南、东莞等地,诊断均为“精神分裂症”,2011年患者曾出现用刀割伤孙女的行为。2011年9月始,患者间断于广州市萝岗区红十字会医院治疗1月,后病情一直不稳定。2013年5月患者病情加重,曾出现跳井、服药自杀及撞车寻死等行为。其家属因经济困难未予患者住院,常将患者关锁于家中。2013年9月患者私自离开家,持刀将邻居1岁半男童生殖器砍断。此类由于监护人未能履行好监管职责、优惠政策又暂未覆盖到的重性精神障碍人群,往往因不能及时接受住院治疗而导致肇事肇祸伤害事件的发生。案件中的患者后被拘留,经司法程序后返回广州的居住地、间断治疗于萝岗区红十字会医院,因经济困难无力承担调整用药或住院的治疗方案,只能出院。像此类病情控制欠佳的患者仍然留在社区中,则极有可能再次发生肇事肇祸行为。

(三)停药期间精神障碍患者的非自愿住院无法进行积极收治

广州市越秀区一位本地户籍的51岁独居女性患者,患病多年,间断服药。自2013年3月起自行停药,6月起病情复发,9月更是开始独自赤身反锁在家、不听劝说。收到社区医生的报告后,街道派出所、居住地居委、户籍地居委、精防医生、社工、区疾控等都到现场协调解决,但最终因《精神卫生法》禁止主动出车而导致没有任何一个机构能够依法主动派车送患者入院,而在一周后,患者跳楼自杀身亡。可见,即便患者存在的这种易伤害自身或伤害他人的危险性可以被预见,但是在实际操作中仍然出现了患者没能及时入院接受治疗、最后发生悲剧的情况。

如前所述,《精神卫生法》第28条规定,疑似精神障碍患者发生伤害自身、危害他人安全的行为,或者有伤害自身、危害他人安全的危险的,其近亲属、所在单位、当地公安机关应当立即采取措施予以制止,并将其送往医疗机构进行精神障碍诊断。对于以上案件形成前的危险性,虽然都包含在此条中,然而由于法律未明确执行机构,也未对没有进行及时鉴定所造成后果的责任做出规定,导致各部门、组织责任不明,缺少对于将患者或疑似患者及时送诊的监管。

三、广州市易肇事肇祸精神障碍患者管理相关部门机构应有职能分析

(一)现行的部门职责划分无法满足现实的管制需求

在组织管理网络中,广州市精神病防治康复领导小组以分管副市长任组长,卫生、民政、公安、计划、财政、司法、劳动与社会保障、教育、残联等相关部门参与的市精神病防治康复工作协调组,负责组织管理工作;小组下设市精神病防治康复工作办公室(设在广州市残疾人联合会);各区(县级市)成立相应精防康复工作协调组和精防办。

在技术指导网络中,广州市以市精神病医院(惠爱医院)为主,成立了广州市精神病防治康复技术指导组,指导全市精神病防治工作,各区(县级市)也相应成立了精防技术指导组,发挥技术指导作用,各区(县级市)、街(镇)、居(村)委精防工作人员接受过培训,对精防康复工作的业务比较熟悉。

在防治机构网络中,广州市精神病医院承担市一级精防机构职责;各区(县级市)慢病中心(站)、各社区卫生服务中心或镇卫生院根据职责分工承担了两级基层精防工作。市民政局设立的广州市民政精神病院负责解决收治无劳能力、无生活来源、无赡养和抚养人(即“三无”人员)精神病患者、低保救济对象精神病患者,以及流浪乞讨精神病患者。

市精神病医院设床位1400张,是全市精神病患者的主要收治单位。为缓解非低保对象但家庭经济确实困难又未参加医保的重症精神病患者

就医,市卫生局在市精神病医院江村分院设立50张专门病床,对低收入贫困重症精神病患者提供为期3个月免费住院治疗服务。仅广州市精神病院一家医疗机构,每年病人欠费缺口都达到30万~40万元/年。欠费原因主要集中在有肇事肇祸危险或者已经肇事肇祸的常住本地的流动人口,其未纳入公共卫生管理,大部分由公安部门送入院,而医疗费用支付则存在拖欠或拒付情况。然而医疗机构不是慈善机构,不是为政府承担社会责任的替代品,尤其在我国现行的医疗体制下,医疗机构获得的财政补贴杯水车薪,再加上患者拖欠及拒付现象的发生,医疗机构无法承受运营成本,只能使病情尚未稳定的精神障碍患者离院,而这样一来,就对公共安全产生了潜在的威胁。广州市的重症精神障碍患者的医疗救助体系存在割裂现象。广州市精神卫生服务经过多年的发展已经形成了具有地方特色的市、区、街道三级防控体系,并且联合了民政局、市残联等多部门为精神疾病患者提供治疗、康复等服务。许多精神疾病患者家庭经济比较困难,患者本人缺乏劳动能力,虽然广州市政府对该部分患者提供了相应的优惠政策:包括精神困难精神病人免费住院、精神苦难精神病人免费门诊、医保指定慢性病门诊、困难精神病患者医疗救助等,但政策的普惠性仍然在一定程度上受到了质疑、现实执行中仍存在许多不足,亟待完善。重症精神疾病患者往往由于经济原因放弃治疗,从而使心理疾病越来越严重地威胁着自己和他人的生命健康,其疾病具有慢性迁延、社会功能全面衰退的特点,由此给患者本人、家庭乃至整个社会造成沉重疾病负担及疾病经济负担。这是考虑精神卫生服务的投入重点关注的问题,也是当今该领域保障制度设计的首要出发点。

《精神卫生法》第28条规定了"疑似精神障碍患者发生伤害自身、危害他人安全的行为,或者有伤害自身、危害他人安全的危险的,其近亲属、所在单位、当地公安机关应当立即采取措施予以制止,并将其送往医疗机构进行精神障碍诊断",但按什么标准、程序确定精神障碍患者的危害行为,职能部门将患者送医疗机构的诊断程序,《精神卫生法》没有作出具体的规定;在救济程序的设置上,由患者(而非患者利益代表或第三方)自行启动且缺乏中立的裁判者。但对精神科临床工作的限制上,从某种程度看又甚至超过了一些欧美发达国家。例如,分割“危险行为”的标准(危害他人/伤害自身)并区别处理;将“危险性”作为非自愿医疗的唯一条件,却又淡化公安机关在非自愿医疗相关程序上的责任。由于公安机关对危害的认定与近亲属或所在单位不相符的现象存在,使得部分疑似精神障碍患者应送诊而未送诊,最终导致严重的肇事肇祸事件。由于监护人未能履行好监管职责、优惠政策又暂未覆盖到的重性精神障碍人群,往往因不能及时接受住院治疗而导致肇事肇祸伤害事件的发生。像此类病情控制欠佳的患者仍然留在社区中,则极有可能再次发生肇事肇祸行为。广州相关的行政规范性文件对已肇事肇祸的精神障碍患者的处置规定为由公安部门负责依法强制送治及做好应急处置,而对卫生部门的规定则为落实重性精神疾病管理基本公共卫生服务。而对存在肇事肇祸危险性的这些重性精神障碍患者的管制却并未明确规定相应的认定和执法程序。

表1　广州市精神卫生工作联席会议制度部门职能梳理

部门	联席会议中规定的相关职责
市公安局	会同有关部门制定严重危害公共安全或他人人身安全的重性精神障碍患者的监控管理政策,依法做好对严重危害公共安全或他人人身安全的重性精神障碍患者的强制收治工作;做好重性精神障碍患者肇事肇祸案件的应急处置工作;依法做好重性精神障碍患者的委托精神病司法鉴定;收集、汇总、通报公安机关参与重性精神障碍患者肇事肇祸管理工作的情况和相关数据;加强与卫生部门对重性精神障碍患者信息的交流反馈;做好流浪乞讨精神病人送治工作,配合民政部门开展流浪乞讨精神病人医疗救治,并负责查找患者原籍;做好看守所、拘留所等精神卫生工作。
市卫生局	依照有关法律、法规、规章做好精神卫生专业机构、精神卫生专业人员的准入和管理,指导医疗卫生机构按照国家有关政策规定开展精神卫生工作;牵头落实重性精神疾病管理基本公共卫生服务。开展精神卫生知识健康宣传,提高公众精神健康意识;组织开展精神障碍防治工作监督、检查、评估和技术指导;开展精神障碍调查和信息收集,建立与相关部门信息共享机制。

续表

部门	联席会议中规定的相关职责
市残联	贯彻落实国家残疾人事业发展纲要，协调推动“社会化、综合性、开放式”精神障碍康复工作；负责协助开展重性精神病人线索调查、防治、康复和管理，用社会工作手法，开展精神残疾社区康复工作，推动精神障碍康复机构和社区康复设施建设，开展康复训练，促进精神残疾者平等参与社会生活；依法维护精神残疾者权益，自主或协助相关部门做好符合救助条件的精神障碍患者救助工作；面向精神障碍康复者及其家属宣传普及精神卫生知识。
市人社局	会同卫生及有关部门，制定从事精神卫生工作的专业技术人才队伍建设的有关政策措施；促进精神障碍患者平等就业，防止针对精神障碍患者的就业歧视，维护其合法的劳动权益；保证就业的精神障碍患者平等参加各项社会保险并享受相应的待遇；进一步完善城镇职工基本医疗保险和城乡居民基本医疗保险参保人员中精神障碍患者的就医政策，稳步提高医疗服务保障水平，切实保障参保人员的合理医疗需求。
市民政局	负责贫困精神障碍患者医疗救助和生活救助有关工作；依照有关规定做好城镇“三无人员”（无劳动能力、无生活来源、无赡养和无抚养人）、低保人员和农村五保供养对象精神障碍患者的救治工作；根据职责做好城市生活无着的流浪乞讨人员中的精神障碍患者的救助工作，对救助期间突发精神障碍的受助对象，及时联系医疗卫生机构，按照相关规定做好救治工作；负责服役期间患精神障碍的复员退伍军人的安置和救治工作。
市财政局	按照公共财政的要求，研究制定精神卫生工作相关财政补助政策并安排有关经费，加强资金管理和监督；研究促进精神残疾康复机构健康发展的相关财政政策。

（二）相关部门在管制过程中的法定职责分析

在现实中，医疗机构及社区卫生服务中心作为直接提供基本公共卫生服务的终端，在肇事肇祸精神障碍患者的危害事件发生后，不但被赋予要“冲锋陷阵”在前收治重性精神障碍患者，还要承担患者无力治疗只得出院后而引发的社会恐慌和对其的指责。同时，所有的纠纷和因人身权限制而引发的社会矛盾都全部直接作用在卫生行业的终端——医疗服务上，再加之病人的无力承担救治费用而相关经费保障又不到位等问题，此时，这些医疗机构则负担了过多地超越了它服务范围的社会责任，治疗与“消除社会不稳定因素”兼而有之。一方面是精神病医疗资源的匮乏，许多病人得不到有效的治疗；另一方面却有一些正常人，却被“莫名其妙”地送进了精神病院，如上访者、家庭纠纷受害者等。本质上说，这是政府为了实现公共利益和社会稳定，运用着其独有的对公立医疗机构的控制权力使其在危机时刻承担了特殊的医疗服务供给责任来化解社会矛盾。

我国的医疗服务领域中，客观上存在“市场失灵”的空间。政府的职责在于要充当保险者，建立普遍覆盖的医疗保障体系；要充当购买者，去约束医疗服务费用的上涨；要充当规划者或资源配置者，去建立初级的医疗卫生服务体系尤其是基层精防机构的建设；同时政府要作为监管者，来遏制医疗服务中的市场失灵。其实身兼数职，更无法看得清，管得好。一方面，在危机到来之时，常常寄希望于公立医院承担公共服务的职能；而另一方面，当发生精神障碍患者相关的纠纷事件发生后，又希望把公立医院作为一个纯粹的市场主体，与精神疾病患者及家属纠缠于冗长的诉讼程序和缺乏合理依据的民事赔偿或补偿纠纷之中。这样下去，不仅医疗机构本身无法专注于精神卫生的预防控制和治疗工作，作为主管部门的卫生行政机关也深陷“越权无效”和“公共卫生保障”的两难境地。而共同承担社会秩序维护的公安、民政等部门要“依法”行政和“依法”保护公民，机构和机构内的专业人员的合法权利保护的本地法律法规非常欠缺。但政府对此却并无合法合理的解决途径和政策。不是把精神卫生的管制作为全链条有机监管，而是把公共卫生问题、社会治安问题、弱势人群救济的民生问题都放在分裂的、孤立的而又相互交叉模糊的职能权限中得过且过，最终只会导致国家《精神卫生法》实施的架空和执法不严、权责不清等老生常谈的问题不断出现，没有真正为公民的健康权提供保护，提高全民尤其是弱势群体的健康指标和良好生活环境。

表2 广州市易肇事肇祸精神障碍患者管理相关部门职责

部门	主要职能(提取与易肇事肇祸精神障碍患者管理相关的)
公安局	贯彻执行中央有关公安工作的方针、政策和法律、法规、规章;统一领导指挥全市公安工作;掌握、分析、预测全市社会治安状况,负责社会治安综合治理有关工作;依法进行治安管理工作,维持社会治安秩序;组织协调侦查、处置重大案件、重大事件。〔16〕
卫生局	贯彻执行国家和省、市有关卫生工作的法律、法规和方针政策,起草有关地方性法规、规章草案,组织拟定有关标准和技术规范;制定卫生应急预案和措施,负责突发公共卫生事件监测预警和风险评估,指导实施突发公共卫生事件的预防控制与应急处置。〔17〕
市残联	贯彻执行中央、省、市有关残疾人工作的法律、法规、规章和方针、政策,结合实际,协助政府研究制定和协调监督实施残疾人事业的法规、规章和政策,对有关业务领域进行指导和管理;根据全市社会、经济发展规划,组织编制残疾人事业发展规划和年度计划,并组织协调实施。〔18〕
市人社局	贯彻执行国家和省、市人力资源和社会保障事业发展的法律、法规和方针政策,拟定本市人力资源和社会保障事业发展规划、政策,起草有关地方性法规、规章草案,并组织实施和监督检查;建立覆盖城乡的社会保障体系。〔19〕
市民政局	民政工作的政策调研、起草地方性法规、规章、民政法制宣传工作;拟定社会救助工作规划、政策、标准,健全城乡社会救助体系,组织实施城乡最低生活保障等临时救治工作,承办中央、省、市社会救助投入资金的分配和监管工作;拟定社会福利事业发展规划、政策和标准及残疾人等特殊群体权益保护政策。〔20〕

〔16〕《机构概况》,载 http://www.gzjd.gov.cn/gzjdw/xxgk/xxgkml/zzjg/jgzn/20140819/detail-32.shtml,访问时间:2015年5月8日。

〔17〕《广州市卫生和计划生育委员会简介》,载 http://www.gzmed.gov.cn/rhin_gzmed/xxgk/xxgkml/zzjg/3551.html,访问时间:2015年5月8日。

〔18〕《广州市残疾人联合会概况》,载 http://www.gzdpf.org.cn/Article/A2B/1504.html,访问时间:2015年5月8日。

〔19〕《广州市人力资源和社会保障局主要职责和内设机构》,载 http://www.hrssgz.gov.cn/zwxxgk/xxgkml/jgzn/jggk/201101/t20110111_131801.html,访问时间:2015年5月8日。

〔20〕《市民政局主要职能》,载 http://www.gzmz.gov.cn/GZ09/1.2/201008/44e4c9dfce6f4f11a2b2c8b0e3a23708.shtml,访问时间:2015年5月8日。

续表

部门	主要职能(提取与易肇事肇祸精神障碍患者管理相关的)
市财政局	贯彻执行国家、省、市有关财政、税收工作的方针政策和法律法规,组织起草财政、政府采购等方面的地方性法规、规章草案;拟定财政发展战略和中长期财政规划,参与制定各项经济政策。[21]

无论是领导小组确定的部门职能规定,还是部门本身相应职能,我们都不难发现,卫生部门及医疗机构在现实中承担了过多本不属于其应该承担范围内的职责。而公安部门承担维护城市治安的重任,应当被赋予更多法定的易肇事肇祸精神障碍患者的管制职责。

《精神卫生法》第四章第54条、第55条、第59条多次提到社区康复机构,但"社区康复机构"是何种性质的机构,由谁出资建立和监管的问题却没有细化。目前,在社区内为精神障碍者提供服务的主要是卫生部门与残联组织的一些基层服务机构,这类是否可以归为精神障碍者社区康复组织,其法律地位如何?这类社区康复机构如何与专业医疗机构顺畅建立医疗业务指导关系?这类关系有什么法律保障措施可维持,权、责、利如何分配?县级卫生行政部门,对县域内社区卫生服务机构、乡镇卫生院与村卫生室三级网络如何形成有效指导与扶持等问题都需要地方立法予以明确。贯通专科卫生服务和初级卫生服务的精神卫生服务保障,有利于卫生保障的覆盖实施,并提高其运作效率和成效。精神疾病这类复杂的慢性疾病从预防、治疗到康复是一连续的过程,从世界范围到我国各省市,都正在建立一种贯通专科卫生服务和初级卫生服务,甚至是到患者家庭照料的系统化机制,并从患者需要出发,各阶段服务的衔接"无缝化"。但财政投入的特性往往是"分灶式"的,一旦管理精神卫生服务的部门多元化,则"条块分割"资金重叠或浪费等问题会更加突出。社区强制治疗制度没有建立,所以广州市的精

〔21〕 参见《广州市财政局主要职责内设机构和人员编制规定》,载 http://www.hrssgz.gov.cn/zwxxgk/xxgkml/jgzn/jggk/201101/t20110111_131801.html,访问时间:2015年5月8日。

神卫生预防、治疗和康复体系没有真正的落脚点。

四、地方立法推动管制体系的完善

精神卫生工作是政府对公共卫生领域进行管制的重要组成部分。2013年5月,《精神卫生法》正式实施,而此前,上海、北京、武汉、杭州、无锡、宁波六城市的地方法规也相继在对精神卫生法律规制的程序和方式上做了探索,而深圳市紧随国家立法后也发颁布了《深圳市心理卫生条例》。广州市对精神卫生立法进行实证研究的时间跨越了国家法颁布实施的前后,随着国家法的实施,重性精神疾病的医院—社区一体化防治康复项目的推进,对地方政府精神卫生管制体系的建立也需要法律依据予以保障。根据《立法法》规定,拥有地方立法权限的省市,在社会民生,如社会急救医疗等诸多领域都有地方性卫生法规的创新和尝试。因此,在符合《精神卫生法》的立法宗旨和原则的条件下,可以结合本地区保护精神疾病患者合法权益的实践,借鉴国内其他城市的相关经验,在对精神疾病患者保护的标准规制和程序设置上,以地方性法规的形式,对精神卫生的政策、管理机制、经费预算、政府职能、研究和教育、个体保障、医疗机构诊疗规则、治疗手段及法律责任等方面的作进一步的细化规范。针对地方特色,建立政府部门、医疗机构、社会组织、专业团体和研究机构在合法、合理的基础上共同构建的精神卫生预防和心理健康促进网络体系。

(一)明确患者送诊、住院的程序、条件和流程

其一是送诊流程需明确(如下图)。频发的案件已经充分说明当前广州市在管理易肇事肇祸精神障碍患者上存在对患者送诊和安排住院流程不顺畅的问题。建议成立相应的重性精神疾病肇事肇祸应急处置机构,对于“有伤害自身、危害他人安全的行为,或者有伤害自身、危害他人安全的危险的”的认定不清晰时,由符合一定资质的精神专科医生提供科学的精神鉴定报告作为最终认定结果,当对认定结果不满意时启动一定的复查复核程序,确保鉴定结果的客观真实性。对于认定结

果为存在危险的，按照近亲属、所在单位、公安机关的顺序送诊专业精神疾病治疗机构进行治疗，明确当近亲属及所在单位无力送诊时，应当由公安机关负责送诊。而对其中产生的鉴定费用及患者送诊的相关费用，应成立相关的专项基金用于支付。应当明确，当公安机关、患者亲属及其他部门对危害认定存在异议时，对易肇事肇祸精神病人认定采取专业鉴定和社会认定相结合的原则进行。对是否精神病人，由具有资质的专门医疗机构鉴定；对是否易肇事肇祸，由各乡镇（街道）综治办牵头，组织派出所、卫生院、村（居）委会、病人家属共同认定。

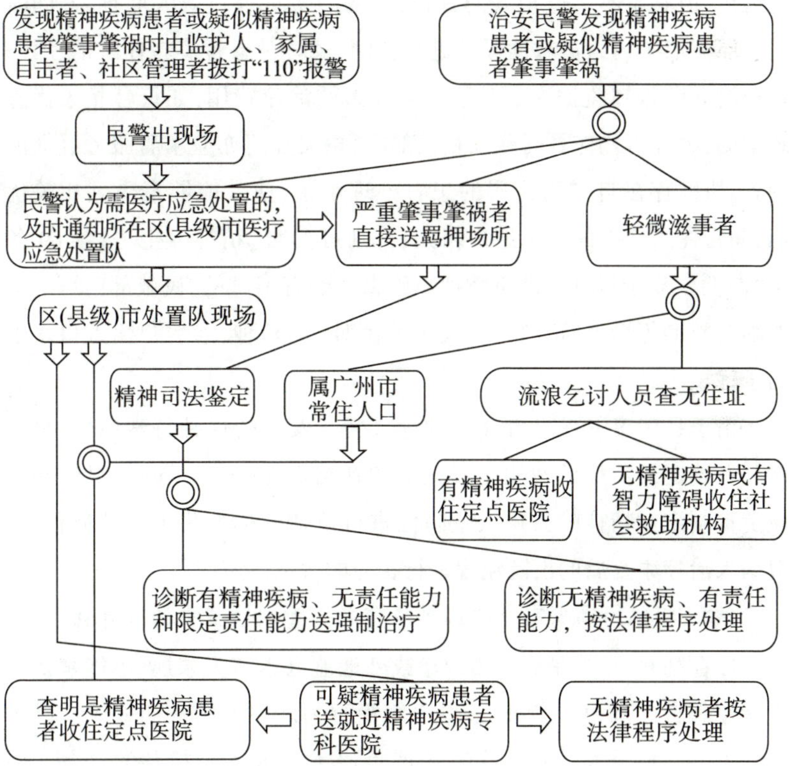

肇事肇祸处置流程图

其二是患者住院程序和条件需明确。当精神障碍患者患有《精神卫生法》中第30条第2款第1项情形的，监护人不同意住院时，医疗机构不得对患者实施治疗，监护人应当对在家居住的患者做好看护管理。在此规定中，忽略了一种现实中经常遇见的情况，即所在单位或村民/居民委员会发现患者存在伤害自身的行为（如自杀未遂），已经由公安机关制止，却因患者缺乏自知力，同时一直联系不上其近亲属时，该如何处置的问题。笔者建议，此种情况下，也应及时通报公安机关，在积极联系其近亲属的同时，对其进行准确的精神鉴定和及时送诊治疗，避免患者再次发生自杀行为而造成悲剧发生。应该明确，当患者出现上述情形，但联系不上监护人的，由公安部门负责查找病人监护人，同时先按照流浪乞讨人员救助标准进行救助、及时对患者实施住院治疗，一旦查清立即告知监护人。对于此类病人的治疗费用，如符合相关优惠政策的，医疗机构应及时联系相关部门，相关部门亦应本着服务群众的理念、协助存在自知力障碍的患者办理申请、使其能够享受到相关优惠；而常住人口中的非本地户籍人口，则可参照《精神卫生法》第69条中“前两款规定以外的严重精神障碍患者确有困难的，民政部门可以采取临时救助等措施、帮助其解决生活困难”的精神，参照户籍人口水平给予优惠。

由于易肇事肇祸患者存在的危害公共安全的这种特殊属性，政府对其在鉴定及治疗的费用予以减免和补贴责无旁贷。同时，卫生部门应负责制定对精神障碍病人危险性进行评估的标准化工具及流程，并对病人治疗康复后的出院流程进行相应的规范。

（二）明确对易肇事肇祸精神障碍患者管制过程中的权责利分配

1. 管制对象：一是有本市户籍或外地流入本市无亲属、不能辨认或不能控制自己行为，发生以下肇事肇祸行为之一的精神病人应予以救治监护。包括杀人、强奸、伤害等严重侵害他人人身权利的；放火、爆炸、投毒、破坏等严重危害公共安全的；抢夺、损毁公私财物的；扰乱社会秩序，造成严重后果的。二是遇有重要活动或在重大突发事件期间，救治对象范围可酌情扩大。

2. 救治机构：易肇事肇祸精神病人的救治由指定医院负责，救治时间一般为3个月。亦可根据工作需要，由市人民政府指定具有相关资质和条件的医院开展救治。

3. 卫生行政部门职责：各级卫生行政部门主管辖区内精神卫生防治工作，应制定有关重性精神疾病患者肇事肇祸事件的应急预案，并有相应的处置流程；卫生行政部门应与民政、公安、教育、残联、司法和人力资源和社会保障等部门进行定期信息沟通，及时通报重性精神疾病患者肇事肇祸事件，建立信息共享的平台和机制；卫生行政部门对各级精神卫生防治机构、其他相关部门定期实行技术指导工作，并对执行重性精神疾病患者肇事肇祸应急处置的人员开展技术培训。

4. 公安部门职责：各级公安部门应建立重性精神疾病患者肇事肇祸应急处置预案，并对辖区内发生的重性精神疾病患者肇事肇祸事件进行及时处置；对本市户籍的疑似精神疾病患者发生危害他人安全行为，或者有危害他人安全危险的，当地公安机关应当会同有资质的医疗机构，对是否具有"危险性"进行认定，如确诊，则立即采取措施予以制止，并将其送往医疗机构进行精神疾病诊断及治疗；对流浪乞讨疑似精神疾病患者发生肇事肇祸行为的，当地公安部门应在民政部门协助下将其送往医疗机构进行精神疾病诊断、治疗；外省市的精神疾病患者在本市肇事的，本市有近亲属的，由公安机关督促其近亲属领回严加看管和治疗，或送回原住所地；本市无近亲属的，由公安、民政部门共同负责遣送回原住所地；外省市的精神疾病患者在本市肇祸的，由公安机关遣送回原住所地。

5. 民政部门职责：对于有肇事肇祸行为的疑似精神疾病患者，如为查找不到近亲属的流浪乞讨人员或"三无"人员，应由民政部门协助事发辖区公安、卫生部门将其送往医疗机构进行精神疾病诊断及治疗，并应负责解决其产生的治疗费用；若广州市户籍精神疾病患者通过基本医疗保险支付医疗费用后仍有困难，或者不能通过基本医疗保险支付医疗费用的，民政部门应当优先给予医疗救助；民政部门应协助公安部门将外省市在本市肇事且本市无近亲属的精神疾病患者遣送回原住所地。

6. 教育部门职责：各级教育部门应对辖区内各级各类学校履行《精神卫生法》规定的精神疾病预防义务的情况进行督促和指导；各级教育部门应重视辖区内学生、教师的精神心理健康状况，监测其心理健康水平；教育行政部门要对教师进行精神卫生知识培训，提高其促进学生精神健康的能力；各级各类学校要将精神健康教育纳入教学计划，针对不同年龄阶段学生的特点，开展精神健康教育、咨询、辅导；高等学校和有条件的中小学校应当配备专业人员，为学生提供心理咨询服务，在源头减少易肇事肇祸精神障碍患者的产生。

7. 残联组织的职责：各级残联组织应协助相关部门做好贫困精神疾病患者救助工作；各级残联组织应宣传普及精神卫生知识，提高公众精神健康意识。

8. 司法部门职责：对严重肇事肇祸的疑似精神疾病患者应按照相关法律法规实施精神司法鉴定，并协助公安机关做出相应处置。

9. 财政部门职责：各级财政部门应保障本级精神卫生经费落实，并监督各级机构合理使用精神卫生经费；各级财政部门应设立专项经费支付重性精神疾病患者肇事肇祸应急处置产生的相关费用。

10. 人力资源和社会保障部门职责：人力资源和社会保障部门应当为精神疾病患者的基本医疗保险支付建立快速通道，帮助符合规定的肇事肇祸重性精神疾病患者支付应急处置、治疗等相关费用。具体标准应由财政部门会同各卫生、民政等相关部门共同确定。笔者建议市政府应设立易肇事肇祸精神病人救治专项经费和财政专户，由卫生部门负责管理、财政部门负责监督，实行专款专用。对符合现有救济制度的患者，由相应基金支付；对无法查清原籍的肇事肇祸精神病人的精神医学鉴定、救治应急处置、住院治疗期间相关费用从易肇事肇祸精神病人救治专项经费中列支。肇事肇祸精神病人精神医学鉴定费用从肇事肇祸精神病人专项经费中报销。对家庭贫困的重性精神病人免费发放维持治疗期间的基本治疗药品,所需经费从易肇事肇祸精神病人救治专项经费中列支,同时建立简便的费用结算机制。

(三)提升重性精神病人基本公共卫生服务能力以提升政府管制水平

1. 线索调查。各基层医疗卫生机构在区(县级市)精神卫生防治管理机构的指导下,联合街道办事处(镇政府)、居(村)委员会,以及当地基层民政、残联、救助管理站等的力量,组织开展线索调查,及时发现可疑新病人,提高精神疾病检出登记率,并由有资质的精神卫生医疗机构对发现的疑似患者诊断或复核诊断。

2. 探索社会共治模式。完善对精神病人建档登记、诊断、评估、分类干预和随访管理等基本公共卫生服务,逐步形成基层医疗卫生机构精防人员、社区民警、民政和残联精防专干、社会保障工作人员,以及社会工作者或志愿者、监护人等共同参与的社会共治模式。许多发达国家都在进行资源整合,整合的要素不但是可用于精神卫生服务的各种资源,还有不同服务模式以及资金投入与效果评估的整合,特别是建立有效的经济激励机制。由于精神疾病的"被边缘化"和精神卫生服务对公共资金的特殊依赖性,精神卫生财政资源即便在欧美发达国家也经常面临被"挤占"的风险,因此当前整合的趋势更包括有在其他卫生投入之外建立相对独立的精神卫生服务专项投入或保障制度的设计。

(责任编辑:杨　彪)

驰名商标保护制度修改评析

——兼评司法解释的立法问题

罗　玥*

目　次

摘要：《商标法》第三次修改重申了驰名商标的内涵及认定和保护驰名商标的主管机关、相关程序和适用原则，禁止权利人和经营者将“驰名商标”字样用于商品包装或广告宣传等商业活动。但对实践中有争议的地方著名商标立法和商标反淡化保

* 罗玥，香港大学法学博士。

护问题没有处理。上述问题折射出地方立法和司法解释的立法权限与立法技术等方面的诸多问题，需要通过明确立法权限、完善立法程序、有效地协调规则间的冲突等方面来完善。

关键字：驰名商标；著名商标；商标淡化；《商标法》修改；立法法

我国现行《商标法》制定于1982年，后于1993年、2001年、2013年进行了三次修改。驰名商标保护是《商标法》第三次修改的一个重点内容。而本次修改对地方著名商标立法和商标反淡化保护等问题没有处理。实践中商标局及商标评审委员会同人民法院在商标淡化的判定及保护等问题上各自采取不同的解释和裁判标准，由此导致了部门规章的规则适用与司法解释不一致的问题。本文就《商标法》对驰名商标保护制度的修改进行评析，指出目前驰名商标保护制度存在的问题，并从立法法的角度尝试提出解决问题的思路。

一、驰名商标保护的立法框架

1984年我国加入《保护工业产权巴黎公约》（以下简称《巴黎公约》）后，国家工商行政管理总局最初直接援引《巴黎公约》第6条之二在商标注册申请个案中进行驰名商标认定和保护。我国最早关于驰名商标保护的立法是1996年国家工商行政管理总局制定的《驰名商标认定和管理暂行规定》，属于部门规章。在我国加入世界贸易组织前夕，《商标法》于2001年完成第二次修改，增加了对未注册驰名商标的反抢注保护和已注册驰名商标的跨类保护，并列举了认定驰名商标需要考虑的因素。[1] 至此，驰名商标保护首次被写入法律，并达到了《与贸易有关的知识产权协定》（以下简称《TRIPS协定》）所要求的水平。

《商标法》对驰名商标保护的规定较为原则。实践中分为行政保护

---

〔1〕《商标法》（2001年修改）第13、14条。“跨类保护”指在不相同、不类似商品或服务类别上对驰名商标的保护。

和司法保护两个不同的程序,分别由国家工商行政管理总局和最高人民法院制定规范性文件,对《商标法》第13条和第14条的适用进行细化,由此形成了双轨制的立法框架。一方面,对在商标注册申请、商标争议案件,以及工商行政管理机关在商标管理案件的行政执法程序中可能出现的驰名商标保护请求,由商标局或商标评审委员会依据国家工商行政管理总局制定的《驰名商标认定和保护规定》等处理。另一方面,最高人民法院对商标民事和行政案件中的驰名商标保护问题也做出一系列司法解释,指导人民法院在个案中适用法律。这里有一个潜在的问题:如果就同一问题工商行政管理总局的部门规章及规范性文件与最高院的司法解释产生分歧,应该如何解决?2001年修改的《商标法》第32、33条增加了人民法院对商标评审委员会的行政决定有权进行司法审查的条款。司法审查的设立一定程度上能从制度上解决在商标行政案件中规则的最终权威性问题,然而并没有从实质上消除规则间的不一致。下文将要谈到的商标淡化问题就是一个例证。

二、驰名商标保护修改的解读

《商标法》第三次修改所急需解决的一个问题是驰名商标保护在本土化的过程中出现的一些偏离其立法目的的现象,主要表现为:部分商标权人片面追求驰名商标的认定,并将"驰名商标"字样用于商品包装及广告宣传以吸引顾客,少数当事人在个案中利用虚假材料或者虚假诉讼来获取认定;社会公众也将广告中的"驰名商标"标识误认为一种政府的质量认证,从而曲解了驰名商标保护的本意;部分地方人民法院在相关案件中对规则的适用不准确等。这些现象背后是转型中国的复杂政经和法律背景,包括作为发展型国家的政府将推动经济发展为首要目的,通过认定驰、著名商标激励地方企业的发展;商标注册申请由核转制转为代理制后,商标代理市场的不良膨胀、恶性竞争与道德失范;消费者对商品信息的获取渠道有限及甄别能力不强;企业对诚信竞争原则的不重视等因素,促使驰名商标被塑造成一个"神话"。[2] 第三次修改的目标之一就是破除这个神话,让其回归立法本意,即驰名商标是对部分为相关公众所熟知的商标提供特殊保护的法律制度,而非一个质量认证或金字招牌。

鉴于此,此次修法并没有对驰名商标认定的实质条件及保护的范围等核心问题进行改变,而主要对驰名商标的内涵、主管机构、认定程序及适用原则等再次从法律上进行澄清。在2006年年底之前,驰名商标保护在司法实践中的问题逐步暴露,最高院在司法政策上已经开始收紧,并强调了被动认定、个案认定、事实认定和按需认定的原则。2009年《最高人民法院关于审理涉及驰名商标保护的民事纠纷案件应用法律若干问题的解释》发布,同一时期国家工商行政管理总局也发布了《驰名商标认定工作细则》,二者都已经纳入上述原则。另外,驰名商标认定的主管机关与各自程序也早已经在实践中明确。第三次修改所增添部分,主要是对上述内容从法律的高度进行重申。其中有以下两个问题值得注意。

第一,有关驰名商标的概念。《巴黎公约》和《TRIPS协定》都没有对驰名商标下一个定义,而2001年《商标法》也未提及。但在历年的相关规定和司法解释中,都有对驰名商标下定义,但各自表述不尽相同。此次修法对第13条增加第1款,将驰名商标定义为"为相关公众所熟知的商标",省略了此前相关定义中所包含的"在中国境内"的字样。而2014年修订的《驰名商标认定和保护规定》(以下简称《规定》)则明确了驰名商标需是"在中国为相关公众所熟知的商标",这并非是对《商标法》第13条第1款的缩限。根据《巴黎公约》第6条之二,成员国主管机关需认定该商标在本国已经驰名,因此《规定》所下定义符合驰名商

[2] 从符号学角度来看,"驰名商标"字样的广告,形成了一个罗兰·巴特神话学意义上的"神话",参见Luo Yue, The Myth of the Chinese Well-known Mark: *Formation, Debunking and Judicial Practice*, Ph. D Thesis, Hong Kong University, 2016。

标保护的立法本意。

第二,此次修法最主要的修改是对“驰名商标”字样禁宣,即《商标法》第14条第5款规定“生产、经营者不得将‘驰名商标’字样用于商品、商品包装或者容器上,或者用于广告宣传、展览以及其他商业活动中”,第53条规定违者由地方工商行政管理部门责令改正,处10万元罚款。此前,在商业宣传中使用此类字样并未被禁止,根据“法无明文禁止则可为”,属于民事主体的权利自由。只是相关规范性文件根据诚信原则要求商标权主体真实、准确地使用该类字样。〔3〕禁宣无疑是对此前驰名商标保护乱象的釜底抽薪的规制,实质上是民事主体权利的一种限制,需由《商标法》明文进行规定。第53条明确了地方工商行政管理机关是执法者,违法者需要改正,并承担罚款等责任。但不足之处在于责任主体和责任分配尚未明确。例如,经营者是否也应当与商标权人承担同等的责任等问题,尚需进一步明确。

三、《商标法》第三次修改未处理的问题

《商标法》第三次修改主要解决国内实践中的问题,力图重申驰名商标保护的立法目的,但并未进一步对驰名商标保护的具体规则进一步深化。其中未处理的问题主要有以下两个。

一个是地方立法中的“著名商标”的法律地位和保护问题。目前我国各省、直辖市、自治区都已经通过地方性法规或地方政府规章等形式出台了对地方著名商标认定和保护的相关规定,属于地方立法范畴。国务院法制办于2011年9月形成的《中华人民共和国商标法(修订草案征求意见稿)》中,增加了“著名商标的认定和保护按照地方性法规、地方政府规章办理”的规定,但最终这一款没有被写入《商标法》。此前已有学者批评,在各地的著名商标认定和保护的地方立法中,对地方著

〔3〕参见国家工商行政管理局商标局《关于“雕”牌牙膏使用“中国驰名商标”标记问题的答复》(商标监〔2001〕41号)。

名商标给予了过高的保护，甚至赋予其与驰名商标保护同等的地位和权利，例如将地方著名商标所用的产品直接认定知名商品，或者对其进行跨类保护等，[4]而这些已经超出了地方立法的权限范围。《中华人民共和国商标法（修订草案征求意见稿）》所增设的条款是对目前立法现状的一种确认，实际意义并不大。解决上述问题更重要的是要明确地方立法的权限。首先，明确地方著名商标认定和保护的立法目的。从法律性质上看，著名商标并不是一个法律上的概念，并没有创设新的权利，而仅仅一种行政奖励。各省认定和保护著名商标，其主要目的在于通过行政奖励的方式，激励本地企业重视商标管理和品牌创新，并促进本地经济的发展。如2008年通过的《湖北省著名商标认定和促进条例》就是一个定位明确的示范。其次，明确其地方立法的权限。根据《立法法》第72条和第73条的规定，地方立法应在其权限范围内进行规定，且不可与宪法、法律及其他上位法相抵触。如果给予地方著名商标与驰名商标变相等同的保护水平，则超出了其立法权限，并违背了《商标法》的规定。因为《商标法》规定应当经过当事人申请由法定的主管机关依据相关程序进行驰名商标认定和保护。对于地方著名商标立法中存在的类似问题，应当根据《立法法》第96条和第97条，由有关机关予以改变或撤销。

《商标法》修改中另外一个未处理的问题有关商标的反淡化保护。在对《商标法修正草案》的意见征求过程中，中国外商投资企业协会优质品牌保护委员会以及部分地方法院提出在《商标法》中增加对已注册驰名商标反淡化的规定，[5]然而该意见在此次修法中未被采纳。商标淡化的判定和保护是目前商标法研究和实践的难题，需

〔4〕 董新凯、李天一：《论我国地方著名商标制度的协调问题》，载《知识产权》2002年第8期，第53页。

〔5〕 参见《中国外商投资企业协会优质品牌保护委员会及部分外商投资企业对商标法修正案草案的意见》和《商标法修正案草案上海、浙江调研情况简报（一）》，载郎胜主编：《中华人民共和国商标法释义》，法律出版社2013年版，第260～278页。

要放在我国驰名商标保护的立法框架下探讨。我国《商标法》是否对驰名商标提供了反淡化保护？反淡化保护的适用条件是什么？目前我国《商标法》立法对此问题的处理是否需要完善？笔者将在下文详细探讨。

四、商标淡化问题的立法评析

(一)商标淡化理论与实践

商标淡化源自欧洲的判例,在1927年由Frank Schechter作为一个法律概念首次提出,[6]并已经在欧美的司法实践中发展成为独立于传统商标混淆理论的法律规则。美国的《联邦商标淡化法案》及其《商标淡化修正法案》确定了商标弱化和丑化两种淡化形式,对判定的条件及商标淡化的例外情形等进行规定,并且将反淡化保护限定于少数知名度极高、显著性极强的著名商标(famous mark)上。[7] 而欧盟《商标指令》采取另一种较为宽松的反淡化立法模式,防止他人不正当地利用"具有声誉的商标"(trademark with a reputation)的市场声誉,或者损害其显著性或商标的声誉。[8] 无论哪种立法模式,商标淡化理论强调的重点在于:

第一,商标反淡化保护仅仅适用于一部分知名度及市场声誉较高的商标。而适用的标准在各国立法中各有不同。美国的反淡化保护门槛较高,仅使用于极少数的著名商标;相较之下,欧盟的声誉商标标准要低于美国。

第二,商标淡化是对驰名或著名商标的一种损害。但这种损害不同于传统的商标混淆所造成的损害。传统商标法保护商标的来源指示

---

〔6〕 See Frank Schechter, "The Rational Basis of Trademark Protection", 40 Harvard Law Review 813(1927).

〔7〕 See Federal Trademark Dilution Act of 1995, Section 4; Trademark Dilution Revision Act of 2006, Section 2.

〔8〕 See The Trade Mark Directive (2008/95/EC), Articles 4(4)(a) and 5(2).

功能，防止消费者被冲突商标误导而对使用该商标的商品的提供者产生混淆或误认。近几十年来商标混淆理论也被极大扩张，“混淆”一词已被做广义的解释，除了来源误认的混淆以外，也包括了消费者对冲突商标使用者与驰名商标权利人之间的赞助、许可、联营等关系的误认，以及初始兴趣混淆、售后混淆等。然而，商标淡化的成立，不以商标混淆的存在为前提，同时也不以商标权人与侵权人之间存在竞争关系为前提。侵权人使得消费者在冲突商标与驰名、著名商标之间建立一定的联系，而这种联系可能会损害后者的商标显著性或市场声誉，或者不正当利用后者的市场声誉即可，但并不必然导致消费者产生混淆。商标淡化是对商标的显著性的一种侵蚀。换言之，商标混淆理论建基于对公平正当的竞争行为的保护；而商标淡化理论则更关注于对商标自身的符号价值的保护。

商标淡化是商标法研究与实践中最为棘手的课题，在何为商标淡化、商标淡化是何种法律损害、商标淡化的判定、何种商标可以适用反淡化保护等关键问题上，仍然存在极大的争议。商标淡化与混淆一样，已经涉足于消费者的认知领域。商标混淆导致商标所有人客户流失、信誉受损等损害，可以较为容易地从相关证据中判定。而淡化的损害较为无形，且难以测量与直接证明，其是否成立更多是法院通过从间接证据而做出的推定。在这个意义上，立法上有关淡化成立的构成要件则显得非常重要。反淡化保护赋予相关商标权人排斥他人在不同或不类似商品上使用或注册与其相同或类似的商标，极大地扩张了商标权的保护范围，因此对于商标淡化的判定应当审慎。

（二）中国的反淡化实践

商标淡化理论也影响了我国的司法实践。在 2009 年之前的商标民事及行政案件中，有不少当事人提出“反淡化保护”请求，法院使用驰名商标的显著性被“淡化”或“弱化”“丑化”等表述认定被诉商标损害了驰名商标权利人的合法权益,[9]最高人民法院的司法意见中也出现了防止商标被“淡化”“贬损”等提法。[10] 在“柯达”、[11]“尼康”[12]等案件中,尽管法院没有直接使用“淡化”等字样,但实质上援引了淡化理论进行裁判,着重考虑商标的显著性被减弱等问题。

2009出台的《最高人民法院关于审理涉及驰名商标保护的民事纠纷案件应用法律若干问题的解释》(以下简称《解释》)第9条第2款从商标淡化理论的角度对已注册驰名商标的保护做出了解释。《商标法》(2013)第13条第3款(即《商标法》(2001)第13条第2款)规定如下:

“就不相同或者不相类似商品申请注册的商标是复制、摹仿或者翻译他人已经在中国注册的驰名商标,误导公众,致使该驰名商标注册人的利益可能受到损害的,不予注册并禁止使用。”

《解释》第9条第2款对此解释为:“足以使相关公众认为被诉商标与驰名商标具有相当程度的联系,而减弱驰名商标的显著性、贬损驰名商标的市场声誉,或者不正当利用驰名商标的市场声誉的,属于《商标法》第十三条第二款规定的‘误导公众,致使该驰名商标注册人的利益可能受到损害’”。因此,被学界及实务界认为是将淡化理论引入了已注册驰名商标的保护,其列举了三种不同的淡化形式:弱化驰名商标显著性,贬损其市场声誉,及不正当利用其市场声誉。《解释》第10条列举了判定已注册驰名商标跨类保护所应当考虑的因素,可视为对第9条第2款适用的进一步限定。

(三)《解释》第9条第2款立法模式评析

《解释》出台的主要目的是治理当时驰名商标被当事人当作荣誉称

---

〔9〕 李友根:《“淡化理论”在商标案件裁判中的影响分析——对100份驰名商标案件判决书的整理与研究》,载《法商研究》2008年第3期,第134页。

〔10〕 参见最高人民法院《印发〈关于当前经济形势下知识产权服务大局若干问题的意见〉的通知》(法发〔2009〕23号)。

〔11〕 伊士曼柯达公司诉苏州科达液压电梯有限公司商标权侵权纠纷案(〔2005〕苏中民三初字第0213号)。

〔12〕 日本株式会社尼康诉陕西省西安太华电动自行车批发市场有限公司等侵害商标权纠纷案(〔2009〕西民四初字第302号)。

号片面追求的乱象,因而全文的重心在于强化驰名商标保护的立法目的和保护原则。第9条第2款有关淡化的解释似乎与上述主旨关联较远。鉴于在2009年之前的实践中有当事人提出反淡化保护的诉求以及法院对淡化理论的援引,第9条第2款很大程度上是对上述现象的回应。但从立法的角度来看,第9条第2款对反淡化保护的立法模式值得检讨,在立法权限、立法技术以及规则冲突等方面存在的问题尚待解决。

1.《解释》第9条第2款的合法性

在我国的法律体系下,司法解释是中央立法机关,即全国人民代表大会及其常委会通过宪法和法律授权司法机构而做出的"授权性"解释,被包含在广义的法律解释体系内,具有立法的属性。〔13〕 目前有权做出司法解释的是我国的最高司法机关,包括最高人民法院和最高人民检察院。最高人民法院的司法解释是其根据相关法律和立法精神,结合审判工作实际需要,对人民法院在审判工作中具体应用法律的相关问题做出的解释,〔14〕其拘束力仅限于各级法院的司法活动。国家工商行政管理总局已经明确"行政机关在办案时可以参考有关司法解释,但不宜直接适用司法解释"。〔15〕 在实际的司法实践中,"最高人民法院的规范解释起着与法律同等重要的作用"。〔16〕 从我国目前的司法解释起草程序来看,最高院司法解释的制定先由其研究室立项;具体起草工作由最高院各审判业务部门负责;形成的司法解释送审稿应当送全国人民代表大会相关专门委员会或者全国人民代表大会常务委员会相关工作部门征求意见;在提交审判委员会之前,研究室还会对司法解释送审稿对权限、程序、内容等方面进行审核;最后审判委员会通过,由院长或

---

〔13〕 陈春龙:《中国司法解释的地位与功能》,载《中国法学》2003年第1期。

〔14〕 《最高人民法院印发〈最高人民法院关于司法解释工作的规定〉的通知》(法发〔2007〕12号),第2、3条。

〔15〕 《国家工商行政管理总局关于行政机关可否直接适用司法解释问题的批复》(工商标字〔2004〕第14号)。

〔16〕 陈春龙:《中国司法解释的地位与功能》,载《中国法学》2003年第1期。

常务副院长签发。[17] 以上程序既能保证司法解释的起草针对审判实务中的具体问题,也能通过征求意见、审核等程序,确保司法解释的合法性和规范性。

回到《解释》第9条第2款,学者对该条的质疑主要包括两方面。首先,反淡化的解释是否超出了《商标法》第13条第3款中已注册驰名商标跨类保护的范围。此问题实质上涉及如何理解驰名商标跨类保护的理论基础问题。目前,学界观点存在争议,一是认为驰名商标保护是基于扩大了的跨类混淆理论之上;[18] 二是认为驰名商标保护本质上是一种反淡化保护;[19] 三是认为前两者皆有,共同存在且并不排斥。[20] 对于《TRIPS协定》第16条有关已注册驰名商标的保护是否建基于商标淡化理论,目前仍然在争论中。有学者指出《TRIPS协定》并没有要求成员国承担商标反淡化保护的义务。[21] 《解释》第9条第2款的起草者及其支持者,显然赞同应以淡化理论作为驰名商标保护的法理依据,而且从该条的表述来看,该条所列举的三种淡化形式并没有穷尽所有的跨类保护的情形。因此,笔者认为第9条第2款将淡化理论引入了对《商标法》第13条第3款的解释,并将驰名商标跨类保护区分为两种情形:跨类混淆保护和反淡化保护。其次,反淡化的解释是否适应我国商标法实践目前的状况。有学者提出在目前的驰名商标保护的乱象没有被根治的情形下,引入反淡化保护为时过早,可能会反而加剧实践中的问题。然而这个批评已经不是合法性的问题了,而是对其合理性的

---

〔17〕《最高人民法院印发〈最高人民法院关于司法解释工作的规定〉的通知》(法发〔2007〕12号)。

〔18〕邓宏光:《我国驰名商标反淡化制度应当缓行》,载《法学》2010年第2期,第97页。

〔19〕参见孔祥俊:《商标与反不正当竞争法:原则与案例》,法律出版社2009年版,第482页。

〔20〕参见王迁:《知识产权法教程》,中国人民大学出版社2014年版,第498~507页。

〔21〕对相关争议的讨论,参见Sun Haochen,"Reforming Anti-dilution Protection in the Globalization of Luxury Brands",45 Georgetown Journal of International Law 783(2014),796-803。

质疑。[22]

从司法解释的制定程序来看,可以推定这一解释在制定过程中已经向全国人大及其常委会相关部门征求意见了,在一定程度上已经能够反映出立法机构的倾向。然而此处折射出的问题是,就一个富有争议的疑难法律问题,仅仅通过司法解释进行规范是否足够?毕竟司法解释的制定程序不同于正式的法律制定和修改程序。一个实用主义的回应是,面对实践中的需求,通过司法解释先行做出规定,再在时机成熟的时候进行立法。这也是我国实践中的做法。但从《解释》第 9 条第 2 款的实际效果来说,这种做法也可能会招致对其正当性和合理性的质疑。如何平衡这些问题,应具体问题具体分析。笔者认为,如果一个问题过于富有争议性,与其在还不成熟的时候由司法解释进行规定,不如留待法律的修订来处理。由此能够避免司法能动和法官造法的批评,[23]并且通过立法程序能更充分地展现民意,平衡各方利益。在美国和欧盟,反淡化保护都是以成文法的形式规定,但仍然在实践中存在极大的争议,可见其背后的利益冲突巨大,仅仅通过司法解释不足以平衡。

2. 立法技术存在的问题

2009 年出台前的司法实践中,法院将《商标法》第 13 条第 3 款中的"误导公众"解释为消费者对商品来源的混淆和侵权人与商标权人之间经济关系的混淆,但在一些案例中,往往也同时判定商标淡化的成立,并将商标淡化表述为冲突商标误导公众而对驰名商标权人所造成的损害。[24] 然而,这样的解释会造成淡化概念的模糊化与不自洽。一方面,既然可以判定消费者存在对双方的商标及产源存在混淆,那么业已可以判定对驰名商标侵权的成立,无需再使用商标淡化的概念;另一方

〔22〕 邓宏光:《我国驰名商标反淡化制度应当缓行》,载《法学》2010 年第 2 期,第 97 页。

〔23〕 崔国斌:《知识产权法官造法批判》,载《中国法学》2006 年第 1 期,第 144 页。

〔24〕 如广东好太太环保科技有限公司诉李国荣商标侵权和不正当竞争案(〔2005〕武知初字第 31 号)。

面,如果判定混淆和淡化共存,则淡化的概念也已然失去了其本来的含义。笔者认为,如果第9条第2款把已注册驰名商标的跨类保护区分为跨类混淆保护和反淡化保护两种不同的且不可重合的情形,则一定程度上能够消除上述的矛盾。然而从立法技术上看,该条解释仍然存在种种问题。

其一,商标淡化的概念以及如何区分跨类混淆和反淡化保护不明确。从目前法院对"淡化"一词的使用来看,"商标淡化"尚未形成一个明确的概念,《商标法》第9条第2款也没有对此概念的一些关键问题上做出澄清:例如商标淡化的成立是否可以与商标混淆共存?跨类混淆和反淡化保护各自的构成要件是什么?个案中不同的法院适用不同的理论,有的法官仍然坚持《商标法》第13条第3款主要是跨类混淆保护,[25]但有的法官更倾向于适用反淡化保护。由此可能导致规则的不确定性和不可预测性。

其二,与上一个问题相关联的是,可以适用反淡化保护的驰名商标应当达到什么条件。即究竟是采取美国的立法模式,将反淡化保护仅仅适用于在一般公众(而非相关公众)中知名度极高的极少数商标,如同有法官所称"超级驰名商标"?[26]还是采取欧盟的路径,放宽反淡化保护的商标的门槛,仅仅要求其达到一般驰名商标的标准即可?《解释》并没有明确。从目前的法院裁判来看,在个案中驰名商标保护仅适用于少数知名度极高的商标,尚且没有泛滥的倾向。这在一定程度上与近年来为治理驰名商标乱象而采取的紧缩的司法政策有关。2007年以来在驰名商标的认定和保护上采取严格审慎的政策,但2011年以来政策调整,逐步强调规制乱象与加强保护两者的平衡。随着经济和社

---

〔25〕 例如卡地亚国际有限公司诉佛山市依诺陶瓷有限公司、北京隆裕依诺经贸有限公司侵犯商标专用权纠纷案(〔2010〕二中民初字第01529号),参见北京市高级人民法院知识产权庭编:《北京法院商标疑难案件法官评述(2011)》,法律出版社2012年版,第125页。

〔26〕 孙海龙、姚建军:《驰名商标跨类保护的法律适用——"尼康"商标侵权案评析》,载《中国发明与专利》2011年第9期,第88页。

会环境的发展，将来反淡化保护的案件是否会涌现尚不可知。

其三，如何判定淡化的成立。《解释》第10条所列举了考虑跨类保护成立的一些因素，包括："该驰名商标的显著程度；该驰名商标在使用被诉商标或者企业名称的商品的相关公众中的知晓程度；使用驰名商标的商品与使用被诉商标或者企业名称的商品之间的关联程度。"但所有这些都是间接因素，并非证明商标淡化存在的直接证据。而实践中获得直接证据的可能性也非常小，一则商标淡化已经涉足消费者的认知领域，但认知科学实验设计等方面仍存在方法论上的困难，难以确定其损害的性质并进行测量；〔27〕二则国内消费者认知的市场调查尚不成熟，获得直接证据不具有可操作性。因此，商标淡化很大程度上是一种法律推定，法院在此具有较大的自由裁量的空间。在《解释》出台前的部分案例中，法院在认定驰名商标后，并没有仔细审查冲突商标是否可能导致"损害"，而直接认定其在不类似商品上对驰名商标构成侵权。〔28〕 从《解释》第10条所列举的因素来看，法院在此的判断具有较大的弹性和地区差异。如何判断淡化的成立是尚未解决的难题。目前法院对商标淡化的裁判仍缺乏经验和技术支持，这也可能成为一个漏洞，为部分当事人所利用，以获得驰名商标的认定和保护。

其四，商标淡化是否存在例外的情形。美国《联邦淡化法案》根据美国《宪法》第一修正案有关言论自由的保护，明确了三种商标淡化的例外情形，包括对比广告中对驰名商标的合理使用；非商业性使用，包括戏仿或讽刺性的评论；各种形式的新闻报道和评论。尽管人民法院在个案也有判定不构成侵犯驰名商标的合理使用的情形。《解释》并未在此问题上做出任何规定，这可能使得实践中反淡化保护的适用被扩大化，不利于平衡相关利益。

---

〔27〕 See Rebecca Tushnet, "Gone in Sixty Milliseconds: Trademark Law and Cognitive Science", 86 Texas Law Review 507 (2008).

〔28〕 如郑州宇通客车股份有限公司诉陈继发商标侵权纠纷案(〔2006〕汴民初字第47号)。

上述问题很大程度上是因为第9条第2款和第10条属于司法解释,通过对《商标法》原有驰名商标保护条款的解释,将淡化理论加入其中。在《商标法》没有进行修改而纳入商标反淡化保护的前提下,司法解释的空间有限,无法对上述问题做出更多的规范。目前仍然是通过司法政策来引导驰名商标案件的审判,防止其认定过滥或保护过度。

3. 可能导致规则的冲突

《解释》第9条第2款引入淡化理论后,可能会导致在驰名商标的行政保护和司法保护程序中规则适用的不一致问题。已有学者和实务人员指出,商标局和商标评审委员会将《商标法》第13条第3款"误认"解释为与"混淆"同义,并未采用淡化理论来解释驰名商标跨类保护。〔29〕 对于驰名商标的保护范围,商标局与商标评审委员会对驰名商标的行政保护与人民法院司法保护采用两套不同的标准;前者适用跨类混淆,而后者适用商标淡化。而跨类混淆的成立要求冲突商标尽管使用在不相同或不类似的商品上,但仍然可能造成消费者的混淆和误认,否则仅仅用在不相干的商品上,不能受到跨类保护。〔30〕 相比之下,商标淡化的保护范围要更为宽广,仅要求消费者可能将冲突商标与驰名商标建立一定的联系,并且这种联系可能有损驰名商标人的利益。规则的不一致将导致法律的可预期性降低。目前已有案例体现上述的冲突。在商标注册申请及商标争议案件中,商标局及商评委采取了跨类混淆的标准,准许冲突商标的注册和使用;而在商标授权确权的行政诉讼中,被法院以商标淡化为理由判定行政裁决有误。〔31〕 从制度设计

〔29〕 国家工商行政管理总局商标局、商标评审委员会:《商标审理标准》(2005)第5条;参见魏森:《法释〔2009〕3号评析》,载《知识产权》2010年第1期。

〔30〕 如长春海外制药集团有限公司诉邵国宏商标侵权纠纷案(〔2010〕兰法民三初字第091号),法院裁判冲突商标适用在不相干的商品上,不适用驰名商标保护。

〔31〕 如中华人民共和国国家工商行政管理总局商标评审委员会与吉百利英国有限公司商标异议复审行政纠纷上诉案(〔2012〕高行终字第837号);国家工商行政管理总局商标评审委员会与内蒙古伊利实业集团股份有限公司商标异议复审行政纠纷上诉案(〔2013〕高行终字第479号)。

上看,法院对商标行政裁决的司法审查可以确立规则的最终权威性,但不能从根本上消除规则冲突的存在。

对于上述问题,《商标法》第三次修改并未对商标淡化做出任何规定。笔者揣测,一方面,这可能与商标淡化自身的难题有关;另一方面,也与此次修法是由商标局主导起草立法草案不无关系。

五、结语:解决问题的思路

《商标法》第三次修改对驰名商标保护条款没有做实质性的修改,而主要重申了驰名商标的内涵及认定和保护驰名商标的主管机关、相关程序和适用原则;最主要的修改是禁止权利人和经营者将"驰名商标"字样用于商品包装或广告宣传等商业活动。但对实践中有争议的地方著名商标立法和商标反淡化保护问题没有做出处理。笔者从《立法法》的角度对地方立法及司法解释的相关问题的解决提出以下思路。

首先,明确立法权限,完善立法技术,科学立法,防范规则冲突于未然。完善地方著名商标立法则需要地方立法机构明确其立法目的,立法权限,不违反上位法。从商标淡化的问题来看,司法解释在制定上需要进一步完善。目前的司法解释制定程序中的,要求将送审稿征求立法机关的意见,并由最高人民法院研究室对其权限、立法技术、内容等进行审核,一定程度上保证了司法解释的正当性和合理性。但需要注意的一个问题是,司法解释可能同时也涉及其他政府部门对同一法律条款和问题的适用和执法,如商标淡化问题也涉及商标局和商标评审委员会的行政执法和裁决,在司法解释制定过程也需多方沟通,兼顾其他部门的意见,尽量避免产生规则冲突。笔者认为,对于类似商标淡化等争议极大的疑难法律问题,司法解释可以运用的技术空间较小,最好留待立法和修法程序处理,以更好地平衡各方利益。

其次,对于已经形成的规则冲突,通过现有机制寻求化解的办法。地方著名商标立法中超出立法权限的方面可以通过有关机关撤销或改变。司法解释与部门规章各自应用于不同的领域，具有不同的法律效力。但是在某些问题上可能出现交叉，例如现行的驰名商标保护采取双轨制的保护框架。对于同样法律问题最高院和行政主管机关两者可能采取不同的解释，由此产生规则上的不一致。司法解释与部门规章、规范性文件间的冲突如何解决尚待进一步研究。在商标淡化问题上，可以通过司法审查等制度安排确定规则的最终权威性，并没有从根本上消除冲突的存在。目前的实践中，可通过对司法解释的集中清理，解决部分解释与法律规则不一致等问题。[32] 在合适的时机，应由《商标法》的修改来解决规则适用的统一协调问题。在目前的情况下，最高院可通过合理的司法政策引导法院审慎、自制地应用商标淡化规则。

（责任编辑：杨　彪）

---

〔32〕 参见全国人大常委会法制工作委员会副主任信春鹰：《全国人民代表大会常务委员会法制工作委员会关于司法解释集中清理工作情况的报告》（2013 年 4 月 23 日在第十二届全国人民代表大会常务委员会第二次会议上）。

自主意识觉醒与病患自主权利的体系化保护

——我国台湾地区“病人自主权利法”“立法”的经验与启示

姚尚贤*

目　　次

摘要：对病人自主权利进行法律保护是世界共

* 姚尚贤，上海交通大学凯原法学院2013级博士研究生。

识。我国台湾地区对病人自主权利的"立法"保护起步较早并积累不少经验,"病人自主权利法"是我国台湾地区对病人自主权利进行"法律"保护的最新成果。通过该法,我国台湾地区对病人自主权利保护的"法律"规定进行了系统体系化,在保护范围、保护程序等方面进行了拓展,一定程度解决了病人自主权利保护中不同专业知识的竞合和不同利益冲突的问题,厘清了各利益相关方的权利义务边界。目前大陆地区对病人自主权利的立法处于起步阶段,如何在医患矛盾凸显的当下有效保护病人自主权利,明确利益相关方的权利义务边界具有重要意义,而总结台湾地区"立法"成果经验,可以为大陆今后在病人自主权利立法保护中提供参考对象和可兹借鉴的经验。

关键字:我国台湾地区;病人自主权利;"立法";利益多元;专业知识

一、前言

维护人性尊严与实现人的自由发展,是中国特色社会主义核心价值观的重要组成部分,亦是世界普遍共识。近年来,我国医患关系由于各种原因呈现出矛盾多发态势,此状况不仅不利于病患生命权保护与医疗机构和医师等各方权利义务的落实,亦影响到医疗行业的良性发展及社会经济的稳定有序发展。这种状态根源于现行法律体系对于医患关系中相关方的权利义务界定不清晰,对于病患自主权利没有明确体系化、系统化的立法规定。近期中共中央十八届三中全会报告中指出要建立更加公平可持续的社会保障制度,深化医药卫生体制改革,维护最广大人民根本利益,最大限度增加和谐因素,增强社会发展活力,提高社会治理水平,维护国家安全,确保人民安居乐业、社会安定有序。[1] 因此如何通过立法处理好医患关系并实现对病患自主权利的法

〔1〕《中国共产党十八届三中全会公报发布(全文)》,载 http://news.xinhuanet.com/house/tj/2013-11-14/c_118121513.htm,访问时间:2015年12月30日。

律保护,对于社会发展具有重大意义。

而为提升对病人自主权利的保护水平,我国台湾地区“立法”机构制定了“病人自主权利法”(2016年1月),以实现对病患的自主权利进行了体系化、系统化的立法保护,可以预期在不久的将来我国台湾地区的医患关系将会因为该“法”的生效而进入新阶段。而“病人自主权利法”旨在解决我国台湾地区当前医患“法律”关系中的何种问题,其在“立法”过程中围绕什么问题进行了争论及最后的解决方法等一直备受我国台湾地区实务界和学术界关注。而对“该法立法”过程及相关问题的关注和研究,不仅有助于深入了解我国台湾地区病人自主权利保护的最新动向,亦能够为具有同源法律文化传统和心理认知模式的大陆今后在对病人自主权利进行制度化保护、有效协调医患关系等方面提供可资参考和借鉴的经验。

二、自主意识觉醒下的病人自主权利保护诉求

随着我国台湾地区社会经济发展与世界个人权利意识觉醒潮流的影响,我国台湾地区病患自主权利意识于20世纪80年初开始觉醒。[2] 在这种情况下,台湾地区的医患关系亦发生了变化,从原来传统父权模式逐渐向资讯提供模式、解释模式与商议模式方向演变。[3] 在这种背景下,自主权利意识觉醒所带来的对医疗行为中相关情况的了解及对自身接受医疗行为的程度和范围的自主决定成为了病人群体的普遍诉求。随着我国台湾地区全民健保制度的建立以及世界范围内病人自主权利专门保护“立法”出台的影响,台湾地区各界,尤其是病患界和医疗界均呼吁出台专门“法律”保护病人自主权利的有效落实。

---

〔2〕 最具有代表性的就是当时出台的我国台湾地区“医师法”(1986年)中即规定了在手术中需要获得病患或其家属签订知情同意书的规定。参见何建志:《医疗法律与医疗伦理》,元照出版公司2012年版,第69~70页。

〔3〕 Ezekiel J. Emanuel and Linda L. Emanuel, “Four Models of the Physician-Patient Relationship”, 267 JAMA 16(1992), pp. 2221-2226.

目前我国台湾地区的“立法”状况，其对于病患自主权利的“法律”保护主要散见于已经生效施行的“医疗法”“医师法”和“安宁缓和条例”“立法”当中。毫无疑问，我国台湾地区相关“立法”已对病患的自主权利提供了一定程度的法律保护。然而，由于此种保护仅通过不同“法律”分布式的实现，因此呈现出一种分散和不全面的特点。而即使在受到保护的“法律”射程内，病人自主权利亦存在被稀释乃至架空的状况。如我国台湾地区“医疗法”第63、64条的规定，医疗机构或医师进行侵入性检察或治疗时候的告知对象和医疗决策主体并不一定是接受检察或治疗的病患自身，因此会出现病患的治疗由相关关系人决定而剥夺病患自主权和知情权的状况。除此之外，在涉及病人拒绝医疗的权利等问题的规定上，上述“法律”规范大多均未有明确规定。即使存在明确的规定，但在赋予法律保护的条件上较为严格，如“安宁缓和医疗条例”对于病人拒绝医疗的权利在适用上仅限于“末期病人”，在适用行为上仅限于拒绝“心肺复苏手术”或“维生手术”，无法涵盖到其他有需要同样权利保护但无法被纳入该法调控的其他状况。[4] 在此情况下，如何在保证各方面利益平衡的情况下实现对病人自主权利的完整有效保护，成为各界共同呼吁解决的问题并催生了“病人自主权利法”的出台。

三、病人自主权利保护“立法”中的问题与应对——以“病人自主权利法”为展开

如上文所述，在“病人自主权利法”“立法”之前我国台湾地区已经存在一系列生效的医事类“法律”对病人在医患关系中的自主权利进行保护，然而此种分散性的“立法”保护与系统体系化的“立法”保护在效果上存在较大的差异。一般而言，一部“法律”的体例结构对于展现该部“立法”的价值取向、为该“法”的提供有效适用的基础和

---

〔4〕 具体内容可以参见“安宁缓和医疗条例”中的第1、3条和第4条中的相关规定。

实现“立法”目的具有关键影响，而其“法律”条文内容必然指向为某类问题的解决提供应对方法。[5] 因此，这种分散性的“立法”在“法律”实践中存在对病人自主权利保护的预期与现实执行效果上的落差。

如此，构建一部专门系统化的保护病人自主权利的法律具有现实价值性，而该“法”立“法”结构及相关条文内容设置是否科学合理，对于该法的具体顺利适用和能否有效保护病人的自主权立具有重要意义。为此，我国台湾地区在对病人自主权利进行专门性“立法”时必须面对以下几个问题：(1)“法律”体例与调整范围问题，即该部专门性的“立法”对病人自主权利的保护在体例上如何设立，同时如何与已经生效的其他“法律”中相关联部分进行衔接，如果发生冲突究竟以何者为准；(2)专业知识的“法律”化问题，即如何在立法过程中有效地把医疗技术知识转化为“法律”语言，实现医疗技术知识与“法律”知识的良性协调成为不可回避的话题；(3)“法律”授权与社会适应问题。即在专门性“立法”过程中如何把握授权行政主管部门的程度和界限，使得相应的医疗技术标准能够与时俱进成为了此次重要“立法”关注点之一。同时由于该“立法”中涉及大量的伦理性问题，在其之前并没有系统完整的相关“立法”因此该“立法”具有一定超前性，而调适“法律”超前性与社会适应之间的差距必然要求“立法”中予以关注；(4)如何界定在围绕病人自主权利保护展开过程中的相关各方的权利义务。

(一)问题一的应对方法——协调式“立法”与扩张性“立法”

该“法”在“立法”体例上没有设立总则篇和分则篇，但该“法”第1、2条事实上构成了该部“法律”的总则性规定。如第1条中明确了该“法”的立法目的和宗旨，[6] 以作为统领该“法”的“立法”基础；第2条

[5] 罗传贤：《立法程序与技术》，五南图书出版股份有限公司2012年版，第31～37页。

[6] “病人自主权利法”第1条：“为尊重病人医疗自主、保障其善终权益，促进医病关系和谐，特制定本法。”

中则规定了该“法”中“主管机关”的主体。[7] 这两条“法律”条文在内容上组成了“病人自主权利法”的总则性内容，对于该“法”随后的“法律”条文的理解和解释提供了基础性的原则和解释边界。而此两条具有总则性的“法律”条文，在其“立法”目的和理念上都与已经出台的“医疗法”“安宁缓和条例”中的相关“立法”目的和理念相协调。同时，“病人自主权利法”在“法律”条文内容上实质上包容了其他“法律”中对病人自主权利保护的大部分内容，并在条文内容上与其他“法律”文件中的相应法律条文保持相一致或在不冲突情况下进行扩张性“立法”。如该法第14条第2项关于末期病人拒绝医疗治疗的条件规定问题上，“病人自主权利法”采纳了“安宁缓和条例”中对末期病人医疗决定的审核确诊所需要的医师数量和确诊方式的规定。[8]

另外，最终出台的“病人自主权利法”并没有设定违反该“法”的罚则规定，这与已经通过的“医疗法”和“安宁缓和医疗条例”不同。后两部“法律”都在其“法律”条文中订立了对违反“法律”的医师、医疗机构和关系人的罚则规定，以通过罚则来监督相关人员遵守相应“法律”，保护医患的各自权利。事实上，在最初的“病人自主权利法”草案[9] 当中是存在类似于“安宁缓和医疗条例”罚则规定的提议的，[10] 然后由于考

---

〔7〕“病人自主权利法”第2条：“本‘法’所称主管机关：在‘中央’为‘卫生福利部’；在直辖市为直辖市政府；在县（市）为县（市）政府。”

〔8〕在“病人自主权利法”第14条中规定：“前项各款应由二位具相关专科医师资格之医师确诊，并经缓和医疗团队至少二次照会确认。”相对应在“安宁缓和医疗条例”第7条中规定：“不施行心肺复苏术或维生医疗，应符合下列规定：一、应由二位医师诊断确为末期病人……前项第一款之医师，应具有相关专科医师资格。”

〔9〕此处所指为“病人自主权利法”（草案）第16条。参见我国台湾地区“立法院”：“院总第1155号，委员提案第17769号：‘病人自主权利法’草案”，载《立法院公报·立法院第8届第7会期第13次会议议案关系文书》。

〔10〕“安宁缓和医疗条例”第10条：“医师违反第七条规定者，处新台币六万元以上三十万元以下罚款，并得处一个月以上一年以下停业处分或废止其执业执照。”第11条：“医师违反第九条规定者，处新台币三万元以上十五万元以下罚款。”第12条：“本条例所定之罚款、停业及废止执业执照，由直辖市、县（市）主管机关处罚之。”

虑到本"法"立法目之一为促进医病关系和谐,[11]且相关事项的"法律"处罚可以适用"医疗法""安宁缓和医疗条例"等法律中的相关规定。因此,为了保持"立法"的协调性和简洁性,在该"法律"一读和委员会审查阶段即将草案中的罚则规定部分全部删除,按照其删除理由和后续的附带建议,相关人员违反该"法"的规定将会适用"医疗法""安宁缓和医疗条例"相关"法律"中的罚则条款进行处理,或者由主管机关制定行政命令(即行政规范)来进行规定。

正如该"法案"立"法"说明中所指出,"病人自主权利法"在"法律"结构上更为系统化、体系化,在内容上不仅仅涉及末期病人和预立医疗决定的订立和实施,同时还包括了其他涉及病人自主权利内容的"法律"规定。因而,在总体感观上,"病人自主权利法"属于一部"总括式"的病人自主权利立法。

(二)问题二的应对方法——专业知识的专门规定

作为专门性的医事立法,"病人自主权利法"体现出浓厚的专业性。譬如由于"病人自主权利法"的"立法"包含了对于预立医疗决定的规定,因此在对预立医疗决定主体的适格条件、预立医疗决定的方式和程序及其他关联方的权利义务进行明确规定以利于在法律的实施成为立法重点。由于此类规定涉及相应的医学状态的判断,因此大量涉及医学方面的专业知识的引入和适用。医学类知识的引入涉及了如何用法律专业术语对相应医疗知识进行法律化表达的问题,而对这些医学类知识的法律化表达精确与否,将会影响到"病人自主权利法"的在具体实践中的理解、解释与执行。

为了减少由于医学专门知识术语的模糊导致对该"法"整体理解出现偏差以及影响该法的体系性,在立"法"中通过第三条对该"法"的专用术语进行规定,对在该"法"中经常出现又可能产生理解分歧的专业

---

[11] "病人自主权利法"第1条:"为尊重病人医疗自主、保障其善终权益,促进医病关系和谐,特制定本法。"

属于进行了“法律”界定(如“维持生命治疗”“人工营养及流体喂养”等)。[12] 这种在“立法”中于总则性条文后界定“法律”中相关概念的方式,预期能够有效地减少了两种不同的专业知识之间的矛盾可能性,并且展现对此问题社会一般大众的重叠性共识,同时有助于该“法”在具体实施后的行政执法与司法审判中降低由于专业术语概念内涵和外延不明确所带来的行为成本。

(三)问题三的应对方法——具体实施细则的全面式授权与附条件实施的前置条款

由于“病人自主权利法”的“法律”条文仅共19条,基于“立法”过程中的清晰性原则以及“法律”条文制定的一般长度限制,即使其每一条文中包含多个款和项其在立法内容上亦是无法完全实现对所有相关权利义务和情景的详细列举,因而如何对“病人自主权利法”中相关“法律”条款制定实施细则的问题在该“法”制定过程中一直是讨论重点。[13]

基于医事类法律在施行中的操作专业性、适用对象特殊性、个案性以及相应医疗专业技术更新周期短而具有的时效性等特点,医疗行为

---

〔12〕“病人自主权利法”第3条:“本‘法’名词定义如下:一、维持生命治疗:指心肺复苏术、机械式维生系统、血液制品、为特定疾病而设之专门治疗、重度感染时所给予之抗生素等任何有可能延长病人生命之必要医疗措施。二、人工营养及流体喂养:指透过导管或其他侵入性措施喂养食物与水分。三、预立医疗决定:指事先立下之书面意思表示,指明处于特定临床条件时,希望接受或拒绝之维持生命治疗、人工营养及流体喂养或其他与医疗照护、善终等相关意愿之决定。四、意愿人:指以书面方式为预立医疗决定之人。五、医疗委任代理人:指接受意愿人书面委任,于意愿人意识昏迷或无法清楚表达意愿时,代理意愿人表达意愿之人。六、预立医疗照护咨商:指病人与医疗服务提供商、亲属或其他相关人士所进行之沟通过程,商讨当病人处于特定临床条件、意识昏迷或无法清楚表达意愿时,对病人应提供之适当照护方式以及病人得接受或拒绝之维持生命治疗与人工营养及流体喂养。七、缓和医疗:指为减轻或免除病人之生理、心理及灵性痛苦,施予缓解性、支持性之医疗照护,以增进其生活质量。”

〔13〕在为“病人自主权利法”草案修改而举行的四次党团协商会议上,均有对如何在该“法”通过后制定实施细则,以及何种内容应该在该“法”中规定而何种内容应该通过授权性规定交由主管行政机关通过行政命令(即行政法规等规范性文件)来制定进行过讨论。参见我国台湾地区“立法院”:《“立法院”第8届第8会期党团协商会议纪录》(2015年11月12日、11月19日),载《“立法院”公报·“立法院”委员会纪录》第104卷第98期。

及其效果必然具有不确定性和风险性，而此种医疗不确定性和风险性必然会与立法自身所具有的不确定性相互结合进而呈现出医疗立法的模糊化规定，反映到“病人自主权利法”的“立法”上就是对很多具体的内容无法进行完全的细则化。因此，该“法”经过公听会（即听证会）、多次党团协商讨论最后明确对于具体实施细则交由该“法”规定的台湾地区主管机关（台湾地区“卫生福利部”）进行后续“立法”规定。具体表现是该“法”第18条订立的授权性规定，其授权台湾地区主管机关通过行政命令的行政“立法”方式制定施行细则，〔14〕旨在使得该“法”的实施具备弹性以适应复杂的现实社会状况。同时为了监督相关标准制定和主管机关能够有效履行相应的“法律”授权，在党团协商后制定了《附带决议》，以此作为对接受授权的“主管机关”的“法律”监督的基础。〔15〕

另外在订立授权性规定同时，最终出台的“病人自主权利法”中还规定了实施该“法”的前置条件。〔16〕此种规定首先根源于作为社会立“法”的“病人自主权利法”自身特性，由于社会“立法”往往属于社会政策的法律化，因而在立“法”中通过弹性地规定社会法案的生效时间符合“病人自主权利法”的“法律”属性要求。〔17〕其次此规定直接源于该“法”制定过程中的反对意见。事实上，在该“法”草拟和听证会阶段即

〔14〕“病人自主权利法”第18条：“本‘法’施行细则，由‘中央’主管机构定之。”

〔15〕《附带决议》：“为保障病人自主与善终权利，同时兼顾医疗专业与伦理，‘卫生福利部’应于本‘法’通过后，针对第十四条第一项所列五款临床条件，其中（一）末期病人之判断，应在安宁缓和医疗条例的既有基础上，强化各专科末期病人之判断标准与程序；（二）不可逆转昏迷、永久植物人状态及极重度失智之判断，应由各相关医学会建立具体判断标准与程序；（三）第五款‘病人疾病状况或痛苦难以忍受’、‘疾病无法治愈’和‘无其他合适解决方法’之公告，‘卫生福利部’应请各医学会根据医疗专业与其所属领域病人之临床经验，会同缓和医疗专业团队，发展具体判断参考程序。”参见我国台湾地区“立法院”：《四十七、本“院”“社会”福利及卫生环境委员会报告审查委员杨玉欣等31人拟具〈病人自主权利法草案〉案》，载《“立法院”公报·“立法院”院会纪录》第104卷第98期第47条。

〔16〕“病人自主权利法”第19条：“本法自公布后三年施行。”

〔17〕江亮演、林胜义、林振裕：《社会政策与社会立法》，洪叶文化事业有限公司2004年版，第15～17页。

已经有群体表达了对该法的质疑和担忧。[18] 由于"病人自主权利法"在"立法"动因和"立法"内容上大量借鉴了国外经验，属于制度层面上的完全"法律"移植，其本土化需要时间和空间。因此"病人自主权利法"中所要求的医疗环境和"法律"环境的建立具有复杂性，其一方面要为主管机关建立具体实施制度提供时间和空间，同时亦为受该"法律"所调整的主体（病患及其家属、医师和医疗机构、相关主管机关、委托搭理人等）和社会大众需提供足够时间进行认识、学习和适应。

然而由于该"法"具有重要价值，因此在尊重行政机关对社会一般管理的权力同时设定了三年预备时期，以使公民权利能够尽快得到该"法"的保障。因此在对各相关方利益平衡的基础上，在最后公布的"法律"条文中，改变了最初提案第20条的具体施行时间由行政机关自行决定的规定，[19] 而在该"法"草案三读版本的相关立法说明指出"本'法'对医疗现况冲击至巨，需相当期间对医疗机构、医师及民众宣传熟悉，并审慎规划，以利推动"并代以最后公布版本第19条的"三年预备期"规定。[20]

（四）问题四的应对方法——尊重病人自主权与保护医疗机构与医师并重

在该"法"最初提案中曾明确指出该"法"是"为尊重病人医疗自主、保障其权益并维护医学伦理"而起草并进入"立法"程序，因而尊重病人自

〔18〕 如在2015年10月7日举行关于"病人自主权利法"的公听会中，我国台湾地区医师公会全台联合会的负责人质疑陈梦熊就曾指出："有不少的学会反映说，如果完全引用'国外'立法例及立法精神，适不适合台湾的地区情况、民情、传统家庭、习俗及风俗？这是在法规委员会之后讨论是大家最担心的部分……"从此可以发现对于该"法"的制定并非没有反对意见。参见我国台湾地区"立法院"：《"立法院"社会福利及卫生环境委员会举行〈病人自主权利法草案〉公听会会议纪录》，载《"立法院"公报·"立法院"委员会纪录》第104卷第65期。

〔19〕 "病人自主权利法"（草案）第20条："本法施行日期，有'行政院'定之。"参见我国台湾地区"立法院"：《院总第1155号，委员提案第17769号：〈病人自主权利法〉草案》，载《"立法院"公报·"立法院"第8届第7会期第13次会议议案关系文书》。

〔20〕 我国台湾地区"立法院"：《四十七、本"院"社会福利及卫生环境委员会报告审查委员杨玉欣等31人拟具〈病人自主权利法草案〉案》，载《"立法院"公报·"立法院"院会纪录》第104卷第98期第47条。

主权、保护病人自主权利毫无疑问是该“法”“立法”的首要目的。然而，由于病人自主权利的构建和实现是处于医疗法律关系的场域之中，病人自主权利的实现过程必然会与其他相关方的权利义务产生互动，因此如何界定各方的权利义务并且对各方合法权益进行调和成为“立法”过程中的重要争论点。

按照目前我国台湾地区“立法”程序，“病人自主权利法”的通过必须按照正常程序完成党团协商并经历三读程序，“立法”实践中重大“法”案往往经历多次党团协商并完成对“法律”案的基本订定。[21] 在“病人自主权利法”“立法”过程的多次党团协商中，该“法”第 14 条(原草案中第 13 条)由于对预立医疗决定订立后的实施条件进行规定(包含执行预立医疗决定时候病人所需要达到的临床条件、临床条件的审核主体和程序、医疗机构和医师的权利义务、医疗机构和医师执行预立医疗决定时候的免责条款及例外情形等的规定)，直接关系各方权利义务的分配问题而成为立法过程中各方关注最多、讨论最为激烈的条文。

在最初的提案文本中，相对应的第 13 条中对于医疗机构或医师执行预立医疗决定后的法律责任是没有直接规定的，而是另外通过第 16 条订立罚则来规定医疗机构或者医师不遵守第 13 条规定所承担的责任，同时在第 16 条规定上亦是采取反向列举的方式来规定医疗机构或者医师的责任，并且没有区分“法律”责任的种类。而此种规定虽然在随后举行的公听会(2015 年 10 月 7 日，即听证会)引发了听证参加人的争论，[22] 使得提案文本中与该条款相关联的第 16 条删

〔21〕 按照我国台湾地区的相关“法律”规定，一般“立法”必须经过三次审议阶段，而在第一次审议到第二次审议过程中会就重要问题进行党团协商。按照“法律”规定和实践中的惯例，党团协商形成的共识具有较强的“法律”约束力，而往往协商达成共识后提出的“法案”修订版本基本上会较少改动而被三读通过。参见罗传贤：“立法程序与技术”，五南图书出版股份有限公司 2012 年版，第 503 ~ 512 页。

〔22〕 参与主体不仅包括与“病人自主权利法”直接相关的病患及其代表人、相关的“立法院”“立法”委员、医疗机构和医师界联合组织的代表及主管机关的代表人(我国台湾地区“卫生福利部”部长或其代理人)，还包括在“法案”通过后施行过程中会关联到的“法务部”代表人和“司法院”代表人员。

除,而将第13条的相关内容交由党团协商环节修改。[23]

四次党团协商均围绕协商版本第13条进行讨论,尤其是该条文的最后一项,即关于医疗机构或者医师执行预立医疗规定后其"法律"责任的免责条件和承担条件。在第一、二次协商中对该项最为关注的是医界代表,因为此项内容实质上在界定医疗机构和医生在执行预立医疗决定中的"法律"责任问题,而医界的诉求则是只要执行则获得完全的"法律"责任免除。[24] 就医界观点而言,完全式的免责有利于化解目前医疗机构或者医师为病人提供有尊严的医疗协助时可能陷入违法的窘况,促使医疗机构或者医师在从事该行为时不存在顾虑,更好地协助病人自主权利的具体化。

在法律专业界代表来看,此种要求具有严重问题。首先,此种规定将会忽视"法律"条文所面对的社会生活实际,导致"法律"体制受到严重冲击,而一旦全面实现免责化,相应的制度成本将会从"立法"机构转移到"司法"机构,使得"司法"机构成为该"法"在实践中所产生问题的应对者、解决者和成本承担者。其次,此种要求入"法"将会对病患权利带来明显的隐形损害,在某种意义上否定了该"法"的"立法"目的。因此,医界的要求受到了"法"界代表的强烈反对,尤其是台湾地区"司法院"代表认为由于此种大范围的刑事和民事责任免责规定具有高道德风险性并忽视了具体时间情况,破坏整个法律体系结

〔23〕 我国台湾地区"立法院":《"立法院"第8届第8会期社会福利及卫生环境委员会第4次全体委员会议纪录》,载《"立法院"公报·委员会纪录》第104卷第67期;《院总第1155号,委员提案第17769号之一,"立法院"社会福利及卫生环境委员会函(审查报告)》,载《"立法院"公报·"立法院"第8届第8会期第12次会议议案关系文书》。

〔24〕 在第一次党团协商中,代表医疗界的委员苏清泉指出:"医界最关切的就是第十三条,其实我们的要求很简单,首先是所有行为都需注记在健保卡内,医界就凭卡办事,如果依照卡上的注记执行之后病人往生了,家属若有异议,医界不负民刑事之责任。"这实质上是医疗界基于其自身的利益而表达的诉求。参见我国台湾地区"立法院":《"立法院"第8届第8会期党团协商会议纪录》(2015年11月4日),载《"立法院"公报·"立法院"委员会纪录》第104卷第98期。

构和稳定。[25] 但是由于本"法"立"法"是由"立法院社会福利及卫生环境委员会"主导且参加"立法"的成员大多具有医界背景，加之来自社会各界在对该"法"的"立法"宣传中形成了对该"法"的社会普遍认识，使得本来对第13条设定免责规定此举表示不赞同的法界群体(台湾地区"法务部"和"司法院")最后只能够作出让步并接受来自医界的要求。[26]

从围绕第14条所进行立"法"过程可以发现，该"法"虽然冠以"病人自主权利法"之名并且以保护病人的自主权利为"立法"主要目的，但在"立法"过程中被关注且讨论最多的并非病人自主权利的内涵外延的界定或如何落实，而是围绕病人自主权利的落实而展开的相关医疗机构或者医师及关系人在其中的权利义务边界。而多次讨论所围绕的各方权利义务边界的设定问题，展现了在病人自主权利实现过程中不同利益方各自所进行的利益最大化表达和实践，而"病人自主权利法"的"立法"目的亦从单一的保护病人医疗自主权益保护转向了双重保护，即在保护病患自主权利的同时让医师和医疗机构受到"法律""百分

〔25〕 作为回应医疗界代表的全面免责要求，"司法院"代表陈丽玲法官指出："'司法院'基本上不同意订定第十三条第四项免责条款，因为刑事责任的判断，除了阻却违'法'外，另外还有医师主观、故意过失的部分，这部分就涉及道德风险问题。也就是说，如果不去区分医师的主观意见，仅凭借着他是按照第十三条所定程序为之即一概免除其刑事责任的话，当遇到医师或病人出现一些比较不适当的行为时，比如实务上发生过的为了领取保险金而做一些比较不当的处置等，此时是否应免除其刑事责任，其实是有争议的。所以是否应依其外观行为的符合就免除刑事责任，似应再做斟酌。至于民事责任，除了侵权行为外，还有契约责任，这部份可能不能单用符于'法律'规定就加以排除，如果这样规定，对'法律'体系的健全会造成很大的冲击。"参见我国台湾地区"立法院"：《"立法院"第8届第8会期党团协商会议纪录》(2015年11月4日)，《"立法院"公报·"立法院"委员会纪录》第104卷第98期。

〔26〕 即在行政责任上尊重主管机构的规定而免除行政责任；在刑事责任免除的问题上，则按照医界的强烈要求将本来可直接适用而进行免责的我国台湾地区"刑法"第21条条文的立法精神重复规定在"病人自主权利法"第14条中；在民事责任的分配问题上，则在接受医界明确除外责任条件的情况下保留了一般的归责原则。

百”的保护。[27]

四、“病人自主权利法”“立法”经验的价值与反思

我国台湾地区“病人自主权利法”旨在为病人自主权利提供系统化的法律保护，并保护尊重病人自主权利的医疗机构或医师使其免受法律惩罚。与台湾地区对医患关系中的病人自主权利保护程度相比，大陆病人自主权利虽然存在一定立法保护，然而大多集中在病人的知情同意权及其衍生权利的讨论，没有对病人自主权利进行立法系统化，更遑论实定法上的系统建构与实践。然而在目前医患矛盾激化的环境下，对于病人自主权利法律保护的讨论和制度建构已成不可回避的话题。因此，结合台湾地区在此方面的“立法”经验和成果，从“立法”的政策需要、“立法”的本土化调适及“立法”的技术与程序反思三个方面来讨论未来大陆病人自主权利专门立法保护的相关问题具有重要意义。

（一）立法的政策需要——医患关系中急需界定的权利与义务

从我国台湾地区制定“病人自主权立法”的立法过程可以发现，该“法”的“立法”很大程度上受到社会环境状况及“立法”者的“立法”政策需要判断决定的影响，具有深厚的社会需求基础。虽然我国台湾地区在制定“病人自主权利法”前已经在相关医事类“立法”中对病人自主权利进行过分布式的法律保护，但是这些“法律”规定目前已经无法适用当地现实需要，所以“病人自主权利法”在草拟时已具有一定的社

〔27〕“病人自主权利法”第一提案人杨玉欣在主持该“法”立“法”听证会（2015 年 10 月 7 日）时候指出：“本‘法’有两个重点，一个是病人自主意愿的表达与贯彻。且这个意愿不只在其意识清醒时能表达，甚至在其失去意识时，也能表达、尊重并贯彻。另一个是医师要受到百分之百的法律保障。”类似的表达还出现在后来就该法的第二次、第三次党团协商的讨论中。具体可参见我国台湾地区“立法院”：《“立法院”社会福利及卫生环境委员会举行〈病人自主权利法草案〉公听会会议纪录》，载《“立法院”公报·“立法院”委员会纪录》第 104 卷第 65 期；我国台湾地区“立法院”：《“立法院”第 8 届第 8 会期党团协商会议纪录》（2015 年 11 月 4 日、11 月 12 日），载《“立法院”公报·“立法院”委员会纪录》第 104 卷第 98 期。

会基础并形成一定程度的"重叠共识"。因此在该"法"立"法"的过程中,虽然会出现利益相关主体的不同利益诉求分歧而导致立法陷入僵局,但却并不影响其最终的出台。[28] 相比于我国台湾地区建立在渐进式基础上的"病人自主权利法",大陆目前并没有对于病人自主权利的专门性"立法"。相应涉及关于病人自主权利的"法律"规定亦较少,而已经进行"法律"规定的条文在其内容上主要集中对病人知情同意权的保护,且散见于"执业医师法"[29] 等几部"法律"中,在保护的内容范围和体系化程度上有很大的提升空间。

恰如上文所述,我国台湾地区的"病人自主权利法"虽然冠以病人之名,实质上是一部围绕病人自主权利保护而展开的界定医患关系中病患与医疗机构或医师及关系人各自权利义务的专门性"法律"文件。目前,大陆医患关系矛盾激化的一个关键原因在于对病患、医师或医疗机构及其他关系人各自之间的权利义务关系的"法律"界定存在模糊状态,导致医疗行为关系中的各方在行为中出现权利滥用或者义务缺失等问题。[30] 因此,来自我国台湾地区的渐进式"立法"经验可以成为未来大陆在病人自主权利保护"立法"方面的借鉴经验,即

---

〔28〕"病人自主权利法"第一提案人杨玉欣的办公室顾问孙效智在该法"立法听证会"(2015年10月7日)时候指出:"本杨玉欣委员一开始放的照片,就是在北中南举办的会议,这3场几乎都是快上千人参加,当赵可式老师解释完这个'法'的基本精神之后问大家意见,几乎是全场都认同,再加上天下杂志的调查,我们实在很难说台湾地区的'国情'和'国外'不同",其事实上指出了在"立法"当时社会已经形成了共识。类似的看法亦出现于当日参加会议的台湾医疗改革基金会董事杨秀仪等人的发言中。具体可参见我国台湾地区"立法院":"'立法院'社会福利及卫生环境委员会举行〈病人自主权利法草案〉公听会会议纪录",载"'立法院'公报·"立法院"委员会纪录"第104卷第65期。

〔29〕参见《中华人民共和国执业医师法》第26条:"医师应当如实向患者或者其家属介绍病情,但应注意避免对患者产生不利后果。医师进行实验性临床医疗,应当经医院批准并征得患者本人或者其家属同意。"

〔30〕学界关于医患矛盾激化的原因的研究已经有较多成果,且不少研究成果均注意到了笔者所指出的这个问题在医患关系走向中的重要影响。参见冯俊敏、李玉明、韩晨光、徐磊、段力萨:《418篇医疗纠纷文献回顾性分析》,载《中国医院管理》2013年第9期,第77~79页;高晓飞、周维燕、孙忠河:《我国医疗纠纷原因的Meta分析》,载《中国医药导报》2012年第6期,第160~163页。

通过先在分散的相关“法律”中制定相关条款作为基础进行适用,然后再适时制定对病人自主权利的专门系统性“法律”文件,达到对医患关系中各方权利义务的清楚界定以实现病患关系的和谐。

(二)立法的本土化调适——大陆立法的社会环境制约

毫无疑问,病人自主权利的立法实质上是以保护及改进社会某些具有特殊需要的群体利益或者社会的一般福利为目标,因而属于社会立法的范畴。[31] 由于法律是社会福利的产物,其立法必须与既存的社会文化和法律原则相适应,因而社会立法一般必须适应社会文化和普遍被接受的发展模式。[32] 在我国台湾地区制定“病人自主权利法”的过程中,亦有不少群体认为该“法”在“法律”条文内容和“立法”指导精神上有悖于台湾地区的民俗、传统和社会伦理,但是由于大多数社会精英的支持以及社会上数量较多的群众的理解、认可和支持,使得该“法”在社会文化上具有被接受的可能性。目前,大陆在相应法律议题上尚未形成较大范围的社会共识,尤其是病人自主权利法律保护方面所涉及的病人拒绝治疗的权利以及预立医疗决定的订立与执行产生的结果如何进行法律评价在大陆仍存在较大的分歧,这实际上使大陆出台相类似的专门性法律遇到了一定社会环境制约。

目前,大陆对于医患关系的法律认知理解处于从父权模式向商议模式转化的过程中,因此社会大多数群众对于生命和医患关系的理解大多属于传统型,即大多认同“好死不如赖活着”的生命价值观和医生对于患者具有家长式的照顾义务。这种对于生命价值观的传统理解,使得部分群众视个人行使放弃治疗权利为一种对家长和家族的不负责任,因而对“病人自主权利法”等类似“法律”中所表达的生命价值理念产生或明或隐地不认可。此种对于生命价值观的传统型理解配合医患

---

〔31〕 江亮演、林胜义、林振裕:《社会政策与社会立法》,洪叶文化事业有限公司2004年版,第6~10页。

〔32〕 江亮演、林胜义、林振裕:《社会政策与社会立法》,洪叶文化事业有限公司2004年版,第12~13页。

关系的父权模式认知使得“病人自主权利法”所表达出来的对病患自主权利的尊重、对医患关系商议模式的肯定等价值观念在大陆社会被接受的程度和范围受到了约束。因此,如何在社会文化观念上使得社会大多数群众能接纳病人对于自身生命选择和自主成为了重要环节。否则即使借鉴国外成果、参考我国台湾地区的“立法”经验在大陆出台对于病人自主权利的专门性法律,其亦会因为本土化困难而成“书本上的法律”。

(三)立法的技术与程序反思——构建平等协商的立法环境

立法一般不是由某一立法主体孤立进行的,而是在一定机关、组织和人员的主持、参与或发生关系过程中完成的。[33] 因此在立法中必然会出现多种利益诉求及不同专业知识之间的就某具体问题产生分歧乃至冲突,而如何协调此类问题决定了立法的最后结果。要有效协调不同主体之间的利益,实现不同利益之间地平衡妥协以达到立法目的实现,则需要借助于有效的立法技术和公正公平的立法程序来实现。

从“病人自主权利法”的“立法”过程可以发现,来自医界的代表成为了该“法”立“法”中的主导群体,主导了该部立“法”的相关条文(尤其是重要条文如第 14 条)的订立。虽然作为本“法”应优先保护的病患群体其相关权利义务在最后公布的“法律”中受到了强调和保护,然而不可否认的情况是医界基于自身利益考虑而在相关问题上把其偏好的意志贯彻到“法律”中,此种行为最明显的是该“法”第 14 条内容的确立。在该条款制定过程中,本身基于专业知识和实践而拥有权威性的法界(我国台湾地区“法务部”和“司法院”)却最终接受来自医界关于免责条款订立的强势要求,如前者提出为避免重复而可以省略规定的内容的建议被医界代表和主导立法的“立法委员”所否决,由此可以发现在该“法”立“法”过程中出现利益平衡问题及不同专业知识之间如何调和的矛盾。

---

〔33〕 周旺生:《立法论》,北京大学出版社 1994 年版,第 279 ~ 282 页。

此种偏差和竞争状况所带来的负面影响由于该“法”尚未正式施行而尚未知晓，但是其本身对于“法律”体系的冲击在理论上是存在的。[34] 而这种状况和可能带来的负面影响所产生的原因在于该“法”立“法”过程中在程序并没有达到完全的公平（如“立法”提案和党团协商中占主导的是具有医界背景的“立法委员”），在“立法”技术上没有为有效平衡不同群体的利益提供机会（如该“法”立“法”过程中仅有来自医界和病患联合群体的草案版本，而没有法界和行政机关界的草案版本）。因此，无论是从学术研究角度抑或未来立法实务角度来讲，大陆都应该未雨绸缪做好立法技术和立法程序上的准备，以公平正义地回应大陆对于病人自主权利和医患关系和谐化的相关立法诉求，实现对医患关系中病患和医疗机构或医务人员的权利义务公平公正地界定，进而有效保护病人的自主权利和人格权利。

（责任编辑：杨　彪）

〔34〕 具体内容可以参见本文的第三部分中的相关内容。

《消费者权益保护法》立法的经济分析

——以惩罚性赔偿制度为例展开

杜明强*

目　次

* 杜明强，中山大学法学院2014级博士研究生。

摘要：立法作为一种法的创制活动，为人们未来行为以规则形式确定某种预期，对人们权利义务关系的配置有着重要影响。《消费者权益保护法》的立法更是直接关乎我们生活点滴，然因该法的制度设计不重视法律和经济的内在联系，忽略经济学原理对立法的指导作用，淡化立法行为本身的经济属性，导致其立法目的难以实现。故应改进《消费者权益保护法》立法理念，注重法律制度设计与实施的成本效益，重视立法的均衡分析。在具体规范层面，应当扩展消费者概念的范围，建立专业打假制度，以促进惩罚性赔偿制度的立法完善，进而实现其立法效益的最大化。

关键字：立法；成本；效益；均衡；惩罚性赔偿

一、引言

《消费者权益保护法》自1993年在我国大地诞生时起，便发挥着保护消费者合法权益和维护交易秩序的重要作用。同时，立法领域中部分理论和实践问题的研究也成为学界关注的焦点，如《消费者权益保护法》率先确立的惩罚性赔偿制度，可谓是我国立法史上的重大创新，对消费者权益保护和探寻新的立法价值取向都功不可没。《消费者权益保护法》的出台也体现了国家和社会对基本人权、秩序、公平、效益的关注。但在我国，有关《消费者权益保护法》的立法理论研究多以传统民事立法理论为依托，倾向于过度追求公平正义价值，过分强调权利义务的配置，而忽略了法律本身也是一种稀缺资源的经济特征，从而也缺乏对法的效率价值的重视。《消费者权益保护法》立法也未充分注重法律与经济学理论的内在联系，导致在长时间内《消费者权益保护法》也效仿其他法律与经济学的"不往来"，这就凸显出《消费者权益保护法》固守传统民法立法方法和研究思路的某种局限性和保守性。在《消费者权益保护法》立法制度设计和研究过程中存在的上述问题，最终将会直接影响其立法价值和目的的实现，更不利于民事法律制度的整体发展和完善。为此，本文拟以《消费者权益保护法》确立的惩罚性赔偿制度为例，运用相关经济学理论和方法去分析其立法制度设计，希冀能为我国民事立法制度的改善提供参考，使之最终能有助益于具体司法实践，以促进立法效益价值的实现。

二、我国《消费者权益保护法》立法的经验与反思

（一）基本经验

综观我国保护消费者领域的立法，1993 年《消费者权益保护法》的制定固然顺应了当时市场经济的发展需求。但随着我国消费方式、消费结构和消费理念的改变，消费领域的新问题不断涌现出来，《消费者权益保护法》因此只能与时俱进，于 2013 年再次修订并完善了相应的法律制度。总结而言，《消费者权益保护法》的立法有如下经验：

一是立法基本做到了与社会经济发展相适应。《消费者权益保护法》无疑是市场经济的产物，它既坚持以社会主义的基本经济制度为导向来设计法律制度，又顺应我国经济发展的新要求；其中法律条文的设计和概念的使用以贴近民众生活为目标，以保护消费者合法权益为己任，发挥了其应有的功效。二是注重借鉴域外先进立法经验。如在立法中引入英美法系的惩罚性赔偿制度，并加入我国的本土化因素，基本符合我国改革开放后立法规律。三是实行民主立法。无论是 1993 年《消费者权益保护法》的制定还是 2013 年的修改，都经由法学专家全程参与，通过反复论证和修改，并在公开广泛征求各方意见的基础上完成立法，可算是集体智慧的成果。

（二）立法制度设计的反思

尽管《消费者权益保护法》立法成就显著，但仍有不足之处，某些不科学的立法制度设计导致法律效果不显著。概言之，其缺陷主要表现为：

第一，部分法律制度设计与市场经济的运行规律相脱节，立法者忽略了经济学原理在立法中的指导作用。由于《消费者权益保护法》立法的指导思想、价值取向深受传统民事立法的影响，致使某些制度在适用时并不得心应手。传统民事立法多强调民事权益的保护，重视权利义

务责任的配置,轻视法律与经济之间存在的本质的固有的联系。立法需以法律适用为风向标,注重制度设计的可操作性。一部法律的出台并不能直接保证人们社会生活的有序运行,其立法目的也未必能完全实现。就《消费者权益保护法》来看,1993年在制定时就确立了"退一赔一"制度,[1]其意在更好地保护消费者权益,打击制假售价等商业欺诈行为。时隔20年,假货在我国依然生命力旺盛。于是,2013年再度修改《消费者权益保护法》,其中第55条更是重拳出击制裁商业欺诈行为,进一步改进惩罚性赔偿制度,将原来的"退一赔一"提高到"退一赔三",且规定了赔偿额最低500元的保底条款。[2] 可见,立法者的天平一直都在向消费者倾斜,重视其权益保护。但实际上,该制度并未能从根本上解决商业欺诈的问题,也使该法律在某种程度上还是"纸上的法"。究其原因,在于《消费者权益保护法》立法中未能充分重视法律的经济理性,因此尽管规定了惩罚性赔偿制度,消费者的实体权益保护也困难重重。

第二,不注重立法行为本身的经济属性,忽视立法制度设计的成本效益分析。《消费者权益保护法》确立的各种法律制度,其本身也是具有效益的。因此,对其立法制度设计进行成本效益分析,实为必要。详言之,在立法前,可以运用经济理论为其提供理由;立法后,可采经济学方法来评价立法的效果,以决定应对策略。因为法律经济学强调以经济学中的"效率"为核心衡量标准,以"成本—收益"及财富最大化方法作为基本分析工具来研究法律问题。自始至终把效率作为法律的基本价值目标和评价标准,立法、执法和司法都要有利于

---

〔1〕 1993年《消费者权益保护法》第49条:"经营者提供商品或者服务有欺诈行为的,应当按照消费者的要求增加赔偿其受到的损失,增加赔偿的金额为消费者购买商品的价款或者接受服务的一倍"。

〔2〕 2013年新《消费者权益保护法》第55条:"经营者提供商品或者服务有欺诈行为的,应当按照消费者的要求增加赔偿其受到的损失,增加赔偿的金额为消费者购买商品的价款或者接受服务的三倍;增加赔偿的金额不足五百元的,为五百元。法律另有规定的,依照其规定。"

社会资源配置和社会财富的增值，尽量减少社会成本。〔3〕诚如波斯纳所言："法院和立法机关更明确地运用经济理论会使法律制度得到改善。"〔4〕可见，经济理论和经济分析方法对立法有积极引导作用。而就我国《消费者权益保护法》立法而言，立法者在制度设计时较少考虑相关的立法成本和法律实施成本，更少注重法律制度的效益，导致在《消费者权益保护法》立法领域出现高成本，低效益、多法律漏洞的现象普遍存在，某些制度设计也不接地气。

第三，《消费者权益保护法》立法制度设计缺乏均衡分析，对相关主体概念的界定过于僵化，与其他法律的界限也难为清晰，有碍于消法功能的实现。《消费者权益保护法》在立法中笼统的规定"商品""服务""消费者""经营者"等概念，并无明确的定义，致使这些概念在司法实践中的适用范围难以确定。这种以列举式的条文来规定消费者的权利，其有限的权利列举难以切实保护消费者权益。这种立法例在民事立法领域并不少见，无形中增加了法律适用的成本，也是立法资源的浪费，难以保证法律最强的可操作性。此外，《消费者权益保护法》只是僵硬地引进惩罚性赔偿制度，在该设计制度时并没有将其放在整个法律责任体系中去权衡利弊，没有充分重视消法与其他部门法的联系。

可见，《消费者权益保护法》的立法不能完全依靠传统民事立法的概念法学思维，而是应该重视各种社会因素、人的因素和经济因素对立法的影响，注重对立法中价值判断问题如何选择的研究。〔5〕立法是对利益重新分配的过程，尤其是正处在社会转型时期的立法，利益主体多元，诉求多样，社会大众都期盼立法能实现自己的利益诉求，导致立法者很难在立法过程中抉择。正如川岛武宜所言："在社会、经济、政治生活蕴含着各种各样的矛盾并急剧变化的时代，要想高效率地构筑概念

---

〔3〕李霞：《波斯纳：法律的经济分析》，黑龙江大学出版社2009年版，第44页。

〔4〕［美］理查德·波斯纳：《法律的经济分析》，蒋兆康译，中国大百科全书出版社1997年版，第2页。

〔5〕李莉：《民事立法方法的一种新进路》，载《政法论丛》2011年第12期，第55页。

和逻辑体系,以使立法和审判得以迅速地依据新的社会关系、新的价值观念、新的价值体系做出新的价值判断绝非易事。"〔6〕因此,《消费者权益保护法》立法需注重平衡生产者、经营者与消费者之间的利益,突破传统民事立法的保守主义,借鉴法经济学的实证分析法、成本效益理论等经济学理论去分析和构建法律制度,方能克服法律制度设计的缺陷,实现良好的法律效果;进而间接促进民事立法方法的改进和拓宽民事立法的视野,使制定出来的法律得以有效施行。

三、《消费者权益保护法》立法的经济分析思路——以第55条规定的"惩罚性赔偿制度"为例展开

法律经济学主要关注"动态的法律",〔7〕即法律关系的当事人,为了立法和法律适用在社会经济生活中表现的理性选择行为。具有开放式研究的特点,重视法律实践,强调书本上的法与行动中的法之间高度统一、应然与实然恰当结合,即在注重分析法的实施和法的实效的基础上,如何制定出有效率的法规。〔8〕《消费者权益保护法》为人们的生活法,为消费活动提供基本准则,在其立法中运用经济分析方法有助于立法者更好地认识人们的行为,进而制定出可供人们进行理性选择的法律规则。能否为社会提供一个体现公平正义、人文关怀以及交易安全的法律机制固然成为《消费者权益保护法》立法的评价标准。法律制度在本质上应该体现关怀弱者利益的,故我国《消费者权益保护法》立法设计时确立了惩罚性赔偿制度,以更好地保护消费者权益,强制交易双方服从法律。立法者的出发点虽好,但很难实现该制度的预期。究其原因,从法律经济学的视角来看,是由于立法者在制度设计时欠缺对深

〔6〕[日]川岛武宜:《现代化与法》,申政武、王志安等译,中国政法大学出版社2000年版,第278页。

〔7〕所谓"动态的法律",是指"行动中的法",即法的运行,包括法的实施与法的实现;与之对应的"静态的法律",则是指"书本中的法",即立法机关颁布、刊载在法典等法律文件中法律规则和条文。

〔8〕周林彬:《法律经济学:中国的理论与实践》,北京大学出版社2009年版,第28页。

藏于该法律制度背后的经济逻辑和法律效益得失的分析,因为“立法应当以效益作为分配社会资源的标准”已是法学家的口号和政府制定政策的原则。[9] 因此,立法制度的设计越来越离不开经济学理论的指导。下文将运用经济分析方法对惩罚性赔偿制度的立法目的、功能进行全面剖析,试图探索出该制度设计的新进路,进而为《消费者权益保护法》立法的改进提供一定的参考。

(一)惩罚性赔偿制度的立法目的分析

在大陆法系民法领域,民事责任的承担必须以填补损害为必要,也即“无损害无赔偿”。我国民事责任承担规则也不例外。从理论上讲,《消费者权益保护法》可归为一种民事特别法,理应遵循民法的相关理论,但《消费者权益保护法》中的惩罚性赔偿制度似乎违背了传统民事责任的承担规则,除填补损害外还有惩罚性赔偿责任。事实上,通过该制度确立的利益激励机制,可以鼓励消费者同违法经营者作斗争,从根本上杜绝假冒伪劣行为。同时督促商家诚信经营,否则将承担加重的责任为代价。从这个意义上来讲,该制度也能对维护市场秩序和督促商家诚信经营起到保驾护航的作用。[10] 可见,惩罚性赔偿制度同民事责任的相关规则并不相悖。

目前学界对惩罚性赔偿制度的立法目的存有争议,多数人认为是鼓励打假,制裁制假售假。也有人认为是惩罚和威慑,即通过惩罚生产经营者的欺诈行为,威慑并防止以后在发生类似情况。至于鼓励消费者打假的目的,亦服从于威慑目的。[11] 但在实践中,经营者弄虚作假、制假贩假的行为并非因为惩罚性赔偿制度而中止,如“三聚氰胺奶粉”“地沟油”“苏丹红”等食品安全事件时有发生,这在损害消费者的合法权益和生命健康安全的同时,也破坏了市场诚信秩序。为了加强对消

〔9〕 苏一星:《西方法律思想简史》,中国社会科学出版社2002年版,第295页。

〔10〕 关淑芳:《惩罚性赔偿制度研究》,中国人民公安大学出版社2008年版,第180页。

〔11〕 王立峰:《论惩罚性损害赔偿》,载梁慧星主编:《民商法论丛》(第15卷),法律出版社2000年版,第105页。

费者权益的保护和打击惩罚经营者的恶意欺诈行为，新《消费者权益保护法》第55条呼之欲出，立法者意图通过提高惩罚性赔偿金额，进而加大对欺诈行为的打击力度。[12] 这说明该制度的具有惩罚、威慑、预防之目的。

由此观之，立法者在该制度设计上严格遵循权利义务配置的规则，过分强调法律的逻辑自恰，期待能以不变应万变。《消费者权益保护法》引入惩罚性赔偿之本意是保护普通消费者权益，但当出现了“王海式”的聪明消费者利用该规则去牟利时，[13] 就给立法和法律适用提出了新挑战，这种以打假为牟利的手段是否符合立法目的，从此“知假买假”行为成为法学界讨论的焦点。最初制定《消费者权益保护法》时确实没有遇到此情况，对其未作规定，以至于实践中出现同案不同判现象。2013年修法时立法机关对此问题采回避态度，法律适用仍然缺乏统一标准。这种传统保守式立法模式间接导致了立法的低效率和出现法律漏洞带来的高成本，法律与社会经济关系的不一致性便在此凸显出来。可以说，尽管《消费者权益保护法》确立惩罚性赔偿制度至今已有20余年，其立法目的并未真正得以实现。

从法经济学视角来看，各种法律对人们行为产生影响的主要因素是交易成本，立法的目的就是为交易各方提供激励约束机制，降低交易过程中的不确定性，通过合理的制度安排减少交易成本，促成交易；同时，法律制度通过预先的规则设置，给交易各方提供其行为成本和收益的比较值，以便使交易各方决定是否进行交易和怎样交易。[14] 就惩罚性赔偿制度而言，法经济学关注的是其制度设计是否有利于为经营者和消费者创造激励约束机制，立法时是否考量该制度可能产生的成本

---

[12] 何山主编：《〈中华人民共和国消费者权益保护法〉释义及适用指南》，中国民主法制出版社2013年版，第184页。

[13] 自1994年《消费者权益保护法》实施以来，我国出现了“王海”式的消费者，他们尝试从“不知假买假→疑假买假→知假买假”，以获双倍赔偿，由此引发了社会各界的大讨论。

[14] 任尔昕：《我国商事立法的经济分析》，载《甘肃政法学院学报》2001年第2期，第47页。

和效益，以及该制度能否实现效益最大化等问题。如果在立法制度设计时借助和参考经济分析方法，则可更好地检验法律规则的实践效果，也可为法律制度设计的科学与否提供一个可以具体量化的标准。从惩罚性赔偿制度在防止滥用合同权利和保护市场交易中相对弱小一方消费者利益来看，该法律设计具有法理上的合理性。此外，该制度作为《消费者权益保护法》中的特色规范，在设计制度时也应考虑到是否符合经济效益，因为经济效益可以作为推动法律发展的潜在力量。

（二）惩罚性赔偿制度的功能分析

1. 理论分析

法律规范本身具有可预测性和强制性，从这个角度来讲，《消费者权益保护法》第55条规定惩罚性赔偿制度具有预防功能。法经济学更注重强调是否赔偿、赔偿可能产生的对相关因素的激励作用以及未来预防的损失，而不是对过去损失的填补。[15] 而惩罚性赔偿意在惩罚不良经营者和赔偿消费者，兼具补偿和惩罚的双重性。制度的功能和目的多有重合之处，就惩罚性赔偿制度的功能而言，学界对其颇有争议。有人认为该制度具有赔偿、制裁、遏制三种功能。从经济学的角度来看，还可以鼓励受害人为获得赔偿金而起诉，揭露不法行为并对其予以遏制。[16] 也有人认为惩罚性赔偿功能包括补偿、惩罚、威胁和激励。[17]

惩罚性赔偿功能之所以呈多元化，是因为该制度虽然是加害人向被害人承担的民事赔偿，但其通常被认为是一种介乎于刑事和民事之间的混合制度，[18] 故其功能和刑事罚类似，具有惩罚加害人的功能。当然，《消费者权益保护法》中的惩罚性赔偿责任本质上还是一种民事责

〔15〕 李珂、冯玉军：《惩罚性赔偿制度的法经济学分析——兼论中国〈消法〉第49条的法律适用》，载《首都师范大学学报》2005年第4期，第44页。

〔16〕 王利明：《惩罚性赔偿研究》，载《中国社会科学》2000年第4期，第115～116页。

〔17〕 王雪琴：《惩罚性赔偿制度研究》，载梁慧星主编：《民商法论丛》（第20卷），金桥文化出版有限公司2001年版，第129页。

〔18〕 林德瑞：《论惩罚性赔偿金可保性之法律争议》，载《中正大学法学集刊》1999年第2期。

任,其功能更多在于赔偿和惩罚,又兼具预防和激励作用。因消费者和经营者在交易过程中存在实质性的地位差异,即消费者的弱势地位和经营者的强势地位,致使立法者作出了抑制经营者、保护消费者的立法选择。具体表现为《消费者权益保护法》在权利义务分配上采取一边倒的办法——倾向于赋予消费者更多的权利,给经营者增加更多的义务和责任。这种立法制度设计在形式上似乎更有利于保护消费者的利益,有违法律的公平价值。对于不良经营者而言,既要等价赔偿消费者的损失,又要支付额外的赔偿金。消费者除了获得与其损失相当的补偿外,还可以获得意外之财,即来自经营者的惩罚性赔偿金。依《消费者权益保护法》第55条之规定,消费者不但可以获得最低赔偿金额,还有可能免于承担其所受损失的举证责任。

事实上,惩罚性赔偿也极大地提高了经营者的违法成本,也即增加其可能承受更高的欺诈成本的风险。从理论上讲,如果经营者在经营过程中实施欺诈行为,则会增加其承担民事责任、行政责任甚至是刑事责任风险的可能性,同时也包括对消费者承担惩罚性赔偿金的风险。相较于行政责任、刑事责任而言,这种承担惩罚性赔偿责任的风险更大。也就是说,通过消费者行使权利而导致经营者承担责任的形式更容易被实现。因为在发生纠纷后,经营者和消费者之间的利益呈对抗状态,消费者可依《消费者权益保护法》第55条获得损失额三倍的收益,他们在维权时还能获得心灵的满足感,符合其本身的利益。因此,法律对经营者的违法行为确定了三种具体的责任形式,虽可被看做对经营者行为的外在威胁,但《消费者权益保护法》中的惩罚性赔偿责任更是对违法经营者的一种更强有力的"威胁",[19]立法者意在建构这种威胁以促进经营者自律、诚信及遵守公平交易原则。此外,惩罚性赔偿责任与其他法律责任相比,其实现成本最低,但这需以良好的司法制度为前

---

〔19〕 应飞虎:《知假买假行为适用惩罚性赔偿的思考》,载《中国法学》2004年第4期,第115页。

提。这种法律责任的实现只需以公权做后盾而不直接依赖于公权。只有这样,消费者与经营者在惩罚性赔偿适用的问题上才有可能进行直接的交易,如此便大大降低了公权介入时的交易成本。《消费者权益保护法》第55条的立法目的不仅仅在于惩罚违法经营者和赔偿消费者,而更多地在于通过该制度设计去规范市场交易行为的良性发展,进而维护社会经济秩序。因此,惩罚性赔偿制度最大的功能优势也就在于通过赔偿加惩罚的路径对市场的有序作出贡献。

2. 实证分析

尽管惩罚性赔偿制度意在保护消费者权益,规范市场交易秩序,其制度设计的初衷可谓让人称赞,那么其功能是否得以实现?为此,笔者设计了一个围绕《消费者权益保护法》的适用为主题调查问卷,共计12项内容,试图以此来检验一下在新《消费者权益保护法》时代消费者对自身权益的重视程度及该法第55条的实际效果。其中调查对象为广州大学城的法学院学生(第一组)和普通民众(第二组),每组100人。收到的调查结果统计表如下:

组别 \ 答案 / 问题 \ 答卷人数	答案	第一组(100人)	第二组(100人)
1. 您是否知道我国有《消费者权益保护法》?	知道	100	43
	不知道	0	57
2. 您在购买商品或服务中是否有遭受合法权益的侵害经历?	偶尔	60	49
	经常	8	23
	从来没有	7	6
	不清楚	25	22
3. 您合法权益受侵害时是否要求赔偿或补偿?	有过	36	29
	没有	64	71

续表

答案 组别 答卷人数 问题	答案	第一组（100人）	第二组（100人）
4. 您被侵权时如何保护自己的权益？	自认倒霉，忍一忍算了	6	16
	与商家直接协商	62	68
	向媒体投诉进行曝光	13	5
	向消协投诉，请求调解	15	9
	直接到法院起诉	4	2
5. 您认为采取法律途径维权的最大困难是什么？	耗费金钱，维权成本高	92	68
	不熟悉相关法律法规	3	29
	没有困难	5	3
6. 您在交易过程中是否受过欺诈？	有	53	47
	可能有	39	51
	没有	8	2
7. 您是否了解2013年新《消费者权益保护法》第55条的内容？	了解	91	13
	不了解	9	87
8. 您是否会为买到10元的假货而去走法律途径向商家索赔500元？	会	89	78
	不会	11	22
9. 您是否曾用《消费者权益保护法》来维护过自己的权益？	有过	73	35
	没有	27	65
10. 您认为《消费者权益保护法》实施后消费者维权意识有提高吗？	有维权意识上的提高	36	31
	维权成功仍有很大难度	51	62
	维权手段多样化	13	7
11. 您认为加大对违法经营者的惩罚力度能减少生活中的假冒伪劣产品吗？	能	41	28
	不能	37	47
	可能会	12	25

续表

问题 \ 组别 \ 答案 \ 答卷人数	答案	第一组（100人）	第二组（100人）
12. 您认为《消费者权益保护法》能否真正保护消费者的合法权益？	能	29	13
	不能	51	69
	不知道	20	18

由于受访群体的有限性，上述问卷调查自然不能完全代表《消费者权益保护法》的整体适用状况，但也能从局部检验一下该法的立法效果，也可以间接反映出部分消费者的维权意识、维权障碍和法治信仰。《消费者权益保护法》在实践中至少还存在不为人知的现象（如问题1所示），第55条规定的惩罚性赔偿制度更是如此（见问题7）。不知有消法者很难以产生“依法维权”的意识。在第二组中，占57%的民众对《消费者权益保护法》的无知，这一方面说明我国立法的宣传和推广力度不够，另一方面也间接反映了部分民众的法治意识不强。如果立法不为民所知，不为民所用，那么立法在成本与效益方面就会处于失衡状态，相应地，法律制度的规范目的不能较好实现，进而导致立法的社会效果收效甚微。问题2结果表明：消费者在交易过程中合法权益被侵害的情况时有发生，且“偶尔”和“经常”被侵权的人占多数，从来没有过被侵权经历的人只占少数（两组中只有7%和6%），“不清楚”的人也有可能存在过被侵权的遭遇。可见，消费者合法权益易受侵害现象突出，普通民众的被侵权经历多过学生，也表明不良经营者倾向于选择相对容易得利的消费者违约或侵权。问题3结果表明：超过半数的消费者（两组分别为64%和71%）在其权利受侵害时放弃向侵权人请求赔偿或补偿，有主张过损害赔偿请求权的消费者也只占少数（36%和29%）。从表面上看，这是我国普通消费者的维权意识较低的表现，实际上折射出消费领域维权难的困境。通过问题4的结果可知，部分消

费者在被侵权时有“放弃救济”的倾向，过半数的人选择“私了”（与商家直接协商），依靠“消协”来调解者占少数，直接通过司法途径维权者占极少数（两组分别为4%和2%），这反映了消费者维权渠道不容乐观。问题5的结果正好可以说明问题4的现象，大多数消费者认为的“耗费金钱、维权成本高”在某种程度上反映了通过司法途径这种公力救济的诸多不便，他们几乎都在穷尽其他私力救济途径后才考虑司法诉讼渠道。问题6的结果表明，在消费合同领域，消费者受欺诈现象严重（两组分别为53%和47%的人受过欺诈，可能受过欺诈者为39%和51%）。可见，不诚信经营者普遍存在，《消费者权益保护法》中惩罚性赔偿制度的震慑、威胁功能难以在他们身上奏效。正如问题8所示，被调查者中大部分人都不会因为“买了10元钱的假货而选择通过法律途径去向经营者索赔500元”。其原因无疑在于依法维权成本高，举证难且还不一定能胜诉，与经营者相比，部分消费者的仍处于相对弱势地位。问题10～12之结果表明，部分受访者认为《消费者权益保护法》的实施对消费者维权意识的提高有所助益，加大惩罚性赔偿力度可在一定程度上减少假冒伪劣产品，也有近40%的人对此持否定态度。但对《消费者权益保护法》真正能保护消费者权益的问题上，受访者中超过半数的人认为不能（如两组分别为51%和69%）。那么，形式上如此良好的制度设计，为何其功能不能在实践中得以较好地实现？究其原因，概括起来有以下几个方面：

首先，《消费者权益保护法》的立法重形式，轻实质，未能准确把握消费者的本质特征。《消费者权益保护法》仍将“消费者”限定在“为生活消费”的狭窄领域，如将“知假买假者”排除在消费者范围之外，既有违事物的本质，又不利于消费者权益的保护。立法者一方面将“惩罚性赔偿制度”写进法律文本中；另一方面又以最严标准来限制该制度的适用，这实际上给部分精明的经营者实施不诚信经营以可乘之机，同时也给消费者主张权利保护埋下隐患。

其次，《消费者权益保护法》的立法过于重视制度的补偿功能而忽略其激励功能,导致立法的引领和推动作用未能得以较好地发挥。消费者与经营者之间的纠纷主要是违约和侵权,补偿和赔偿是违约责任或侵权责任的主要形式,而立法确立惩罚性赔偿制度似乎是对消费者的“偏爱”,因为该制度确定了“退一赔三”“最低500元”的救济措施,立法者希望通过这种“过度补偿”来安抚消费者,但现实中该制度并没有能激励消费者积极“依法维权”,这也是该制度激励功能失灵之表现。据上述问卷结果显示,高额的权利救济成本和难以确定的收益使得消费者们“自愿”放弃该法律制度所创设的权利。用法经济学的观点来解释:就是任何权利的实现都有成本。民事权利的成本包括行使成本和救济成本,这些成本的大小会直接影响到权利主体的利益。救济也是需要成本作保障的,因此,没有考虑权利实现成本和收益的立法制度设计往往是想当然的、理想化的设计,这必然会导致制度的功能难以实现。现代消费者大都是理性的经济人,是自身利益的最佳判断者,面对是否主张惩罚性赔偿问题,多数人还是选择放弃最低500元的赔偿金,其原因在于这500元的收益并非立等可取,若欲实现,必须充分考虑行使成本,如寻求专业救济的成本、时间成本、胜诉的概率、执行成本等,就算最终能获得“500元”收益,其支出可能会大大超出该收益。所以,理性的消费者通常不会因为“退一赔三”“500元”的激励而去选择行使消法创设的“特权”。

最后,《消费者权益保护法》的立法过分注重制度实施的法律效果,而轻视其社会效果。惩罚性赔偿的重心应当放在保护消费者的人身或财产法益,此等法益是有别于消费标的物的。而《消费者权益保护法》中的制度设计只以消费标的物为参照依据,单纯追求加大对违法经营者的惩处力度,尽管在客观上能起到一定的震慑和预防作用,但只是治标不治本,这样的制度设计难以产生良好的社会效果。所以,时至今日假冒伪劣产品依旧层出不穷,经营者欺诈行为依然普遍且越来越隐蔽,导致消费者中相当一部分人还不觉自己是否被欺诈,这就表明《消费者权益保护法》第55条的预防和惩罚功能几乎被架空,民众对《消费者权益保护法》能保护其权益的信任度不高,该法实施所产生的社会效果不明显。导致富于计算的违法经营者只要熟悉《消费者权益保护法》的适用动态,便可以继续“违法”经营,因为选择违法的成本低而收益高。如此,消费者的权利实现只存在于想象的世界中,诚信的市场交易秩序难以建成和发展。

(三)惩罚性赔偿制度完善的进路

如前所述,虽说惩罚性赔偿制度是新《消费者权益保护法》的重点修改对象,但《消费者权益保护法》赋予消费者的权利并未得到青睐,甚至还被消费者们“废弃”,这就反映出立法制度设计中存在的诸多问题。如何界定消费者的行为和范围?知假买假者的权利是否应该正当化?如何认定经营者的欺诈行为?专业打假制度是否应该合法化?消费者获得惩罚性赔偿的救济成本如何考量?这些问题在立法时都应该予以考量。笔者认为,立法最终是为解决实际问题服务的,如果某一制度仅在理论上看似天衣无缝,而在实践中难以适用,这样的制度是无效的,也是对立法资源的浪费,惩罚性赔偿制度不能只是一种宣示性规定。又因为每一个法律规范,当他们大部分承担着与其他规范一道实现具体目的时,在意义上关系到整个法律程序。[20] 因此,惩罚性赔偿制度也必须依赖整个《消费者权益保护法》体系中关联制度的改进才能得以实现其目的,具体可从以下方面着手改进:

1. 扩展“消费者”概念的范围

对《消费者权益保护法》第55条的适用,需具备以下要件:消费者的行为须是生活消费,消费者须因经营者的欺诈而受到损失,须由受欺诈的消费者或受损失的其他人提出赔偿请求,经营者在经营过程中存在欺诈行为。可见,法律严格限制了惩罚性赔偿制度的适用条件,确立了惩罚性赔偿的标准。依上述要件,只能是为生活消费的主体才属于

〔20〕 [德]卡尔·恩吉施:《法律思维导论》,郑永流译,法律出版社2014年版,第92页。

本法所保护的消费者,〔21〕惩罚性赔偿只适用于"欺诈"。笔者认为,民事立法不应该考虑主体行为动机,考虑主观动机是不恰当的。从词义本身来看,"消费"在《现代汉语词典》中的解释是"为生产或生活需要而耗费物质财富",〔22〕消费者就是为生产或生活需要而消耗物质财富的人。英文中"consume"被解释为"to use something up","consumer"指"a person who buys goods or uses services"。〔23〕直译为"购买商品或接受服务的人",英文中并无限定词,这才是消费或消费者本意的理解。而《消费者权益保护法》人为地在消费者前面加上限定词,这种立法制度设计本身就违反了民法上的主体平等原则,同是消费者,依此逻辑,为生活消费的人就是值得保护的弱者,而为生产消费的人就是不属于《消费者权益保护法》保护的"弱者"。因此,笔者认为,只要是消费者,都应受到法律的同等保护,法律不应该对其消费动机进行限定,建议《消费者权益保护法》删去"为生活消费需要"的限定,即只要是个人购买、使用商品或者接受服务,都应当适用本法。

2. 取消惩罚性赔偿只适用于欺诈的限定

最高人民法院《关于贯彻执行〈中华人民共和国民法通则〉若干问题的意见》(试行)第68条规定,"一方当事人故意告知对方虚假情况,或者故意隐瞒真实情况,诱使对方当事人作出错误意思表示的,可以认定为欺诈"。关于欺诈行为的构成要件,学界通说认为有四种,即有欺诈的故意、有欺诈的行为、受欺诈人陷于错误、基于其错误而做出意思表示。〔24〕同时,梁慧星教授还指出,《消费者权益保护法》第49条所说

〔21〕 何山先生指出:《消费者权益保护法》将消费者的范围限定在生活消费领域,是基于以下立法理由:即本法是保护中出于弱势地位的消费者的法律,体现了对消费者的特殊保护。"生活消费需要"的表述范围涵盖较宽,可以为法律适用留有余地。参见何山主编:《〈中华人民共和国消费者权益保护法〉释义及适用指南》,中国民主法制出版社2013年版,第23页。

〔22〕 参见《现代汉语词典》,商务印书馆1996年版,第1380页。

〔23〕 参见《牛津高阶英汉双解词典》(第7版),商务印书馆、牛津大学出版社2009年版,第426页。

〔24〕 梁慧星:《民法总论》,法律出版社2001年版,第198页。

的“欺诈行为”以“故意”为构成要件，只有属于“故意”才构成“欺诈行为”，“过失”即使“重大过失”也不构成“欺诈行为”。[25] 可见，消费者因受欺诈而遭受损失是适用惩罚性赔偿的必备条件之一。无论是学说解释，还是最高法院的司法解释，都要求欺诈行为以“故意”为要件。从民法解释学上说，这种理解当然有道理。但该立法制度设计之初就以行为人故意欺诈的心态来限定“赔偿”，显然是脱离社会现实的。实践中的许多行为往往不能用欺诈来定性，而且根据“谁主张，谁举证”的原则，需由消费者来举证证明违法经营者的主观故意，这是相当困难的，且对受损害的消费者根本不公平。这就可能导致《消费者权益保护法》中的惩罚性赔偿制度被虚置，其功能的实现自然就无从谈起。因此，本文认为，既然惩罚性赔偿制度本身就以预防、威胁、惩罚为目的而生，那就应该将行为人行为的恶性及其对人们生活所造成的影响来考量，应该将承担惩罚性赔偿责任的过错扩展至故意和重大过失，以达到立法制度设计之本意。

3.“知假买假”行为也应适用惩罚性赔偿

因为有《消费者权益保护法》中惩罚性赔偿的激励，我国便出现以王海为代表的“专业打假者”，又被称为“知假买假者”，他们借打假为手段以营利为目的，一度使得1993年《消费者权益保护法》第49条得到广泛应用，事实上王海们的行为能在不同程度上实现惩罚性赔偿制度的功能，也可能会加重了经营者的失信成本，导致众多的经营者对类似王海这样的专业打假者产生了惧怕心理。然而，这种“知假买假”行为似乎不符合《消费者权益保护法》的立法目的，知假买假者难以界定《消费者权益保护法》所保护的消费者，“知假买假”行为难以适用惩罚性赔偿。由此，“知假买假”问题很快引起了法学界大争论，支持者和否定者都据理力争，至今还未形成定论。

---

〔25〕 梁慧星：《消费者权益保护法第49条的解释与适用》，载《人民法院报》2001年3月29日第3版。

笔者认为,与经营者的“知假卖假”行为相比,消费者的“知假买假”行为更值得鼓励,自然应该属于《消费者权益保护法》中的消费者范围,“知假买假”行为也应适用惩罚性赔偿。经营者的“知假卖假”行为损害的是整个市场经济秩序和全体消费者的利益,而消费者以打假为目的的“知假买假”行为仅仅会导致违法经营者承担实施失信成本的风险。根据风险自担原则,经营者既然选择从事“售假”行为,那就应该由其承担“知假买假”索赔、专业打假索赔的风险。而在现实交易中,由于信息不对称、法律对经营者的约束机制不健全、普通消费者索赔成本高的市场背景下,赋予专业打假者的惩罚性赔偿请求权无疑是对消费者积极打假的一种激励。尽管知假买假索赔违背诚信原则,存在以怨报怨之嫌,也许有人认为“知假买假”者行为不道德,但从制度经济学的视角来看,“以牙还牙,以眼还眼”非但不是不道德的行为,而且是维持社会信用度的必不可少的手段。[26] 当然,如果我国市场经济制度很健全,交易秩序运行良好,“知假卖假”行为和假冒伪劣产品较少,公权力机构本身足以保障诚信交易和维护市场秩序,那就应该谴责“以怨报怨”的行为了。反之,该行为还可能有助于良好制度的形成和促进人的诚信行为,尽管这不是解决问题的根本途径,但目前有其存在的其合理性和必要性。因此,“知假买假者”获得惩罚性赔偿的权利应该被正当化。

4.赋予专业打假制度的法定地位

随着现代造假技术的“进步”,普通消费者的发现假货难度、索赔难度大增,购买假货后获得赔偿的可能性日益减小。法律赋予消费者惩罚性赔偿权利的运行成本太高,而收益则不确定。消费者维权通道不畅,存在“为了追回一只鸡,就要杀掉一头牛”的维权尴尬。[27] 高难度

---

〔26〕 张维迎:《法律制度的信誉基础》,载《经济研究》2002年第2期,第7页。

〔27〕 刘俊海、徐海燕:《论消费者权益保护理念的升华与制度创新》,载《法学杂志》2013年第5期,第28页。

的索赔成本只能让消费者望而却步。相较而言,失信经营者收益巨大甚至无限,而失信成本却可忽略不计。既然违法成本低、违法收益高,逐利而生的经营者会选择实施欺诈行为。可见,高成本维权使得惩罚性赔偿制度逐渐失衡,于是市场对专业打假制度的需求越来越明显。由专业打假人替消费者维权,实际上是社会分工的结果,既能提高效率,也能降低维权成本,还能促进市场秩序的完善,实为一种值得倡导的制度创新。[28] 从某种意义上讲,专业打假制度是一种应对我国执法资源不力的有效制度,将之合法化并未破坏法律制度的逻辑自足性。可见,以王海为代表的专业打假人不计承担败诉的风险和成本,坚持与不良经营者斗争,尽管他们也追逐私人利益,但这并不影响专业打假作为一种新的制度选择在某种程度上被社会认可。《消费者权益保护法》本质上属于私法,私法本来就应该允许个人在合法的范围内去追逐私利,允许个人斤斤计较。因此,《消费者权益保护法》也应赋予专业打假者消费者地位,使其享有获得惩罚性赔偿的权利,这对不良经营者的预防和威胁比公权力机构的事后惩罚更有效率。

笔者认为,在我国现行市场环境中,专业打假制度具有实施的可行性。假冒伪劣产品的存在是该制度产生的前提,惩罚性赔偿为打假者提供利益激励,公权力机构的缺位给该制度提供了发展空间,公众的接受为其创造了外部条件。如果法律不认可专业打假制度,经营者制假的成本低,售假收益高,被发现的概率很低,那么经营者在考量成本收益后,选择制假卖假更有利可图。相反,若有专业打假者的存在,生产者、经营者就会重新计算成本和收益,专业打假人辨识能力强,制假卖假行为被发现的概率高,当制假的成本低于被索赔的成本时,生产者、经营者自然会选择放弃制假卖假,转而提高投入成本卖正品,再将投入的成本转嫁给消费者。从表面上看,普通消费者似乎还是受害者,但事

---

〔28〕 李振宇、黄少安:《知假买假的法经济分析》,载《制度经济学研究》2003 年第 11 期,第 121 页。

实则不然，与低价买到的假货相比，出高价买回的真货未必是一种损失。事实上，专业打假人利用其丰富的经验和优势，使索赔的交易成本降低，也将索赔变得有利可图。尽管他们打假不全是为了消费者的利益，更没有考虑社会利益，只为追逐私利，但该行为同时为社会扮演了清道夫的角色，正是因为专业打假人的锲而不舍，假冒伪劣得到了一定程度的遏制，也规范了市场秩序。这与《消费者权益保护法》的立法目的不谋而合。因此，专业打假制度存在是有效率的，法律应予以支持和认可。

可见，现行《消费者权益保护法》中的惩罚性赔偿制度仍有不少缺陷，该制度保护消费者、提高市场诚信度、惩罚和遏制恶意欺诈行为的功能难以得到有效发挥。作为《消费者权益保护法》中的一项重要法律规范，该制度的改善和目的的实现都必须依靠消法立法制度设计的整体改进，并以关联制度为依托才有效率。因此，本文认为应从立法制度的源头着手，厘清消费者的含义，扩展惩罚性赔偿制度适用的范围，并建立专业打假制度，以对抗日益盛行的假冒伪劣行为，以实现制度设计的最终目的。

四、《消费者权益保护法》立法理念的改进

（一）重视制度设计的成本效益分析法，增强立法的效益

综上可知，由于《消费者权益保护法》在立法之初未充分重视制度设计的成本效益分析，导致如惩罚性赔偿制度这样在形式上如此完美法律都难以发挥其应有的作用。从经济学的视角来看，法律运行的各个环节都需要耗费一定的资源，进行资源约束成为法律运作必须考虑的对象，因而必须把法律运行成本引入法律设计之中，唯有建立在经济基础之上的法律设计才是真正可以实施的法律。[29] 可见，成本效益是法律制度设计时不可或缺的考量因素。法经济学者认为，法律制度归

---

〔29〕 魏建、周林彬：《法经济学》，中国人民大学出版社 2007 年版，第 72 页。

根结底要受到效益原理的支配，如制定物权法及其责任的规则、解决纠纷的法律程序等都可以被视为促进高效益分配社会资源的努力。[30] 边沁也曾为立法确立了两个原则：一是立法以社会效益为检验标准；二是立法应以最小的损失谋求最大多数人的幸福。[31] 波斯纳也以经济效益贯穿法律分析的始终，从而使“低成本、高效益、追求利益最大化”成为法律经济分析的共同目的取向。据此，法律制定的原则就是以最小成本获得最大效益，当平等与效率发生冲突时，可以效率为优先。笔者认为，这种基于成本、效益、效率的分析可为《消费者权益保护法》立法制度设计带来新启发，因为资源的稀缺性和人们对其需求的无限性，现代国家的民事法律应以增进人们的福祉为目的，法律制度在设计时也就应该减少资源浪费、追求效率并以实现人们的预期为己任；同时，《消费者权益保护法》立法须兼顾利益衡量，促进不同的利益各得其所，在各种利益主体的相互协调中融入公平正义的理念，以平衡各方利益，避免可能的抵触。因此，民事法律更应该成为各类相关民事主体之间合理的分配收益和成本、既符合效率原则又能实现均衡的法律。

（二）注重立法制度设计的均衡分析，增强法律的可操作性

如前所述，《消费者权益保护法》作为民法的特别法，其立法制度设计的进路既可以间接反映民事立法的蓝本，也可为民事立法提供相应的借鉴。由于法律资源的稀缺性，所以立法制度设计必须以实现其效用的最大化为目的。法律制度的效益在于确立规则，降低执法、司法和守法的成本，防止自由裁量权的滥用；立法成本投入过大，可能会造成法律僵化的损失。因此，在立法设计之初，必须考虑如何实现立法成本与司法成本、执法成本的均衡。立法成本的投入实际上就是意在建构秩序，用统一的规范对社会事实和行为进行类型化处理，避免通过个案

---

〔30〕 朱富强：《法经济学在立法中的应用审视——主流的经济分析法学之批判》，载《北方法学》2007年第5期，第74页。

〔31〕 严存生：《新编西方法律思想史》，陕西人民教育出版社1989年版，第192页。

裁判累积成的过量裁决成本的浪费，在这个意义上，立法成本是司法、执法成本的替代。民事立法涉及财产关系的，尽量采用明确性规则，虽然会付出较大的立法成本，但只要能够节约更多的司法和执法成本，该法律的制定就是有效率的。此外，民事立法尽量克服法律规范内部冲突的弊端，这样既能增强法律的可适用性，又能避免立法资源的浪费。法律法规并非是越多越好，有法不依或规则混乱比没有法律更差，法律一旦得不到实施，既会影响其稳定性和权威性，又会给人们徒增法律规范所产生的不确定预期。这样的制度设计则不能实现其应然功能。《消费者权益保护法》立法正是因为缺乏制度设计的均衡分析，导致其在实践中缺乏可操作性。所以，需要注重制度设计的均衡分析，使得立法真正贴近社会生活实践，能有效地调整社会生活实践，缔造良善的社会秩序。

五、结语

《消费者权益保护法》的立法制度设计要突破传统民法的路径，不能过于重视法律的自给自足而忽视制度、规则和概念的创新；不能因为过于强调权利义务配置的思维模式而忽略法律与经济之间的内在逻辑联系；不能过于追求公平正义的价值而忽略效益的存在。从这个意义上来讲，民事立法也应以包容开放的心态引进新的研究方法，立法的经济分析就是有益的尝试。将经济分析方法应用于具体民事法律制度的建构和分析，更有利于解决某些法律制度所面临的困惑。从法律经济学的视角来看，任何法律现象都以一定的经济关系为基础，所有的法律规范都有其经济根源，因此法律制度、法律活动之根本目的是有效利用自然资源，最大限度地增加社会财富，或者说以法律手段促进资源配置效率的提高。[32] 而民事立法更是客观经济规律的反映，《消费者权益保护法》作为特别民法，也是市场经济的产物，其立法活动更需要用经

〔32〕 李霞：《波斯纳：法律的经济分析》，黑龙江大学出版社2009年版，第118页。

济的方法来分析和指导。换言之,民事立法制度的设计要以适应市场经济内在要求为己任,这也正是法律经济分析学者所主张的,要将是否有利于资源的优化配置,减少资源浪费,提高经济效益作为判断实存的法律制度和确定未来法律发展的基本依据。因此,民事立法应以设计创造出有效的使用资源的行为刺激,从而引导和促使人们按照最有效的方式利用资源。当然,无论经济学理论还是法律经济分析方法,都旨在为法律制度设计提供新的参考视角。本文以《消费者权益保护法》的具体制度为例展开分析,主张运用成本效益的分析角度来看待民事立法问题,并不是在于否定其他法学基本理论,也不能取代民事法律的基本研究方法,但期能在一定程度上为我国民事立法制度的设计和完善提供一种建设性进路。

(责任编辑:杨　彪)

PART 4

地方立法

Local Legislation

pp. 233 -273

上海等自贸区立法促进的几点展望*

陈　俊**

目　次

摘要：上海等自贸区扮演着为我国深化改革开放提供可复制推广的"制度试验田"的历史使命。

---

* 本文系教育部重大课题攻关项目"中国的立法体制研究"(15JZD006)阶段性成果。

** 陈俊，华东师范大学教授、博士生导师，立法与法治战略研究中心主任。

自贸区运行中的立法需求，是一时代新问题，需要发挥中央和地方立法的合力，以多元化之保障举措，推进制度创新，支持改革开放。文章对上海等自贸区发展中的立法问题，作了几点展望思考：一是上海等自贸区运行对立法保障的需求；二是自贸区改革创新对法律层面保障之需求；三是自贸区发展对国务院及其部委立法保障之需求；四是上海等自贸区运行对地方立法保障需求之展望。

关键字：自贸区；立法；制度创新

中国（上海）自由贸易试验区是国务院于2013年8月正式批准设立的中国大陆第一个自由贸易试验区。根据国务院2013年9月27日公布的《中国（上海）自由贸易试验区总体方案》的要求，“上海自贸区的总体目标是，经过两至三年的改革试验，努力形成促进投资和创新的政策支持体系，着力培育国际化和法治化的营商环境，力争建设成为具有国际水准的投资贸易便利、货币兑换自由、监管高效便捷、法制环境规范的自由贸易试验区，为我国扩大开放和深化改革探索新思路和新途径。任务是形成与国际投资、贸易通行规则相衔接的基本制度框架。”〔1〕

在上海自贸区试验一年多之后，我国大陆自贸区正式扩围至广东、天津、福建以及上海扩展区域。在广东省、天津市和福建省，再设3个自由贸易试验区，旨在进一步检验相关改革开放措施的实施效果以及复制推广的可行性，为全面深化改革、扩大开放，努力探索新途径、积累新经验。

党的十八届三中全会提出：“加快自由贸易区建设。”〔2〕十八届四中全会则提出：“完善社会主义市场经济法律制度。”〔3〕三中、四中全会提出的相关要求，为我国自贸区的法制建设，指明了方向。上海等自贸

〔1〕 谢卫群：《上海自贸区：推进改革开放的“试验田”》，载《人民日报》2013年9月28日第4版。

〔2〕《中共中央关于全面深化改革若干重大问题的决定》，人民出版社2013年版，第27页。

〔3〕《中共中央关于全面推进依法治国若干重大问题的决定》，人民出版社2014年版，第12页。

区的改革试验，旨在“着力培育国际化和法治化的营商环境，力争建成法制环境规范的自由贸易试验区”。而要达至这一目标，没有法制保障不行。特别是，如果没有前瞻、开拓、创新、接轨国际惯例和引领时代潮流的新型立法，很难想象可以完成自贸区先行先试、深化改革的战略使命。

我国的改革开放已走过37年，而上海等自贸区先行先试中遇到的不少问题，是我国改革开放以来未曾遇到过的。这些问题，往往无法可依，或者虽有法律规定，但现行法的一些制度规定明显滞后于全面深化改革、扩大开放的时代需求。因此，上海等自贸区成长中的立法需求，是时代发展带来的新兴问题，需要发挥中央和地方立法的合力，推进制度创新，以多元化之立法保障手段，促进自贸区的发展，实现国家战略。以下对上海等自贸区的立法问题，作几点展望探讨。

一、上海等自贸区的运行对立法保障的需求

自由贸易区(free trade zone)是指两个以上的国家或地区通过签订自由贸易协定，相互取消绝大多数货物和服务的关税、非关税壁垒及市场准入限制，促进商品、服务与资本、技术、人员等生产要素的自由流动，促进贸易和投资自由化，实现优势互补、共赢发展的特殊区域。

建立中国大陆第一个自由贸易试验区上海自贸区，以及此后建立的3个自贸区，对于我国融入经济全球化，带动国内经济发展，打造“经济升级版”，具有十分重要的战略意义。

“据不完全统计，入世后，中国政府在国家层面进行了2000多项大的政策改革和调整；地方和部门进行的政策调整更是不计其数。得益于这些调整，即便是经历了2008年国际金融危机的剧烈冲击，中国经济和贸易仍快速发展。货物贸易，从2001年的出口2660.98亿美元、进口2435.53亿美元分别增加到2014年的23,427.46亿美元和

19,602.90 亿美元,分别增长约 7.8 倍和 7 倍。”[4]

可以说,自加入 WTO 以来,我国商品贸易发展很快,但在服务贸易上却仍然落后。据此,我国国民经济和社会发展“十二五规划纲要”指出:“把推动服务业大发展作为产业结构优化升级的战略重点,营造有利于服务业发展的政策和体制环境。”[5]扩大服务业开放,正是上海等自贸区的聚焦点之一;同时,服务业的开放,将会带动我国贸易、金融、税收、政府管理等一系列政策变革,而从这些改革中可以形成一些可推广的经验,进而服务全国的发展。另外,对今后的改革开放而言,我国可以在自贸区选择聚焦一些优先改革领域(包括贸易便利化、投资保护、政府采购、环境保护、电子商务等)创新践行新规则,开展先行探索。

从国际上看,大凡发展的好的自由贸易区,都得益于其背后良好的法制环境,得益于所在国家相关立法的保障和支持。我国自贸区的发展,同样需要法制保障,包括立法的支持和促进。特别是,从建立我国第一个自贸区上海自贸区开始,我国的改革开放就遇到了诸多其他地方尚未涉足的新型社会关系和经济新业态。例如,在服务贸易、金融领域的扩大开放中,我们就不断地面临一些新问题。这些新兴问题,对我国的政府管理提出了更高的要求,需要各级政府有法可依地在法制的轨道上有序推进。

为什么上海等自贸区建设需要制度特别是立法制度的支持?这是与法律制度的独到功能是分不开的。“法律是社会关系的调整器、社会利益的分配器、社会秩序的稳定器。立法是人民意志的汇集和表达,立法的主要功能在于合理分配社会利益,调整社会利益关系。”[6]法律制度对自贸区的发展,能够发挥其特有的引导、规范、促

---

〔4〕 李琰等整理:《入世 14 年,中国改革惠及世界》,载《人民日报》2015 年 12 月 11 日第 21 版。

〔5〕 《中华人民共和国国民经济和社会发展第十二个五年规划纲要》,人民出版社 2011 年版,第 45 页。

〔6〕 李林:《怎样以法治凝聚改革共识》,载《北京日报》2013 年 3 月 11 日第 17 版。

进、保障等作用。

例如，立法制度的支持，有助于营建法治化的营商环境，规范和引导自贸区的有序发展。通过立法的引导，自贸区内外的社会关系主体，将会知道自身和其他主体可以从事哪些行为、不可以从事哪些行为，以及知道法律将会鼓励他们在自贸区从事哪些活动，进而形成稳定的行为预期。

再如，立法制度的支持，可以规范自贸区发展面临的各种社会关系，使自贸区得到有序发展。立法对自贸区运作中诸多社会关系和新型经济活动的调整，主要通过权利义务的设定和运行来实现，能够稳定地、可预测地规范自贸区发展中的一系列社会关系和行为。这是其他调整手段所难以做到的。

又如，立法制度的支持，可以培育自贸区发展所需要的公平竞争的法治化营商环境。这是因为，“公平竞争是市场经济的本质所在，是市场赖以发挥作用的基础。因而，必须用法律维护公平竞争，反对和禁止不正当竞争”。[7]

上海自贸区及此后建立的3个自贸区，肩负着为我国扩大开放和深化改革探索新途径的历史使命，其建立、运行与发展，对法制(包括立法)保障有着强烈的内在需求。

二、上海等自贸区改革创新法律保障需求之展望

(一)落实国家战略需要法律层面的保障

在全面深化改革的背景下，上海等自贸区的先行先试探索，属于国家战略，需要国家法律支持，而且不能与国家现行法律的规定相冲突，必须遵循在法制的轨道上推进改革创新的路径。这是上海等自贸区有效运作所需求的法制保障路径。

例如，在《中国(上海)自由贸易试验区总体方案》中，应兴应革之改革探索，涉及大量的“国家事项”。毕竟，“试验区肩负着我国在新时

〔7〕 张文显：《张文显法学文选卷五·部门法哲学》，法律出版社2011年版，第208页。

期加快政府职能转变、积极探索管理模式创新、促进贸易和投资便利化,为全面深化改革和扩大开放探索新途径、积累新经验的重要使命,是国家战略需要”。[8]

既是国家战略,势必涉及“国家事项”,在依据上要由全国人大及其常委会通过行使“国家立法权”,制定和修改相关法律,为上海等自贸区的改革探索,搭建法律依据之平台。换言之,上海等自贸区进行“以制度创新为内涵”的先行先试、改革创新,对所涉“国家事项”的立法事项,首先应由全国人大及其常委会来制定法律或作出相关决定,以便在法律层面上支持和保障上海等自贸区在法制的轨道上推进改革创新。

(二)“暂时调整”三部“三资”企业法的思考

建设自由贸易试验区,作为一项重大的国家战略,对现行立法,特别是法律中的落后、滞后、不衔接、相互冲突等弊端,提出了修改调整的要求或需求。如果不对有关法律、行政法规暂时调整其实施,有些制度将会阻碍、制约上海等自贸区的运行,进而影响国家重大战略的实施。因而,在“建设法治中国”的背景下,在改革步入深水区时,遵循“重大的改革举措要于法有据”的时代精神,需要暂时调整实施有关法律、行政法规中的若干规定。

基于这样的战略考量,十二届全国人大常委会四次会议决定:授权国务院在中国(上海)自由贸易试验区内,对国家规定实施准入特别管理措施之外的外商投资,在三年内暂时调整《外资企业法》《中外合资经营企业法》和《中外合作经营企业法》规定的有关行政审批。上述行政审批的调整在三年内试行,该决定自2013年10月1日起施行。

随后,2014年1月6日发布的国务院《关于在中国(上海)自由贸易试验区内暂时调整有关行政法规和国务院文件规定的行政审批或者准入特别管理措施的决定》,明确提出:改革外商投资管理模式,对国家规

---

[8] 参见《国务院关于印发中国(上海)自由贸易试验区总体方案的通知》(国发[2013]38号)。

定实施准入特别管理措施之外的外商投资，暂时调整《外资企业法实施细则》《中外合资经营企业法实施条例》《中外合作经营企业法实施细则》等规定的有关行政审批。“暂时调整”三部“三资”企业法，只是一个开始。今后，预计会有更多以“暂时调整”形式出现的改革举措，需要对其性质和前景进行展望分析。

（三）“暂时调整”的法律性质思考

1. 法律性质

上海等自贸区的设立与运作，涉及大量法律、行政法规制定时未曾遇到过的新问题。为了在法治轨道上回应重大改革的需求，通过在自贸区这些局部“试行”暂时调整实施有关法律的规定，是妥善处理改革与法治关系的一种战略安排，也是贯彻“凡属重大改革都要于法有据”大政方针的体现。

从性质上说，在自贸区推进改革试验进程中，需要重视运用法治思维和法治方式，确保在法治轨道上推动“先行先试”，先行开展局部试验，哪怕经过几年的试验，结果却并不成功，也是于法有据的。

2. 是否有违“法制统一”原则

在2011年中国特色社会主义法律体系宣告形成之后，法律体系中的各层次立法，理应遵循法制统一原则。现在，又允许上海等自贸区不实施现行法律的若干规定，这是否有违“法制统一”原则？是否影响到法律权威？从形式上看，这样做似乎有违法制统一原则，但实质上却未必。

一是从适用范围和时间看。全国人大常委会的决定，将暂时调整实施法律的适用范围，限定于上海外高桥保税区、上海外高桥保税物流园区、洋山保税港区和上海浦东机场综合保税区基础上设立的中国（上海）自由贸易试验区内，是局部的试验。

二是从时间上看，暂时调整实施法律的时间，是在三年内试行，对实践证明可行的，应当修改完善有关法律；对实践证明不宜调整的，则恢复施行有关法律规定。

因为,可以作这样的理解:法律因时因地调整,是在遵循“法制统一”原则基础上所作的“必要的例外”,契合了国家战略发展的需要,同时也不影响法律在全国范围内实施的效力和权威。并且,全国人大常委会的授权决定,还规定了三年试行期,这也符合“权力运行要有制约”的法理。

(四)“暂时调整”的推广和可复制价值

在上海等自贸区暂时调整实施法律的相关规定,对保障自贸区改革开放先行先试的合法性,对为全局改革提供可复制可推广之经验,都具有十分重要的意义和价值。

在上海自贸区先行先试试验的基础上,第十二届全国人大常委会第十二次会议于2014年12月表决通过了关于授权国务院在中国(广东)自由贸易试验区、中国(天津)自由贸易试验区、中国(福建)自由贸易试验区以及中国(上海)自由贸易试验区扩展区域暂时调整有关法律规定的行政审批的决定。该决定总结提升了上海自贸区先行先试的实践经验,并使之得到推广和复制。

2015年3月15日通过的修改后的《立法法》第13条规定:“全国人民代表大会及其常务委员会可以根据改革发展的需要,决定就行政管理等领域的特定事项授权在一定期限内在部分地方暂时调整或者暂时停止适用法律的部分规定。”

从以上渐次推出的举措可见,上海自贸区“暂时调整”现行法律规定所取得的有益经验,已经辐射到全国范围,并为《立法法》所肯定和吸收。今后,在包括自由贸易试验区在内的部分特定地方,根据全国人大及其常委会的授权,都可以在这些地方暂时调整或者暂时停止适用法律的部分规定。这一做法,将是今后我国立法发展的新业态、新举措。

三、自贸区运行对国务院及其部委立法保障之展望

上海等自贸区的运行和发展,除了国家法律的支持保障,还需要国务院行政法规和国务院有关部委部门规章的配套支持。以下分述之。

（一）国务院层面的立法保障

在现行法律体系中，国务院的行政法规是对法律规定的细化和补充，同时也为地方立法提供依据。因此，上海等自贸区的运作发展，仅靠一些法律的原则规定，还是不够的；行政法规的支持和保障，也必不可少。

特别是，就上海等自贸区的主要任务和措施而言，其制度创新所涉领域颇多，仅就扩大服务业开放领域而言，就包括“金融服务领域”“航运服务领域”“商贸服务领域”“专业服务领域”“文化服务领域”“社会服务领域”，并且这些类别的领域又包括更细的领域。基于这些考虑，《中国（上海）自由贸易试验区总体方案》专门在主要任务和措施中列出“法制领域”，强调要“完善法制领域的制度保障”。而“完善法制领域的制度保障”，就需要在法律层面保障的基础上，加强国务院层面的立法保障。

鉴于此，加强国务院层面的立法保障，需要将上海等自由贸易试验区总体方案中的一部分要求，适时转化为国务院行政法规的相关规定；或者，修改不符合总体方案要求的一些行政法规的现行规定，以期实现行政法规保障的规范化常规化。

从现有举措来看，2014 年 9 月，国务院印发《关于在中国（上海）自由贸易试验区内暂时调整实施有关行政法规和经国务院批准的部门规章规定的准入特别管理措施的决定》（以下简称《决定》），是一个典型的阶段性举措。

该《决定》明确了需要在上海自贸区内暂时调整实施的有关行政法规以及经国务院批准的部门规章的相关规定的具体范围，包括《中华人民共和国国际海运条例》《中华人民共和国认证认可条例》《盐业管理条例》以及《外商投资产业指导目录》《汽车产业发展政策》《外商投资民用航空业规定》规定的有关资质要求、股比限制、经营范围等外商投资准入特别管理措施。该《决定》还要求，国务院有关部门、上海市人民政府要根据上述调整，及时对本部门、本市制定的规章和规范性文件作相应调整,建立与进一步扩大开放相适应的管理制度。国务院将根据试验区改革开放措施的实施情况,适时对决定的内容进行调整。

以点见面,随着上海等自贸区各项试点工作的全面推开,以及改革效应的不断显现,为完善法制保障,适应进一步改革开放的需要,国务院将根据自贸区改革探索试验的实施情况,扩大在上海等自贸区内暂时调整实施有关行政法规和经国务院批准的部门规章规定的准入特别管理措施。这是值得期待的一种走向。

(二)国务院部委层面的立法保障

上海等自贸区的运行,仅仅依靠上海市或其他相关省市的力量,是不够的。毕竟,自贸区是国家战略。从国务院部委发挥作用的角度来看,则是落实好国家战略的重要一环。

以上海自贸区为例:“在形成试验区总体方案和筹备、推进的整个过程中,我们得到了国务院各相关部门的直接帮助和支持指导。商务部付出了很大努力,国务院各相关部门比如国家发改委、工业和信息化部、财政部、交通运输部、人民银行、海关总署、工商总局、质检总局、国务院法制办、国务院发展研究中心、银监会、证监会、保监会等,共同参与、指导帮助,合力推进。”〔9〕

事实上,《中国(上海)自由贸易试验区总体方案》(以下简称《总体方案》)的形成,离不开国务院相关部委的参与和支持。该《总体方案》,也对国务院各部委提出了协同和协作的要求。例如,《总体方案》要求:“加强各有关部门与上海市政府的协同,提高维护经济社会安全的服务保障能力。”

而国务院各部委间的协同协作,一个重要方面,就是需要通过出台各自职权范围内的部门规章,支持自贸区的发展。例如,《中国(上海)自由贸易试验区总体方案》明确要求:“在航运服务领域,放宽中外合

〔9〕《有责任　有压力　有目标　有信心　韩正就上海自贸试验区运行接受人民日报、新华社、解放日报、文汇报集体采访》,载《解放日报》2013年11月7日第1版。

资、中外合作国际船舶运输企业的外资股比限制,由国务院交通运输主管部门制定相关管理试行办法。"该方案对交通运输主管部委制定相关部门规章,以立法的方式支持上海自贸区的发展,提出了一个要求。

除了在航运服务领域,在上海等自贸区正在探索制度创新的其他领域,因为这些领域分属于国务院相关部委职权管理之域,所以也需要国务院有关部委及时出台部门规章,在自身职权范围内,支持自贸区的改革创新探索。

以中国人民银行为例。中国人民银行于2013年12月2日发布《关于金融支持中国(上海)自由贸易试验区建设的意见》(以下简称《意见》)。"央行表示,希望通过上述举措,形成金融支持试验区实体经济发展和投资贸易便利化的可复制、可推广的创新业务及管理模式,助力试验区成为推进改革和提高开放性经济水平的试验田。"[10]从指导思想上看,中国人民银行的上述《意见》包括了30条具体意见,但要落实这些指导意见,尚需适时出台相关实施细则。[11]

以点见面地作一展望,今后国务院有关部委对上海等自贸区的立法支持,需要常态化地开展,同时也需要保持各部委间的协同合作、合力支持。

四、自贸区运行对上海等地地方立法保障之展望

上海等自贸区肩负着我国加快政府职能转变、积极探索管理模式创新、促进贸易和投资便利化,为全面深化改革和扩大开放探索新途径、积累新经验的战略使命。而要贯彻落实这些重要而艰巨的国家战略,除了需要法律、行政法规、部门规章等中央立法的保障和支持,同样需要上海等地地方立法的支持和保障。地方立法的保障,从某种程度

---

〔10〕 孟群舒:《自贸试验区金融改革内容"落地"》,载《解放日报》2013年12月3日第2版。

〔11〕 该《意见》第30条明确提出:"人民银行将根据风险可控、稳步推进的原则,制定相应细则后组织实施,并做好与其他金融监管部门审慎管理要求的衔接。"

上说，是更具针对性和不可或缺的。以下作几点展望思考：

（一）适时调整上海等地地方立法实施的思考

在全国人大常委会作出《关于授权国务院在中国（上海）自由贸易试验区暂时调整有关法律规定的行政审批的决定》后，上海市十四届人大常委会于2013年9月26日表决通过了《关于在中国（上海）自由贸易试验区暂时调整实施本市有关地方性法规规定的决定》。

上海市人大常委会的决定明确："一、根据《全国人民代表大会常务委员会关于授权国务院在中国（上海）自由贸易试验区暂时调整有关法律规定的行政审批的决定》的规定，在中国（上海）自由贸易试验区内，对国家规定实施准入特别管理措施之外的外商投资，停止实施《上海市外商投资企业审批条例》。凡法律、行政法规在中国（上海）自由贸易试验区调整实施有关内容的，本市有关地方性法规作相应调整实施。二、本市其他有关地方性法规中的规定，凡与《中国（上海）自由贸易试验区总体方案》不一致的，调整实施。"〔12〕

以上决定，通过以点见面式的规定，在上海市地方立法层面，通过停止实施、调整实施有关地方性法规，为上海自贸区的发展提供法制保障。目前，"调整实施的上海市其他有关地方性法规中的规定，包括《国际海运条例》《征信业管理条例》《营业性演出管理条例》《娱乐场所管理条例》《中外合作办学条例》《外商投资电信企业管理规定》等，其中的一些涉及限制类和审批的条文都将在试验区暂停实施。"〔13〕

以上决定，对《上海市外商投资企业审批条例》的停止实施，只是个开端。从先行先试的改革进展来看，还需要停止实施其他上海市地方性法规或其他省市地方性法规的相关规定。而该决定的规定也是开放

---

〔12〕 上海市人民代表大会常务委员会《关于在中国（上海）自由贸易试验区暂时调整实施本市有关地方性法规规定的决定》（2013年9月26日上海市第十四届人民代表大会常务委员会第八次会议通过）。

〔13〕 上海市社会科学界联合会编：《中国（上海）自由贸易试验区150问》，格致出版社、上海人民出版社2013年版，第125页。

式的,这就为今后调整实施上海市地方性法规的有关规定,预留了一定空间。

(二)上海等地先行制定地方性法规之探讨

去年三月修改后的《立法法》第73条规定:"除本法第八条规定的事项外,其他事项国家尚未制定法律或者行政法规的,省、自治区、直辖市和设区的市、自治州根据本地方的具体情况和实际需要,可以先制定地方性法规。在国家制定的法律或者行政法规生效后,地方性法规同法律或者行政法规相抵触的规定无效,制定机关应当及时予以修改或者废止。"

《立法法》的以上规定,为上海等地的人大及其常委会行使先行立法权,对自贸区所需的制度创新给予立法支持,提供了明确的法律依据。据此,在没有相关法律、行政法规可依,而自贸区的运作又需要制度创新作为支持时,充分援引和行使该先行立法权,有利于为上海等自贸区的先行先试,提供一种合法性依据。

上海自贸区是第一个设立的自贸区,其应兴应革之改革探索,需要所在地的上海市人大及其常委会,通过行使"先行制定地方性法规权",主动地服务于上海自贸区的发展需求。

2014年7月25日,上海市人大常委会第十四次会议通过了我国第一部关于自由贸易试验区的地方性法规《中国(上海)自由贸易试验区条例》。已于8月1日起实施的该《条例》,共9章57条,从管理体制、投资开放、贸易便利、金融服务、税收管理,到综合监管、法治环境等方面,对推进上海自贸区建设,作出了立法保障。

《条例》的制定,在处理以下几个关系上,给我们以启发和思考:一是"先行先试、大胆探索"与"改革于法有据"的关系。一方面,"大胆探索、先行先试"应坚持在法制的轨道上推进,任何于法无据的改革,很难成为可复制、可推广的经验。另一方面,不少先行先试的改革事项,在当时都是于法无据的,所以要有局部成功的经验作为推广入法的条件。这需要用辩证的眼光加以看待。

二是地方立法的受制约性与自贸区立法应具有的创制性、前瞻性的关系。自贸区的投资、贸易、金融、税收等先行先试事项均涉及国家事权，属于国家专属立法权事项，上海的地方立法可作实施性规定，但创制性的空间比较有限，因此《中国（上海）自由贸易试验区条例》对自贸试验区先行先试，作了若干方向性规定。这一立法思路是开放式的。

三是《中国（上海）自由贸易试验区条例》与《总体方案》及国务院各部委政策文件之间的关系。该《条例》在解读相关政策的基础上，对这些政策性规定的核心内容进行梳理、提炼，并将核心内容提升入法，使《条例》的内容既源于《总体方案》，又高于《总体方案》。

四是立法观念的更新与既有制度创新的关系。《中国（上海）自由贸易试验区条例》尊重“法无禁止皆可为”的时代法治精神，努力改变“正面清单”的观念定势，通过“负面清单”，赋予了市场主体参与自贸区建设的积极性与广阔的空间。该《条例》按照“立意高一点、条文少一点”的思路，从“可复制、可推广”和“预留制度创新空间”的角度，以期在地方立法的权限范围内，尽可能地释放制度创新的空间。这样的思路和制度创新空间预留，为此后的相关立法提供了有益参照。

2016 年 1 月，天津市人大常委会表决通过了《中国（天津）自由贸易试验区条例》并公布实施。在第二批批准设立自贸试验区的三省市中，天津市率先出台了促进自贸试验区建设的地方性法规。该条例共 8 章 58 条，为天津自贸试验区的建设、管理、改革和创新提供了地方性法规保障平台。

《中国（天津）自由贸易试验区条例》共 8 章 58 条，在借鉴上海自贸区立法经验的基础上，也体现了自身的制度创新和特色。该条例将人民币跨境使用、外汇管理制度改革、促进租赁业发展、鼓励向中小微企业提供贷款和保证保险等方面的可行政策入法，并率先实行企业名称登记制度改革，规定企业名称自主申报，不再实行预先核准。这些规定，充分体现了天津自贸试验区在金融创新方面的优势和既有特色。

此外，“作为目前中国北方唯一的自贸试验区，服务京津冀协同发展是天津自贸试验区的重要使命。条例专设‘服务京津冀协同发展’一章，明确：实施京津冀区域通关一体化和检验检疫一体化，推进三地口岸直通；发挥融资租赁等特色金融产业优势，服务天津市和北京市、河北省实体经济，促进区域经济转型发展”。〔14〕

在上海和天津为各自所在区域的自贸区立法后，将会为其他地方通过地方立法保障自贸区的先行先试和改革发展，提供前期立法借鉴和参考。考虑到国务院批准设立的几个自由贸易试验区，在国务院印发的几个自由贸易试验区《总体方案》中，都要求“要通过地方立法，建立与试点要求相适应的自贸试验区管理制度”。因此，这些地方立法将历史性地扮演创新角色，为今后诸多国内立法与国际高标准投资贸易规则接轨等提供了有益的参照。

（三）地方立法为中央立法提供经验和参照的展望

从战略走向看，上海等自贸区的建立和发展是国家战略，上海、天津等自贸区立法的意义，并不限于自贸试验区本身的法制保障，还兼具为中央立法提供立法实践经验和试验田的独到作用。毕竟，选择若干具备条件的地方发展自由贸易区，是三中全会明确提出的国家战略部署。

因此，在建立和发展上海等自由贸易区的基础上，在上海、天津先行立法保障自贸区发展的基础上，国务院可能将适时统一制定“自由贸易区条例”。或者，由全国人大及其常委会制定适用于全国的“自由贸易区法”，也不失为一种可能的选择。毕竟，从其他国家和地区的情况来看，自由贸易园区作为一国在其境内自行设立的特殊经济区域，需要出台统一的制度和规则，一般都由国家立法予以统一保障。因而，对作为先行先试的上海等自贸区来说，及时出台地方立法，也是为国家层面的立法，提供了经验积累和样板参照。

此外，上海等自贸区率先构建国际化法治化营商环境，其实也是先

〔14〕 王斗斗：《天津为“试验田”首立法》，载《法制日报》2016年1月12日第9版。

行一步，为国家层面的立法提供经验和打下基础。其背景是，在全球经济一体化背景下，我国与世界上许多重要经济体之间的双边投资、贸易协定谈判，一直在开展和推进之中。以中国和美国间的谈判为例，中方接受美方提出的以准入前国民待遇和负面清单为整个中美投资协定谈判的总体框架，其实也是接受现在世界上主要经济体比较认可的投资规则体系，这是我国融入全球经济一体化的一个探索。

上海等自贸区的先行先试探索及地方先行立法，其实也是在为将来全国范围经济体制上的一些重大变革，做好前期准备，以期实现软着陆。一旦中国和美国及其他国家的投资协定最终得以签署，我国在法理上就要履行国际承诺，遵循准入前国民待遇和负面清单等规则。由此展望，上海等自贸区先行先试立法的战略意义，就不仅仅是局限于四个自贸区有限的空间范围，而是辐射全国，惠泽全局了。

（责任编辑：黄泷一）

设区的市地方立法权限范围探析*

庄瑞银**

目　次

摘要：2015年修正的《立法法》通过全面赋予设区的市地方立法权对立法权配置做出了调整，这再次引发了立法学界有关地方立法权的热烈讨论。然而，现有研究却没能对设区的市地方立法权限范围本身给予应有的重视。诸如设区的市地方立法

---

* 本文是中山大学中国立法研究大平台项目的阶段性研究成果。

** 庄瑞银，中山大学法学院博士研究生。

权限是否仅限于三事项,即“等”是指“等内等”还是“等外等”?“城乡建设与管理”“环境保护”以及“历史文化保护”该如何界定?此外,在原较大的市对其业已生效的“规定事项范围以外的”法律的处理权是否完整?如果不完整,有关法律该如何被变更或废止?可以说,这些问题亟待厘清,否则地方立法便可能僭越国家立法或者地方立法被挤压、从而丧失实效。针对上述问题,本文拟从如下两个方面展开讨论,以探明设区的市地方立法权的权限范围:一是设区的市地方立法权的权限范围;二是原较大的市对其业已生效的“规定事项范围以外的”法律的处理权以及有关法律的存续问题。

关键字:地方立法;设区的市的立法权;权限范围

一、问题的提出

一国法律体系中的立法权限划分问题一直是立法实务界和理论界关注和研究的焦点。2015 年 3 月 15 日通过的《立法法》修正案秉承党的十八届三中全会和四中全会的精神对立法权的配置做出了调整,这再次引发了立法学界有关地方立法权的热烈讨论。[1] 其中,全面赋予设区的市地方立法权的规定在大规模扩大地方立法主体的同时,缩减了市级地方立法权的权限范围,由此催生了两种截然相反的城市反应——新近享有立法权的市因立法权梦圆而踌躇满志,而业已享有市级地方立法权的城市却因立法权限范围缩减而怨念重重。[2] 几家欢喜几家愁不可谓不热闹。相应地,有关这一问题的研究成果或聚焦全面赋予设区的市地方立法权可能带来的风险及其应对措施,或关注设区的市地方立法主

[1] 有关《立法法》修正案的总体评述主要参见王文杰:《中国大陆立法法修正评述》,载《月旦法学杂志》2015 年第 6 期,第 192 ~ 211 页;徐向华、林彦:《〈立法法〉修正案评析》,载《交大法学》2015 年第 4 期,第 61 ~ 68 页。

[2] 首次获得地方立法权的行政单位行使地方立法权的热情。各地纷纷大量引进立法人才,为本市的地方立法做好人才储备。原来即已享有地方立法权的城市则对未来立法权限的缩减感到担忧,其中,广州市市长陈建华同志更是强烈呼吁不要缩减原先拥有立法权城市的立法权。参见《广州市长陈建华:不要缩减广州原有立法权限》,载 http://www.nandu.com/html/201503/09/1052232.html,访问时间:2016 年 5 月 1 日。

体扩容是否合理合法及其立法权限范围是否合理合法的问题。[3]

事实上，相较于如何应对全面赋予设区的市地方立法权带来的挑战等难题，如何理解设区的市地方立法权权限范围显得至为基础和关键。盖其是正确把握设区的市地方立法权的前提。可惜的是，现有的研究成果大多要么将设区的市地方立法权的权限范围作为众所周知的常识不对其作出探究，要么对其作出学理解释以及从以往较大的市地方立法的实证经验出发探究设区的市地方立法权应有的立法权限范围。[4] 然而，现有的研究却没能对设区的市地方立法权限范围本身给予应有的重视。诸如设区的市地方立法权限是否仅限于三事项，即"等"是指"等内等"还是"等外等"？"城乡建设与管理""环境保护"以及"历史文化保护"该如何界定？此外，在原较大的市对其业已生效的"规定事项范围以外的"法律的处理权是否完整？如果不完整，有关法律该如何被变更或废止？

可以说，这些问题亟待厘清，否则地方立法便可能僭越国家立法或者地方立法被挤压、从而丧失实效。有鉴于此，本文拟就以下问题展开研究，为准确把握设区的市地方立法权的权限范围做出可能的贡献。第一，设区的市地方立法权的权限范围。第二，原较大的市对其业已生效的"规定事项范围以外的"法律的处理权以及有关法律的存续问题。

---

〔3〕 主要参见周尚君：《制度竞争视角下的地方立法权扩容》，载《法学》2015 年第 11 期，第 141～151 页；汪妙毅：《〈立法法〉修改视野下的地方立法权扩容问题评析》，载《石河子大学学报》（哲学社会科学版）2015 年第 6 期，第 51～58 页；王仰文：《限量下方模式地方立法权平稳承接研究》，载《时代法学》2016 年第 2 期，第 10～20 页；马英娟：《地方立法主体扩容：现实需求与面临挑战》，载《上海师范大学学报》（哲学社会科学版）2015 年第 3 期，第 41～50 页；郑毅：《对新〈立法法〉地方立法权改革的冷思考》，载《行政论坛》2015 年第 4 期，第 61～64 页；王春业：《论赋予设区的市的地方立法权》，载《北京行政学院学报》2015 年第 3 期，第 109～116 页；秦前红，刘怡达：《地方立法权主体扩容的风险及其控制》，载《海峡法学》2015 年第 3 期，第 38～48 页以及第 120 页。

〔4〕 对其作出学理解释以及从过往较大的市地方立法的实证出发探究设区的市地方立法权应有的立法权限范围的研究主要参见王怡：《中国现时期的城市立法》，北京大学 2015 年博士学位论文，第 122～141 页；程庆栋：《设区的市的立法权：权限范围与权力行使》，载《政治与法律》2015 年第 8 期，第 52～61 页；程庆栋：《我国地方立法权的配置研究》，厦门大学 2014 年硕士学位论文，第 23～25 页。

二、设区的市地方立法权限范围

《立法法》修正案第72条和第82条规定了设区的市地方立法权的范围，即“在不同宪法、法律、行政法规和本省、自治区的地方性法规相抵触的前提下，城乡建设与管理、环境保护、历史文化保护等方面的事项，法律对设区的市制定地方性法规的事项另有规定的，从其规定。”显然，设区的市地方立法权限范围不仅限制“城乡建设与管理、环境保护、历史文化保护等方面的事项”而且这些事项中与上位法相抵触部分须被排除在外，但应当包括“法律对设区的市制定地方性法规的事项另有规定的，从其规定。”[5]与以往以负面清单形式规定市级地方立法权限范围不同，《立法法》修正案采用了正面清单形式规定市级地方立法权限范围。然而，这一立法权限范围的规定却存在不确定性，有关立法权限范围的争议愈发激烈，下列问题尤为突出。这些问题亟待厘清，否则地方立法便可能僭越国家立法或者地方立法被挤压、从而丧失实效。

（一）对“等”字的解释：“等内等”或“等外等”

有上述有关设区的市地方立法权限范围的规定可知，“等”字如何解释成为确定设区的市地方立法权限范围的重要钥匙之一。

从字面意义上看，“等”字可解释为“等内”和“等外”，而“等内”与“等外”的意思是截然相反的。其中，“等内”是指符合标准，列入范畴之内；“等外”则指不符合标准，不列入范畴之内。对于“城乡建设与管理、环境保护、历史文化保护等方面的事项”，笔者认为，该规定中“等”字应解释为“等外等”，但是一种“有限的等外等”。亦即，除法律另有

---

〔5〕《立法法》第72条第2款规定：“设区的市的人民代表大会及其常务委员会根据本市的具体情况和实际需要，在不同《宪法》、法律、行政法规和本省、自治区的地方性法规相抵触的前提下，可以对城乡建设与管理、环境保护、历史文化保护等方面的事项制定地方性法规，法律对设区的市制定地方性法规的事项另有规定的，从其规定。”第82条第2款规定：“地方政府规章可以就下列事项作出规定：（一）为执行法律、行政法规、地方性法规的规定需要制定规章的事项；（二）属于本行政区域的具体行政管理事项。”，载 http://www.npc.gov.cn/npc/xinwen/2015－03/16/content_1930129.htm，访问时间：2016年5月1日。

规定外,设区的市地方立法权限范围仅限于所列举的三事项。

第一,从学理解释上来看,除例外规定外,如果设区的市地方立法权限范围涉及三事项以外其他领域的事项,那么这会使原较大的市业已生效的涉及规定事项范围以外的继续有效的规定丧失规范意义,进而形成“老城老办法,新城新办法”的不公平局面。而且,《立法法》第72条第6款以及第82条第3款都肯定了原较大的市业已生效的涉及规定事项范围以外的继续有效。[6] 涉及规定事项“范围以外的”的表述意味着存在明确的“范围”。[7] 然而,值得注意的是,“等”字作“等外等”解释是否必然意味着设区的市地方立法权限范围涉及三事项以外其他领域的事项,进而导致这一规定丧失规范意义?原较大的市业已生效的涉及规定事项“范围以外的”事项是否也将因缺乏明确的边界呢?如果果真如此,立法者的意图又岂能通过其所正式表达的意志实现呢?进而,此次《立法法》修改的意义岂不大打折扣?在仔细研究《立法法》相关规定的基础上,笔者认为并不会出现这种结果。一方面,就设区的市地方立法权限范围是否涉及三事项领域外的事项而言,设区的市确实可以就三事项外的事项进行立法,但这体现在第72条第2款的但书上,即法律另有规定的,从其规定。除此以外,设区的市地方立法权限范围是明确的。另一方面,“等”字作“等外等”并不意味着第72条第六款的规定指代不明。因为“等外等”指向的是第72条第2款中但书所指向的例外情况,而非第72条第6款的规定。

第二,从立法者的意图来看,“等”字应当作“等外等”解释,但为“有限制的等外等”。尽管作为立法主体的全国人民代表大会并没有对

---

〔6〕《立法法》第72条第6款规定:“省、自治区的人民政府所在地的市,经济特区所在地的市和国务院已经批准的较大的市已经制定的地方性法规,涉及本条第二款规定事项范围以外的,继续有效。”第82条第3款规定:“设区的市、自治州的人民政府根据本条第一款、第二款制定地方政府规章,限于城乡建设与管理、环境保护、历史文化保护等方面的事项。已经制定的地方政府规章,涉及上述事项范围以外的,继续有效。”

〔7〕郑毅:《对我国〈立法法〉修改后若干疑难问题的诠释与回应》,载《政治与法律》2016年第1期,第53页。

这一问题作出直接的解释,但笔者从全国人大法工委的主要负责人的表述中不难探究出立法者的意图。[8] 全国人大法工委副主任郑淑娜在就《立法法》修改与立法工作相关问题的记者会中指出,"《立法法》修正案对这些设区的市的立法权限作了一定的限制,限定在城乡建设和管理、环境保护和历史文化保护这样几类事项。这之外的事项怎么办,还要执行国家的法律、行政法规和本省的地方性法规,这是第二道防线,不全部放开。第三道防线叫必须遵守不抵触原则。设区的市制定地方性法规,不得与国家的法律、行政法规包括所在省的地方性法规相抵触"。不难发现,郑淑娜所归纳的设区的市地方立法权限范围为除非法律另有规定,设区的市地方立法权限范围限定在城乡建设和管理、环境保护和历史文化保护这样几类事项,而且不得与上位法抵触。[9] 另外,从全面赋予设区的市地方立法权的目的中彰显的立法者意图来看,其既旨在确保设区的市地方立法适应地方的实际需要,又意图明确其地方立法权限,避免重复立法,维护法制统一。亦即,确保设区的市地方立法权分配系统中的正功能,弱化其负功能。其中,削减其负功能是关键。尽管人们认为结构功能主义"具有维护和解释现存体制的保守主义倾向",[10] 而且基于法律的稳定性和可预见性功能的要求,设区的市地方立法权分配系统将在一段时间内保持不变,但结构内部不同要素的组合以及个别功能的改变能够抵消系统的负功能。为此,《立法

---

〔8〕 全国人大法工委在《立法法》修改过程中,担当着对《立法法》修正案(草案)内容的提出修改建议,其所提出的修改建议被下一阶段的《立法法》修正案采纳。详见《关于〈中华人民共和国立法法〉修正案(草案)的说明》,载 http://www.npc.gov.cn/npc/lfzt/2014/2014-08/31/content_1876779.htm,访问时间:2016 年 5 月 10 日。此外,在《立法法》修正案通过后,全国人大法工委负责人负责以公开的方式答记者问,为公众解疑释惑。全国人大常委会法工委负责人答记者问,载 http://www.npc.gov.cn/npc/lfzt/2014/node_25283.htm,访问时间:2016 年 5 月 10 日。

〔9〕《全国人大常委会法工委负责人答记者问》,载 http://www.npc.gov.cn/npc/lfzt/2014/node_25283.htm,访问时间:2016 年 5 月 10 日。

〔10〕 杜建荣:《卢曼法社会学理论研究:以法律与社会的关系问题为中心》,法律出版社 2012 年版,第 39 页。转引自徐亚文,邵敏:《论新〈立法法〉修订后的世纪立法权》,载《哈尔滨工业大学学报》(社会科学版)2016 年第 2 期,第 44 页。

法》不仅延续了省级人大常委会对设区的市地方性法规的批准程序，而且同时确立了省级人大常委会以分批放权的方式实现对……的控制控制，还通过明确设区的市地方立法权限范围，缩减设区的市地方立法权限。故此，有学者认为，如果"等"字解释为"等外等"，那么必将导致《立法法》上述"羁控的努力归于徒劳"。[11] 然而，由于法律具有滞后性，在法律适用中可能出现立法者预料之外的问题，立法者运用但书为此预留解决的进路。因此，"等"字应作"有限制的等外等"解释。

第三，立法实践来看，设区的市地方立法权限范围原则上限于三事项，法律另有规定的除外。全国人大法工委主任李适时表示，根据《立法法》第72条第2款以及第77条第1款的规定，立法程序、立法工作机制等应属于法律另有规定可以制定地方性法规的事项。[12] 因此，设区的市有权制定规范地方活动的法规。从广东省的立法实践来看，17个新获得立法权的设区的市，目前已有16个市（除汕尾市）将其2016年立法计划报送到省人大常委会法工委，统计共有51项。[13] 从表1可知，51个立法项目中有16项是规范地方活动的法规项目，其余35项属于城乡建设与管理、环境保护和历史文化三个方面。其中，属于城乡建设与管理方面的有8项，属于环境保护方面的有19项，属于历史文化保护方面的有8项。《立法法》修正案通过后，广东省人大常委会已批准的设区的市地方性法规共17项。由表2可知，这十七项法规制定过程的相关文件，特别是各市人大常委会向省人大常委会提交的说明，明确指出有关法规制定的依据并予以罗列。而且省人大法制委员会出具的审查报告以及省人大常委会的批准决定，都予以确认。

---

〔11〕 郑毅：《对我国〈立法法〉修改后若干疑难问题的诠释与回应》，载《政治与法律》2016年第1期，第53页。

〔12〕 《全国人大常委会法制工作委员会主任李适时在第二十一次全国地方立法研讨会上的小结》，载 http://www.rd.gd.cn/rdzt/dflfyth/dhfy/201509/t20150909_147481.html，访问时间：2016年5月10日。

〔13〕 谢浩然：《确保立法质量　突出地方特色——我省设区的市立法工作稳步推进》，载《人民之声》2016年第3期，第11页。

表1〔14〕

城乡建设与管理	《佛山市治理货物运输车辆超载条例》
	《佛山市排水管理条例》
	《佛山市物业管理条例》
	《东莞市城市管理综合执法条例》
	《韶光市市区限制经营燃放烟花爆竹及孔明灯规定》
	《韶关市市区村庄规划管理规定》
	《云浮市农村垃圾管理条例》
环境保护	《佛山市机动车与非机动车移动机械排气污染防治条例》
	《东莞市水乡特色发展经济区生态文明建设促进条例》
	《东莞市饮用水源水质保护条例》
	《中山市水环境保护条例》
	《江门市潭江流域水质保护条例》
	《江门市山体保护与利用管理规定》
	《江门市城市市容和环境卫生管理条例》
	《惠州市西枝江水系水质保护条例》
	《韶关市丹霞山管理条例》
	《潮州市韩江流域综合管理条例》
	《湛江市城市市容和环境卫生管理条例》
	《肇庆市城市市容和环境卫生管理条例》
	《漠阳江流域保护条例》
	《高州水库保护条例》
	《清远市饮用水水源水质保护条例》
	《揭阳市市区粉尘污染管控条例》
	《云浮市畜禽养殖污染防治条例》
	《云浮市石材产业污染防治条例》

〔14〕 谢浩然:《确保立法质量　突出地方特色——我省设区的市立法工作稳步推进》,载《人民之声》2016年第3期,第11页。

续表

历史文化保护	《佛山市历史文化街区和历史建筑保护条例》
	《惠州市历史文化名城保护条例》
	《潮州市历史文化名城保护条例》
	《肇庆市古城墙保护条例》
	《肇庆市端砚保护条例》
	《河源市恐龙化石保护条例》
	《冼夫人文化保护条例》
	《云浮市禅宗六祖文化保护条例》

(二)三事项的界定及其范围

从《立法法》修改过程中的有关文件来看,设区的市地方立法权限范围是几经变化才最终敲定的。由表3可知,自2014年8月25日,第十二届全国人大常委会第十次会议初次审议的《〈中华人民共和国立法法〉修正案(草案)》,到2015年3月15日举行的第十二届全国人民代表大会第三次会议通过的全国人民代表大会《关于修改〈中华人民共和国立法法〉的决定》,设区的市地方立法权限从"城市建设、市容卫生、环境保护等城市管理方面的事项",[15]历经"城市建设、城市管理、环境保护等方面的事项"[16],最后确定为"城乡建设与管理、环境保护、历史文化保护等方面的事项"[17]。设区的市地方立法权限范围呈现出逐渐扩大的变化趋

---

〔15〕《〈中华人民共和国立法法〉修正案(草案)》,载 http://www.npc.gov.cn/npc/xinwen/lfgz/flca/2014-08/31/content_1876205.htm,访问时间:2016年5月10日。

〔16〕《〈中华人民共和国立法法〉修正案(草案二次审议稿)》第26项规定,将第63条改为第72条,第2款修改为:"较大的市的人民代表大会及其常务委员会根据本市的具体情况和实际需要,在不同《宪法》、法律、行政法规和本省、自治区的地方性法规相抵触的前提下,可以对城市建设、城市管理、环境保护等方面的事项,制定地方性法规,但法律对较大的市制定地方性法规的事项另有规定的除外。较大的市的地方性法规须报省、自治区的人民代表大会常务委员会批准后施行。省、自治区的人民代表大会常务委员会对报请批准的地方性法规,应当对其合法性进行审查,同《宪法》、法律、行政法规和本省、自治区的地方性法规不抵触的,应当在四个月内予以批准。",载 http://www.npc.gov.cn/npc/xinwen/lfgz/flca/2014-12/29/content_1891927.htm,访问时间:2016年5月1日。

〔17〕《全国人民代表大会关于修改〈中华人民共和国立法法〉的决定》,载 http://www.npc.gov.cn/npc/xinwen/2015-03/16/content_1930129.htm,访问时间:2016年5月1日。

势。然而,这三次权限变化中,仅“环境保护”一词便有不同的含义。三事项各自该如何界定?

1. 城乡建设与管理

从语义上说,城乡建设与管理具有两种含义:城乡建设及城乡建设管理;城乡建设及城乡管理。前者所指向的管理对象仅包括城乡建设,而后者的管理对象则指向城乡的一切事务。[18] 从《立法法》修改过程中有关表述来看,“城乡建设与管理”应当解释为城乡建设及城乡管理。但需要指出的是,语义上的解释与法律文本的解释是不同的。根据法律解释规则,只有在法律没有界定的情况下,才可能使用社会同行的语言系统中的共识来解释该用语。显然,立法者在《立法法》中赋予“城乡建设与管理”特殊的含义。而且,如果将“城乡建设与管理”的管理对象理解为城乡的一切事务,那么必将陷入逻辑困境。因为“城乡建设与管理”将囊括“环境保护”以及“历史文化保护”,即包含与被包含的关系,而在《立法法》第72条第2款的规定中三事项是并列关系。毫无疑问,立法者所要表达的并不是“城乡建设与管理”包含“环境保护”和“历史文化保护”的意思。

从官方的明确表述来看,城乡建设和管理包括城乡规划、基础设施建设、市政管理等。[19] 全国人大法工委国家法室主任武增也曾表达过相同的观点。[20] 然而,此处“等”字该作何解释?“等内等”还是“等外等”?对此,全国人大法工委主任李适时做出了进一步的说明:“城乡建设既包括城乡道路交通、水电气热市政管网等市政基础设施建设,也包括医院、学校、文体设施等公共设施建设。城乡管理除了包括对市容、市政等

---

〔18〕 参见易有禄:《设区市立法权的权限解析》,载《政法论丛》2016年第2期;黄建武:《设区市立法权限问题探讨》,载《中国法学会立法学研究会2015年学术年会论文集》,第218页。

〔19〕《第十二届全国人民代表大会法律委员会关于〈中华人民共和国立法法修正案(草案)〉审议结果的报告》,载 http://www.npc.gov.cn/wxzl/gongbao/2015-05/07/content_1939079.htm,访问时间:2016年5月1日。

〔20〕 武增:《2015年〈立法法〉修改背景和主要内容解读》,载《中国法律评论》2015年第1期,第212页。

事项的管理,也包括对城乡人员、组织的服务和管理以及对行政管理事项的规范等。”[21]另外,从设区的市地方立法实践来看,“城乡建设与管理”并不限于“城乡规划、基础设施建设、市政管理”三个方面。从图表二可知,我省设区的市地方立法涵盖了市容、市政,而且对于促进城市和国家的政治、经济、文化和社会发展的多种公共事务都有所辐射,甚至对管理公共场所吸烟、管理饲养动物,以及对残疾人、妇女、未成年人等弱势群体给予特别的福利关照等公共事务都有所体现。不难发现,这些进一步涵盖的事项便是“对城乡人员、组织的服务和管理以及对行政管理事项的规范等”,它们是与“城乡规划、基础设施建设、市政管理”类属相近的事项。[22] 因此,此处“等”字应解释为“等外等”,亦即在城乡规划、基础设施建设、市政管理之外,还包括“对城乡人员、组织的服务和管理以及对行政管理事项的规范等”。而且“对城乡人员、组织的服务和管理以及对行政管理事项的规范等”中的“等”也作“等外等”解释,但其范围并非无限的,而应当限于与“城乡规划、基础设施建设、市政管理”类属相近的事项。

为了更准确地把握法律的真实意涵,笔者在关注文本中的法律之外,还将目光投射到运行中的法律。为此,笔者以广东省设区的市立法实践为例,对《立法法》修正案通过后省人大对该省内业已获得批准的以及业已获得定性的设区的市的地方性法规着手,分析城乡建设与管理的内容。

表2[23]

	序号	地方性法规名称
城乡建设与管理	1	《佛山市治理货物运输车辆超载条例》
	2	《佛山市排水管理条例》

〔21〕《全国人大常委会法制工作委员会主任李适时在第二十一次全国地方立法研讨会上的小结》,载 http://www.rd.gd.cn/rdzt/dflfyth/dhfy/201509/t20150909_147481.html,访问时间:2016年5月1日。

〔22〕参见易有禄:《设区市立法权的权限解析》,载《政法论丛》2016年第2期;程庆栋:《设区的市的立法权:权限范围与权力行使》,载《政治与法律》2015年第8期。

〔23〕资料来源于北大法宝数据库以及谢浩然:《确保立法质量 突出地方特色——我省设区的市立法工作稳步推进》,载《人民之声》2016年第3期。

续表

城乡建设与管理	3	《佛山市物业管理条例》
	4	《东莞市城市管理综合执法条例》
	5	《韶光市市区限制经营燃放烟花爆竹及孔明灯规定》
	6	《韶关市市区村庄规划管理规定》
	7	《云浮市农村垃圾管理条例》
	8	《广州市社会治安综合治理条例》
	9	《广州市销售燃放烟花爆竹管理规定》
	10	《广州市义务兵征集优待和退伍安置规定》
	11	《广州市公路路政管理条例》
	12	《广州市传染病防治规定》
	13	《广州市社会急救医疗管理条例》
	14	《广州市幼儿教育管理规定》
	15	《广州市市政设施管理条例》
	16	《广州市统计管理条例》
	17	《广州市建筑条例》
	18	《广州市水利工程设施保护规定》
	19	《广州市宗教事务管理条例》
	20	《广州市科学技术经费投入与管理条例》
	21	《广州市奖励和保护见义勇为人员条例》
	22	《广州市殡葬管理规定》
	23	《广州市劳动力市场管理条例》
	24	《广州市地名管理条例》
	25	《广州市人才市场管理条例》
	26	《广州市森林公园管理条例》
	27	《广州市水上治安管理条例》
	28	《广州市科学技术普及条例》

续表

城乡建设与管理	29	《广州市促进科技成果转化条例》
	30	《广州市公共汽车电车客运管理条例》
	31	《广州市涉案物价格鉴定管理条例》
	32	《广州市违法建设查处条例》
	33	《广州市内部审计条例》
	34	《广州市房地产中介服务管理条例》
	35	《广州市房地产开发办法》
	36	《广州市生猪屠宰和生猪产品流通管理条例》
	37	《广州市农药管理规定》
	38	《广州市城市供水用水条例》
	39	《广州市安全生产条例》
	40	《广州市实施〈中华人民共和国工会法〉办法》
	41	《广州市残疾人权益保障条例》
	42	《广州市城市管理综合执法条例》
	43	《广州市志愿服务条例》
	44	《广州市养犬管理条例》
	45	《广州市妇女权益保障规定》
	46	《广州市全民健身条例》
	47	《广州市控制吸烟条例》
	48	《广州市政府投资管理条例》
	49	《广州市信息化促进条例》
	50	《广州市劳动关系三方协商规定》
	51	《广州市水务管理条例》
	52	《广州市募捐条例》
	53	《广州市绿化条例》
	54	《广州市建筑废弃物管理条例》

续表

城乡建设与管理	55	《广州市中新广州知识城条例》
	56	《广州市人民防空管理规定》
	57	《广州市科技创新促进条例》
	58	《广州市社会医疗保险条例》
	59	《广州市未成年人保护规定》
	60	《广州市城市轨道交通管理条例》
	61	《广州市按比例安排残疾人就业办法》
	62	《广州市教育经费投入与管理条例》
	63	《广州市旅游条例》
	64	《广州市公园条例》

从表2可知,城乡建设与管理包括以下几方面的内容:

第一,城乡规划方面的事务。根据《城乡规划法》,城乡规划包括城镇体系规划、城市规划、镇规划、乡规划和村庄规划。城市规划、镇规划分为总体规划和详细规划。按对象和功能类别划分,城乡规划可以分为总体规划、专项规划、区域规划。在立法实践中,城乡规划的内容可以通过单独立法的方式制定,如《广州市城乡规划条例》和《韶关市市区村庄规划管理规定》;但更多的则是作为一个条例的部分内容,比如《广州市公园条例》《广州市全民健身条例》等。[24]

第二,基础设施建设及其相关事务管理。基础设施建设是指为社会生产和居民生活提供公共服务的物质工程设施。城乡基础设施主要包括六大系统,即能源供应系统、供水供电系统、交通运输系统、邮电通讯系统、环保环卫系统以及防卫防灾安全系统。

第三,市政管理。市政管理是市政主体作用于市政客体及其过程。市政有狭义、中义和广义之分。狭义的市政是指城市工程技术方面的

---

〔24〕 参见黄龙云主编:《广东地方立法实践与探索》,广东人民出版社2015年版,第135页。

事,诸如城市的给水排水,道路交通等城市工程和物质设施。中观意义上的市政包括市政工程、公用事业、园林绿化、市政卫生。广义上的市政是指城市管理所须处理的各种公共事务的总称,涵盖了城市自身和国家的政治、经济、文化和社会发展的各项管理活动,范围相当广泛。从地方立法实践来看,"市政管理"的范围颇为广泛。尽管这些立法实践有助于解除笔者有关设区的市地方立法权限范围的一些疑惑,[25]设区的市地方立法实践仍有待丰富。目前尚不足以有限的地方立法实践完整地呈现设区的市地方立法权的外延,但根据《立法法》修正案严格控权的精神,中央很可能会倾向于严格的解释,因此,笔者认为市政管理的范围大于中观意义上的市政,但不宜涵盖城市管理所须处理的各种公共事务。

第四,与"城乡规划、基础设施以及市政管理"类属相近的事项,包括对城乡人员、组织的服务和管理以及对行政管理事项的规范等。

地方立法实践反映出"城乡建设与管理"事项所涵盖的范围相当大,但该事项立法范围究竟多大,特别是市政管理的外延究竟包括哪些事项、与"城乡规划、基础设施以及市政管理"类属相近的事项的范围有多大,法条并未作出清晰的界定。可以说,设区的市地方立法实践并不多,尚不足以让笔者从其立法实践中推断出"城乡建设与管理"事项的完整外延。对此,有学者根据原较大的市的职权立法范围以及授权立法范围,分析了"城乡建设与管理"的内涵和外延,以探索"城乡建设与管理"涉及《地方组织法》等法律中设区的市人大及其常委会职权中的哪些事项。[26] 此外,不少学者认为应当充分保障地方立法的自主性,因

〔25〕 有学者提出疑问,不确定设区的市对诸如对管理公共场所吸烟、管理饲养动物,以及对残疾人、妇女、未成年人等弱势群体给予特别的福利关照等公共事务是否具有立法权。参见黄建武:《设区市立法权限问题探讨》,载《中国法学会立法学研究会 2015 年学术年会论文集》,第 469 页。

〔26〕 黄建武:《设区市立法权限问题探讨》,载《中国法学会立法学研究会 2015 年学术年会论文集》,第 470 页。

而主张对"城乡建设与管理"作扩大解释。[27] 然而,从宏观层面来看,国家晚近以系列措施巩固中央重塑央地关系顶层设计,以实现从量的中央集权向质的中央集权的转变,而《立法法》修正案的控权精神正是以立法的方式做出正式的呼应。从微观层面来看,每部法律都被预设为逻辑自洽的整体,条文之间相互协调。如上文对"等"字的解释表明,《立法法》修正案秉持着控权的精神,限缩着设区的市地方立法权限范围。倘若对"城乡建设与管理"做扩大解释,很可能将其演化了囊括一切城乡事务的条款。这不仅会事实上架空"环境保护"和"历史文化保护"的立法权限,同时使"有限制的等外等"规定丧失其限制功能,还会破坏设区的市地方立法权规定的内在逻辑。此外,从逻辑上来说,这种扩大解释的倾向恰恰表明了它是"在认可限定性解释基础上所作出的具有明确价值导向的选择性策略,因而并不能动摇限定性解释的基调"。[28] 但不容置疑的是,由于"城乡建设与管理"既不是一个已有的法律概念,也不是一个新的法律概念,人们对此概念也未达成共识,因而亟须一个需要正式的法律解释来解决此问题。[29]

2. 环境保护

从文意解释来看,一审稿中"城市建设、市容卫生、环境保护"等属于城市管理方面的事项。从语义逻辑来看,二审稿中"城市建设、城市管理、环境保护等方面的事项",环境保护与城市建设、城市管理是并列关系。三审稿中"城乡建设与管理、环境保护、历史文化保护等方面的事项",环境保护与城乡建设与管理、历史文化保护也是并

〔27〕 参见程雪阳:《"合理扩大地方立法权"》,载《中国社会科学报》2014年9月24日;郭思源:《论设区的市立法权范围——兼评〈立法法〉修正案第31条》,载《研究生法学》2015年第3期,第64~71页。

〔28〕 郑毅:《对我国〈立法法〉修改后若干疑难问题的诠释与回应》,载《政治与法律》2016年第1期,第48~59页。

〔29〕 参见黄建武:《设区市立法权限问题探讨》,载《中国法学会立法学研究会2015年学术年会论文集》;郑毅:《对我国〈立法法〉修改后若干疑难问题的诠释与回应》,载《政治与法律》2016年第1期,第48~59页;郭思源:《论设区的市立法权范围——兼评〈立法法〉修正案第31条》,载《研究生法学》2015年第3期,第64~71页。

列关系。可见,一审稿与二审稿、三审稿中"环境保护"的含义是不同的。因此,笔者无法从几易其义的相关文件中推测出"环境保护"的确切含义。

从在立法机关重要工作人员的表述来看,按照《中华人民共和国环境保护法》(以下简称《环境保护法》)的规定,环境保护的范围包括大气、水、海洋、土地、矿藏、森林、草原、湿地、野生生物、自然遗迹、人文遗迹等。〔30〕从该定义来看,环境的范围极大,以至于环境保护似乎能将城乡建设与管理以及历史文化保护都包含在内。显然,这不仅将无限扩大《环境保护法》的调整范围,使其成为无所不包的大法,同时使其与其他法律相互竞合以致扰乱整个法律体系,还将使《立法法》修正案的有关规定陷入逻辑困境。因此,有学者认为,应当把《环境保护法》第2条中的"环境"理解为"城市和乡村作为影响人类生成和发展的整体构成物"。〔31〕

从《立法法》修正案通过后广东省设区的市地方立法来看(详见图表三),环境保护涉及水环境保护、大气污染防治、噪声污染防治、固体废弃物防治、农业环境保护等。〔32〕设区的市地方立法既要保障国家法律法规在本地区的贯彻执行,结合本地实际做出具体规定,更要结合本地环境保护的需要,对国家法律法规没有作出规定或者不会作出规定的环境保护领域,结合地方的特点作出规定。例如新晋享有地方立法权的佛山市将河涌水环境保护条例、餐厨垃圾管理条例纳入立法规划;江门市将谭江流域水质保护条例以及中华白海豚自然保

〔30〕 武增:《2015年〈立法法〉修改背景和主要内容解读》,载《中国法律评论》2015年第1期。《环境保护法》第2条规定,本法所称环境是指影响人类生存和发展的各种天然的论和经过人工改造的自然因素的总体,包括大气、水、海洋、土地、矿藏、森林、草原、湿地、野生生物、自然遗迹、人文遗迹、自然保护区、风景名胜区、城市和乡村等。

〔31〕 黄建武:《设区市立法权限问题探讨》,载《中国法学会立法学研究会2015年学术年会论文集》。

〔32〕 参见黄龙云主编:《广东地方立法实践与探索》,广东人民出版社2015年版,第145页。

护区管理条例列入立法规划;惠州市新近出台了西枝江流域水质保护条例。

表3〔33〕

	序号	名称
环境保护	1	《广州市水域市容环境卫生管理条例》
	2	《广州市流溪河流域保护条例》
	3	《广州市机动车排气污染防治规定》
	4	《广州市机动车排气污染防治规定》
	5	《广州市生态公益林条例》
	6	《广州市固体废物污染环境防治规定》
	7	《广州市环境保护条例》
	8	《广州市环境噪声污染防治规定》
	9	《广州市大气污染防治规定》
	10	《广州市野生动物保护管理若干规定》
	11	《潮州市韩江流域综合管理条例》
	12	《湛江市城市市容和环境卫生管理条例》
	13	《肇庆市城市市容和环境卫生管理条例》
	14	《漠阳江流域保护条例》
	15	《高州水库保护条例》
	16	《清远市饮用水水源水质保护条例》
	17	《揭阳市市区粉尘污染管控条例》
	18	《云浮市畜禽养殖污染防治条例》
	19	《云浮市石材产业污染防治条例》

〔33〕 资料来源于北大法宝数据库以及谢浩然:《确保立法质量　突出地方特色——我省设区的市立法工作稳步推进》,载《人民之声》2016年第3期。

3. 历史文化保护

历史文化保护主要指对历史文化遗产的保护。根据《国务院关于加强文化遗产保护的通知》(国发〔2005〕42号)的规定,文化遗产包括物质文化遗产和非物质文化遗产。《立法法》修正案通过后广东省设区的市地方立法(详见表4)恰好印证了这一点。亦即历史文化保护既涉及物质文化保护,如对历史文化街区和历史建筑、古城墙等的保护,也涉及非物质文化保护,如冼夫人文化保护。

设区的市所制定的历史文化保护方面的地方立法的上位法——《中华人民共和国非物质文化遗产保护法》(以下简称《非物质文化遗产保护法》)以及《中华人民共和国文物保护法》(以下简称《文物保护法》)对历史文化保护的对象做出了明确的规定。根据《非物质文化保护法》第2条规定,非物质文化遗产是指各族人民世代相传并视为其文化遗产组成部分的各种传统文化表现形式,以及与传统文化表现形式相关的实物和场所。就历史文化保护的具体对象而言,《文物保护法》第2条详细列举了文物保护的对象:"(一)具有历史、艺术、科学价值的古文化遗址、古墓葬、古建筑、石窟寺和石刻、壁画;(二)与重大历史事件、革命运动或者著名人物有关的以及具有重要纪念意义、教育意义或者史料价值的近代现代重要史迹、实物、代表性建筑;(三)历史上各时代珍贵的艺术品、工艺美术品;(四)历史上各时代重要的文献资料以及具有历史、艺术、科学价值的手稿和图书资料等;(五)反映历史上各时代、各民族社会制度、社会生产、社会生活的代表性实物。"《非物质文化遗产保护法》第2条详细列举了非物质文化保护的对象,包括:"(一)传统口头文学以及作为其载体的语言;(二)传统美术、书法、音乐、舞蹈、戏剧、曲艺和杂技;(三)传统技艺、医药和历法;(四)传统礼仪、节庆等民俗;(五)传统体育和游艺;(六)其他非物质文化遗产。"

表4[34]

	序号	名称
历史文化保护	1	《佛山市历史文化街区和历史建筑保护条例》
	2	《惠州市历史文化名城保护条例》
	3	《潮州市历史文化名城保护条例》
	4	《肇庆市古城墙保护条例》
	5	《肇庆市端砚保护条例》
	6	《河源市恐龙化石保护条例》
	7	《冼夫人文化保护条例》
	8	《云浮市禅宗六祖文化保护条例》
	9	《广州市文物保护规定》

三、原较大的市对其业已生效的"规定事项范围以外的"法律的处理权以及有关法律的存续问题

《立法法》第72条第6款规定:"省、自治区的人民政府所在地的市,经济特区所在地的市和国务院已经批准的较大的市已经制定的地方性法规,涉及本条第二款规定事项范围以外的,继续有效。"根据法不溯及既往原则,该规定保有原较大的市业已生效的"规定事项范围以外的"法律的效力。然而,由于市级地方立法权限范围被缩减了,原较大的市对于超越范围以外的事项并不具有变更或废止的权力。尽管在《立法法》修改过程中,曾有代表提出"老城老办法,新城新办法"的建议,即原较大的市保有原来的地方立法权限,而新晋享有设区的市地方立法权的市则依据《立法法》修正案框定的立法权限制定地方立法。但

〔34〕 资料来源于北大法宝数据库以及谢浩然:《确保立法质量 突出地方特色——我省设区的市立法工作稳步推进》,载《人民之声》2016年第3期,第11页。

该提议已被否定。[35] 同时也有学者认为应当完善原较大的市"规定事项范围以外的"既有法律的处理权限。[36] 全国人大法工委主任李适时以及全国人大法工委国家法室副处长王正斌都认为，由于上位法修改或者实际情况发生变化，地方性法规不宜继续执行的，可以对地方性法规进行必要的修改，但是不得再增加立法法关于设区的市立法权限范围以外的事项，防止出现"旧瓶装新酒"的现象。[37] 对此，笔者区分"上位法修改或者实际情况发生变化，地方性法规不宜继续执行"中的几种情况并作出相应的分析，以探究原较大的市对其业已生效的"规定事项范围以外的"法律的处理权。

一是所涉事项属于设区的市立法权限范围。此时存在两种情况。其一，上位法作了规定。对此，应当执行上位法的规定。其二，上位法没有规定。对此，设区的市有权对其作出修改。此时，地方性法规不得增加立法法关于设区的市立法权限范围以外的事项，因为《立法法》仅保有原较大的市"规定事项范围以外的"既有法律的效力，除法律另有规定外，设区的市对其立法权限范围以外的事项无权立法。

二是所涉事项超出设区的市立法权限范围。此时也存在两种情况。其一，上位法作了规定。对此，应当执行上位法的规定。其二，上位法没有规定。对此，设区的市无权对其作出修改。如此一来，这些超越范围的事项该如何处理？它们是否能够被变更或废止呢？如果能够

〔35〕《第十二届全国人民代表大会法律委员会关于〈中华人民共和国立法法修正案(草案)〉审议结果的报告》，载 http://www.npc.gov.cn/wxzl/gongbao/2015-05/07/content_1939079.htm，访问时间：2016 年 5 月 10 日；武增：《2015 年〈立法法〉修改背景和主要内容解读》，载《中国法律评论》2015 年第 1 期，第 212 页。

〔36〕参见郑毅：《对我国〈立法法〉修改后若干疑难问题的诠释与回应》，载《政治与法律》2016 年第 1 期，第 55 ~ 57 页；黄建武：《设区市立法权限问题探讨》，载《中国法学会立法学研究会 2015 年学术年会论文集》，第 472 页。

〔37〕参见《全国人大常委会法制工作委员会主任李适时在第二十一次全国地方立法研讨会上的小结》，载 http://www.rd.gd.cn/rdzt/dflfyth/dhfy/201509/t20150909_147481.html，访问时间：2016 年 5 月 10 日；王正斌：《〈立法法〉对设区的市亦即地方立法会读的重大修改》，载《中国法律评论》2015 年第 2 期，第 236 页。

被变更或废止,该如何变更或废止？原制定单位是否有权废止呢？根据《立法法》第97条的规定,[38]全国人民代表大会常务委员会只能通过撤销的方式达到废止有关地方性法规的目的,却无权对由于情势变化而应加以修改以适应社会发展的地方性法规予以变更。有学者指出,这不仅会极大地增加全国人大常委会法律监督方面的工作量,而且如果这些机关怠于履行监督职责,将给有关地方未来的法律适用带来一定的麻烦。[39] 而省级人大不仅有权撤销其常委会批准的原较大的市业已生效的“规定事项范围以外的”地方性法规,而且还能对这些地方性法规予以变更。这既能分摊全国人大常委会法律监督方面的工作,而且有助于避免有关地方未来法律适用方面的困境。此外,设区的市也可以提请省级人大常委会就设区的市有关事项重新制定相关的地方性法规。[40] 最后,就原制定单位而言,其是否有权废止有关现行法规呢？《立法法》第73条第2款规定,在国家制定的法律或者行政法规生效后,地方性法规同法律或者行政法规相抵触的规定无效,制定机关应当及时予以修改或者废止。这表明原较大的市有权废止有关现行法规。

---

〔38〕《立法法》第97条规定:“改变或者撤销法律、行政法规、地方性法规、自治条例和单行条例、规章的权限是:(一)全国人民代表大会有权改变或者撤销它的常务委员会制定的不适当的法律,有权撤销全国人民代表大会常务委员会批准的违背宪法和本法第七十五条第二款规定的自治条例和单行条例;(二)全国人民代表大会常务委员会有权撤销同宪法和法律相抵触的行政法规,有权撤销同宪法、法律和行政法规相抵触的地方性法规,有权撤销省、自治区、直辖市的人民代表大会常务委员会批准的违背宪法和本法第七十五条第二款规定的自治条例和单行条例;(三)国务院有权改变或者撤销不适当的部门规章和地方政府规章;(四)省、自治区、直辖市的人民代表大会有权改变或者撤销它的常务委员会制定的和批准的不适当的地方性法规;(五)地方人民代表大会常务委员会有权撤销本级人民政府制定的不适当的规章;(六)省、自治区的人民政府有权改变或者撤销下一级人民政府制定的不适当的规章;(七)授权机关有权撤销被授权机关制定的超越授权范围或者违背授权目的的法规,必要时可以撤销授权。”

〔39〕郭思源:《论设区的市立法权范围——兼评〈立法法〉修正案第31条》,载《研究生法学》2015年第3期,第70页。

〔40〕参见《全国人大常委会法制工作委员会主任李适时在第二十一次全国地方立法研讨会上的小结》,载http://www.rd.gd.cn/rdzt/dflfyth/dhfy/201509/t20150909_147481.html,访问时间:2016年5月10日。

综上所述，笔者认为：第一，原较大的市对其业已生效的“规定事项范围以外的”法律的处理权并不完整，它只能保有有关法规的效力以及在上位法修改或者情况发生变化时废止有关法规。第二，在上位法修改或者情况发生变化时，全国人民代表大会常务委员会能够撤销原较大的市业已生效的“规定事项范围以外的”法律，省级人民代表大会既有权撤销有关法规也可以对有关法规进行变更，设区的市人大常委会可以废止有关法规并提请省级人大常委会就设区的市有关事项重新制定相关的地方性法规。

四、结语

尽管《立法法》修正案以正面清单的形式列举设区的市地方立法权限范围，但设区的市地方立法权限范围并不明晰。经研究，笔者认为：第一，除法律另有规定外，设区的市地方立法权限仅限于三事项。第二，有关法律对“环境保护”以及“历史文化保护”的界定较为明晰，但“城乡建设与管理”事项的内涵和外延并不明确，经研究后只能确定“城乡建设与管理”事项包括城乡规划、基础设施建设及其相关事务管理、市政管理以及与这三事项类属相近的事项，包括对城乡人员、组织的服务和管理以及对行政管理事项的规范等，因此，亟待法律对此作出进一步的解释说明。此外，研究表明，原较大的市对其业已生效的“规定事项范围以外的”法律的处理权并不完整。有关法规既可以通过全国人大常委会和省级人大予以撤销也可以通过原制定机关废止；有关法规既可以通过省级人大予以变更，也可以由设区的市人大常委会废止有关法规后提请省级人大常委会就有关事项重新制定予以变更。

（责任编辑：郑琼现）

PART 5

立法教室

Legislative Classroom

pp. 275 -305

论建立法案制作为中心的立法人才培养机制*

邓世豹**

目　次

摘要：立法工作者是立法实践中的法案制作者和制度设计者。法案制作、制度设计的技术性集中

---

* 本成果是2014年“理论粤军”“以法治思维和法治方法化解社会矛盾研究”（编号：WT1412），2015年度教育部哲学社会科学研究重大课题攻关项目“创新法治人才培养机制”（编号：15JZD008）阶段性研究成果。

** 邓世豹，广东财经大学法学院教授，主要从事宪法学、立法学研究。

体现立法的专业性，专业性的立法工作只有受过专门训练，掌握专门技术的人员才能胜任。法案制作的质量决定法律、法规、制度的质量，也决定了法律、法规、制度的实施状况。良法善治必须有高素质的立法人才支撑，面向全面实施依法治国的法治人才需求，法学教育应适应立法人才需求的特点，建立以法案制作为中心有针对性的人才培养机制。

关键字：立法；立法人才；法学教育

党的十八届四中全会决定指出："法律是治国之重器，良法是善治之前提。建设中国特色社会主义法治体系，必须坚持立法先行，发挥立法的引领和推动作用，抓住提高立法质量这个关键。"提升立法质量除了需要有充分的民意表达，更为关键的是要将混沌、相互冲突的立法需求以明晰、简洁的语言表现出来，并落实到立法中。实现立法专业化，立法人才是立法质量的保证。中共中央办公厅、国务院办公厅印发的《关于完善国家统一法律职业资格制度的意见》中明确立法工作者属于法律职业人员范围，并鼓励从事法律法规起草的立法工作者参加国家统一法律职业资格考试，取得职业资格。法学教育必须回应全面依法治国的人才需求，培养大批高素质立法人才，有针对性的建立立法人才培养机制。

一、立法工作者是法案制作者

界定立法人才首先必须界定立法。何为立法，人们首先想到《立法法》第2条规定的"法律、行政法规、地方性法规、自治条例和单行条例的制定、修改和废止，适用本法。国务院部门规章和地方政府规章的制定、修改和废止，依照本法的有关规定执行。"立法是指一切国家机关依照法定权限和程序创制各种规范性法律文件的活动，具体是指法律、行政法规、地方性法规、自治条例和单行条例、国务院部门规章和地方政府规章等成文法渊源形式的制定、修改和废止等活动。这种立法概念界定是从法源层面上的，将制定具有法律效力的行为规范的活动称为立法。

如果按照严格意义界定立法，进而确定立法工作者，并不能全面反映社会对立法人才的需求。就国家治理而言，立法本质就是进行制度设计，一切有目的、有计划的社会规则的制定活动都可以认为是立法，都是在进行制度设计。“立法是法律实践作为调整社会关系的重大实践活动的组成部分，本质上是实践的，是制度文明或者说政治文明的形成过程、承载形式。”[1]广泛意义的立法活动不仅是有立法权的代议机关制定国家法律和地方性法规活动，还包括行政机关制定行政法规、规章、规范性文件的行为以及其他国家机关颁布规范性文件的活动。从形式上看，所有国家机关制定法律、法规、规章、规范性文件的活动都为立法活动，一切国家机关以规范性文件为载体的制度设计都可以认为是立法。

立法是民意形成过程，是一项众多人员参与其中的活动。在众多立法参与者中间甄别立法工作者是一件比较困难的事情。首先，立法工作者是匿名的。比较而言，人们很容易从一项具体执法、司法活动中找到执法者是谁、法官是谁，因为具体的法律文书上都明确记载法官、执法者的姓名，但是立法是集体决策的成果，一项法规制定过程、一项制度设计有无数人参与其中，出台法律、法规、制度都是集体的智慧结晶，具体承担法案制作，制度设计的立法工作者从不署名，也无从显现。其次，具体执法、司法活动中，都是由具体执法者、法官在行使职权，执法者、法官有权进行具体的执法、司法活动，而承担法案制作、制度设计的立法工作者并不是一个享有立法权的个人，他们是提供立法服务的工作人员。最后，现有的立法研究中主要关注作为法定立法程序阶段的立法行为，重视法律议案提出、审议、表决、颁布程序，至于立法前的法律立项与法案起草环节非正式程序甚少重视，立法活动被主要限定

〔1〕 石东坡：《“后体系时代”的立法实践范畴新论——基于修改“立法法”的思考》，载《江汉学术》2014年第1期，第34页。

在正式的立法程序阶段，由特定机关行使立法职权。这些程序中只有代表或者委员们出场，具体承担法案制作、制度设计的立法工作者被隐藏了。这些因素也恰恰是立法人才容易被忽视的缘由。

立法工作者就是立法活动中法案制作者、制度设计者。确定立法工作者，确定立法人才必须从无数参与具体立法活动的人员进行甄别，从中寻找具体制度设计的人员。

1. 有立法权的各级人大的代表、委员并不属于立法工作者。虽然在正式立法程序中他们直接参与法案的表决，决定法案是否通过，构成立法主体一部分。由于各级人大代表和委员主要是兼职的，先进性、广泛性、代表性是人大代表规定性要求，是民意的体现，并不要求他们熟练掌握立法技术，他们也不直接起草法案，他们根据立法程序安排对法规法案进行审议，提出审议建议，交由法规草案承办机构或者人员进行修改完善，他们不是立法工作者。

2. 参与立法过程表达民意的组织和个人不是立法工作者。立法过程中，吸纳民意，公开征集立项建议或法案、立法调研、座谈会、立法听证、立法列席或旁听等众多途径或机制保障公众参与活动，但是他们是民意表达者，他们的意见或者对法案修改、完善发挥重要作用。但是他们并不具体承担法案制作，进行制度设计，并不要求他们掌握立法技术，也不要求他们全程参与立法活动，他们不是立法工作者。

3. 直接承担法案制作（修改）、进行制度设计的工作人员才是立法工作者。不管一项法律、法规、规章、规范性文件制定有多少人参与，最后由哪个机关表决通过或者哪位首长签字颁布实施，但是所有法律、法规、规章、规范性文件制定都有一个或者几个工作人员（起草小组）具体承担法案制作，进行制度设计。承担法规草案起草、进行制度设计的工作人员，他们需要熟悉立法规律，熟练掌握立法技术，具备法案制作经验，把社会上模糊的立法需求转化为明确、富有逻辑的、可操作的法规草案，供公众评议、供人大代表或者委员进行审议，并且根据他们的意见修改完善法律草案，完善制度设计，交由有制定权的机关表决通过或

者首长签字颁布实施。具体承担法案制作(修改)、进行制度设计的工作人员才是立法工作者。立法工作者包括:

第一,承担起草(修改)法律、法规草案的工作人员,他们工作在全国人大常委会、省级人大常委会、设区的市人大常委会的法制工作机构。

第二,承担起草(修改)行政法规草案的工作人员,他们工作在国务院法制办公室、国务院各个部委法规司等岗位。

第三,承担起草(修改)政府规章工作人员。规章在当代中国法律体系中同样具有法源意义,属于法律体系组成部分,起草规章草案的工作人员分布在各级政府的法制办公室及其政府工作部门的法制机构。

第四,承担起草(修改)政府规范性文件的工作人员。行政规范性文件是行政机关及法律、法规授权的具有管理公共事务职能的组织,在法定职权范围内依照法定程序制定并公开发布涉及或者影响公民、法人或者其他组织权利义务,在本行政区域或其管理范围内具有普遍约束力,能够反复适用的行政措施、决定、命令。规范性文件虽然不具备法源意义,不是法,却是不同层级行政决策的规范表现,具有立法属性。规范性文件质量决定规范性文件实施效果,规范性文件起草、制订必须像立法一样严谨。当前提倡重大行政决策法制化、规范化,不仅仅是要求重大行政决策程序合法、内容合法,更为关键的是重大行政决策的载体、形式、逻辑结构必须像法律一样严谨,这就要求起草、制订规范性文件的工作人员掌握立法技术,具备立法者素质。实践中一些重大行政决策实施效果不好,其中重要原因是决策质量不高,决策的制度载体缺乏严谨性,可操作性不强,深层次的原因是缺少具有立法素质的人才。规范性文件制订主体广泛,所有政府及其工作部门都有权发布规范性文件,承担规范性文件起草工作的人员,也属于立法工作者,分布各级政府及其工作部门。

第五,其他机关承担制度设计的工作人员。司法机关出台司法解释和规范诉讼活动的规范性文件,同样具有立法属性。承担制作规范性文件(草案)工作人员也是制度设计者,同样属于立法工作者。

第六,其他应邀承担法案制作的高校、研究机构的工作人员。实践中,一些立法机构将法案制作委托给高校、研究机构承担。这种委托说明了立法的技术性和专业性,但是也需要说明的是只有具备立法技术人员才能接受这种委托工作。具体承担法案制作,进行制度设计的人员也可以界定为立法工作者。

法治国家本质上就是规范治理,而不是根据某个人一时一地的命令治理。国家治理的规范除了通过法律、法规、规章具有法源性质的规范外,还有众多政府规范性文件、其他国家机关颁布规范性文件。立法本质上是制度设计,凡是具体承担法案制作,进行制度设计工作的工作人员,都可以认为是立法工作者,其中专门从事法律、法规、规章以及规范性文件起草的人员可以称为专门立法人员,其余为广泛意义立法工作者。"良法才能善治",国家治理,必须有良好的制度设计,设计良好的制度,必须有高素质的立法人才为支撑。法治国家建设需要一大批专门立法人才和具有立法素质的人才队伍。

二、法案制作的技术性体现立法专业性

立法是一项专业化活动。法律要反映各种利益,但并非是对各种利益的直接反映,它需要对各种利益予以理性化和科学化的筛选,从而达致利益的平衡,并且进行规范性的表达。"现代立法追求的是一系列程序制度保障下的立法实质内容的民主,立法目的是要体现民情、顺应民意。而普通公民自己无法充分完成利益的表达,需要凭借立法职业者的收集、整理和代表民意的活动和中介活动发挥利益聚合功能。立法助理作为实际进行立法的专业人员,能运用自己的经验知识和专业技能,将民众零乱、分散的意志、愿望和要求进行集中、整理、分析过滤、归纳综合成型,最终以文字的形式表达出来。"[2]现代社会一切法律法

〔2〕 秦前红、李元:《关于建立我国立法助理制度的探讨》,载《法学论坛》2004年第6期。

规都应当是民意的体现和表达,但是成为法律法规之前的民意是模糊的、混沌的。将模糊、混沌状态的民意转化为清晰的、富有逻辑的,并可以操作的社会行为规范,是一项复杂的专业化活动。“建立合理、健全的法律法规不只是立法者良好意愿的表达和开明政策的选择。即使是最佳的立法构想,在其形成明确、可执行的法规之前,都需要开展繁重的技术工作。”〔3〕

“无论对立法技术的内涵和外延怎样界定。法的结构营造技术在立法技术体系中无疑占有特殊地位,它是立法活动中所需经常运用的技术,是各种立法技术中具体的,实在的且特别重要的立法技术。”〔4〕立法技术集中在法案制作技术,立法的专业性集中反映在法案制作、制度设计的技术性。任何一部法律法规、一项制度都是由文本结构、语言表达和规范逻辑组合而成的,三者是否严谨、合理、适当,直接关系到立法内容的科学与否。法案制作、制度设计必须符合特定的逻辑规则,语言格式、和规范构造等立法形式方面要求。“立法工作者要对立法内容的完整性、法条表述的逻辑性、概念使用的正确性、法言法语运用的合理性等诸多内容进行斟酌,最终形成高质量的立法文本。”〔5〕法案制作技术主要体现在法案结构的构造技术、立法语言的表达技术、法规规范形成技术。

第一,法案的构造技术。制定法突出特点和优点是成文化,以文本形式表现,而成文法必需有名称、有层次、有结构。法规文本结构包括名称、法规的总则、分则和附则,法规的目录、标题、序言、附录,法规的编、章、节、条、款、项、目等多种结构形式。法案的构造需要考虑以下问题:法案名称的确立是否准确反映法规所要调整的社会关系,是否准确

〔3〕 卢群星:《隐性立法者:中国立法工作者的作用及其正当性难题》,载《浙江大学学报》2013年第2期。

〔4〕 周旺生:《立法学教程》,北京大学出版社2006年版,第413页。

〔5〕 卢群星:《隐性立法者:中国立法工作者的作用及其正当性难题》,载《浙江大学学报》2013年第2期。

规范立法所要规范的社会行为,是否涵盖法规文本所有内容,法案名称支配法案结构布局;法案制作中文本结构的选取是否准确反映不同法规范、制度之间逻辑关系,是否准确反映规范之间层层递进关系还是并列关系。法案制作中,从法案名称、到内部层次和结构是法案制作必须充分运用的立法技术。法案文本结构能否得到科学的安排和表现,在很大程度上取决于立法者对立法技术的掌握和运用。

第二,法案的语言表达技术。立法必须借助语言,而语言有其自身的规律。与日常语言不同,立法语言必须具有概括和精准的二重性。一方面,立法语言针对的是同类行为对象,而不是某一具体个别行为,必须具有概括性,能够反映其规范对象行为的普遍性特点;另一方面,立法语言又必须保证规范内容的普遍适用性,能够被公平地适用于所有被规制的行为对象,而不因为语言的歧义与模糊产生选择性执法或遭遇适用对象歧视。立法语言是立法技术的重要内容,一部高质量的法离不开好的立法语言甚至标点符号。立法语言表达技术需要运用明确、规范、通用的语言文字表达立法意图和规范内容。立法语言运用遵循立法语言规则,排斥描绘、比喻、象征、抒情文学语言的表达方式,也排斥探索、讨论、商榷、争论等学术语言表达方式,也排斥报告、纪要、宣传、政策文体中相对不确定的语言表达。立法语言技术的运用要做到:一要充分尊重立法语言与普通语言的共性,不能将立法语言与普通语言割裂开来;二要尊重立法语言自身的特殊性,也即善用法言法语表述法律规范;三要保持立法语言的统一性,保证在整个法律制度体系中对于特定内容的表达,保持用语的一致。立法语言要“明确、肯定、通俗、简明、严谨、规范”。[6]

第三,法案的规范形成技术。法案制作、制度设计核心在于法规范设计。法规构成有包括“假定、处理、制裁”三要素说和“行为模式和法律后果”两要素说。法规范内在结构要求法案制作、制度设计中必须保

〔6〕 周旺生:《立法学教程》,北京大学出版社2006年版,第516~517页。

证法规范逻辑的完整性,设定了人们的行为模式,必须规定相应的法律后果,必须注意法定义务与法律责任的对应关系。只要有法定义务,就有违反法定义务的可能;只要有违反法定义务的可能,就须设定相应的法律责任。如果仅仅规定法定义务,却欠缺相应的法律责任规定,这样的立法必定流于形式而缺乏可执行性可操作性,最终可能沦为僵尸条款。法案制作中必须考虑法案中各项制度之间的协调性,即法规范之间的协调性,同一个法案内各项制度之间协调性、平衡性,同样的行为模式应当具有同样的法律后果,不同行为模式应当设置不同的法律后果,实现法内容的公平性。法案制作做到法案内创设的制度与已有制度之间相协调,拟设定的行为规范与上位法规范相协调,与同级法规范相协调,不得相互冲突,否则,相互矛盾的规定造成行为人无所适从。法案制作、制度设计必须考虑制度的周延性、协调性、可操作性,需要高超的立法技术。制度设计的科学性才能保证立法内容的科学性,做到科学立法。

"法案起草是一门艺术,也是衡量立法主体尤其是起草人对立法这门科学认识到、掌握到何种程度的一种硬件指标,是检验立法主体立法水平的一个标尺。在立法活动过程中,很少有其他环节比法案起草更能让立法主体在究竟有多高的立法水平上亮相。"[7] 法案制作技术的好与差、优与劣,直接影响到立法内容的科学与否。法规的质量从很大程度上是由法案制作技术高低决定的。法案制作技术直接影响法的执行,影响执法、司法、守法及法的监督等活动。法案制作的技术性特征体现立法科学性的必然要求,真实地反映立法行为活动所存在的客观规律,是实现立法可执行性、可操作性的必然要求。现实生活中,由于法案制作技术不够、立法专业化的欠缺而导致其科学性不足,使得法律在实际生活中不能发挥应有的效力,这不仅会影响到公民权利的实现,而且还会导致公民滋生对法律的轻视。

---

〔7〕 周旺生:《立法学教程》,北京大学出版社 2006 年版,第 476 页。

立法是一门科学,没有立法知识和不掌握法案制作技术的人员不可能制定出高质量的法律。立法质量与立法者的素质密切相关。“法案起草是一项难度很大甚至是一项异常困难的工作,是一项具有高度的技术要求和最严格的写作要求的工作。”“法案起草人就是职业化的难题解决者,做一个称职的法案起草人,需要充分地领悟自己所从事的工作的难度,在不懈的学习和实践中,练就一身解决问题的本领。”[8]良好的立法、制度设计必须由受过专门训练,熟练掌握立法技术的人才能完成,由立法人才才能完成。“几乎没有任何脑力工作像立法工作那样,需要不仅是有经验和受过训练,而且通过长期辛勤劳动的训练有素的研究人员去做。这就是为什么立法工作只有由极少数人组成的委员会才能做得好的充分理由,即使没有其他理由的话。一个具有同样决定意义的理由是,法律的每个条款,必须在准确而富有远见地洞察到它对所有其他条款的效果的情况下制定,凡制定的法律必须能和以前存在的法律构成首尾一贯的整体。”[9]

三、以法案制作为中心立法人才培养之设想

良法才能善治。高质量的立法才能保证法律准确的实施,才能建立稳定的法律秩序。以法治思维和法律方法化解社会矛盾,不能仅仅寄希望于司法。漏洞百出的立法、制度设计会源源不断地制造社会矛盾。高质量的立法,必须有高素质的立法人才。高素质立法人才培养,必须针对立法人才的素质需求,建立法案制作为中心、有针对性的立法人才培养机制。

第一,法案制作必须有深厚的法学理论做支撑。法案制作是技术性活动,而这些技术运用是需要深厚法学理论作为支撑。只有系统掌握法律的概念、法律的原理,掌握法律发展规律,才能用法言法语概括

---

〔8〕 周旺生:《立法学教程》,北京大学出版社2006年版,第478~479页。

〔9〕 [英]约翰·密尔:《代议制政府》,汪瑄译,商务印书馆1984年版,第76页。

社会中混沌的立法需求,才能够将社会需求设定行为规范。法案制作必须掌握国家的政治制度和立法体制,才能清楚立法权限划分,提供可行的方案,处理好不同法律规范、不同制度之间的协调关系。掌握系统的法学理论是所有法治人才都必需的,是所有法治人才共同的要求,也因此立法人才与其他法治人才被定性为法律职业工作者。

第二,法案制作必须具有整体性思维。熟悉法学原理,掌握法案制作技术的立法人才还有专门的素质要求,即具有整体性思维。法案制作中思维过程主要呈现归纳思维特点,立法决策程序遵循个别到一般、从延纳民意到集中表达民意的基本逻辑过程,明显区别于行政和司法的实施程序的一般到个别、法律规范适用于个案的基本逻辑过程。执法者突出演绎思维,而立法者突出归纳思维,将社会中碎片化的、模糊的立法需求抽象归纳出一般的社会行为模式,概括出一般的行为规则。法案制作过程中必须具有良好整体性思维,既注意到法律规范设计的完整性,还要考虑到拟设定法律规范与其他法律规范之间的关系。法律体系是一个整体,必须注意到拟设计法律规范在整个法律体系中的地位,只有具备整体性思维,才能熟悉各种制度之间的衔接关系,才能保证制度统一性。法案制作中思维特性要求立法人才培养中必须注意整体性思维、归纳思维的训练,突出社会调查课程的设计和训练。

第三,法案制作必须熟悉古今中外制度文明。立法是为了解决问题,一些问题并不是本国特有,也不是当下特有的。一些同样的问题在国外存在、在过去发生。国外是如何处理这些问题,前人是如何处理这些问题,有什么成功经验和教训,都是当今制度设计可资参考、借鉴的。任何制度设计都不是凭空设想的,今天的制度设计可以从古今中外制度文明中找到启发,找到借鉴。因此,立法人才培养必须重视法制史、外国法、比较法、国际法等课程的教育。比较法课程中比较方法特别突出,比较方法是制度设计重要思维方法,在立法实务中运用最多的。法案设计中比较方法运用可简化为如下步骤或程序:共同问题→不同解决方法→解决理由的描述→理由异同的分析→解决方案的评价→预测。比较分析方法的有效运用,有助于立法者或研究者通过比较分析不同国家或地区的立法制度挖掘对本国本地区可资借鉴的成熟的立法经验,进而发展和创新本国本地区立法制度。现代立法实务中比较分析法运用的三大规律性特点或情形是:一是在有关涉外法律方面借鉴外国法、国际法;二是在国内事务领域中借鉴国外的相关立法;三是在全球化条件下制定国内法参照国际标准。[10]

第四,法案制作必须有具体的技能训练。法案制作不仅是理论的,更是实践的。法案制作技能不是言传的,更是养成的,只有通过不断的实际操作、演练才能形成良好的技能。立法人才培养中应当加强立法技能训练,具体开设"法案制作""法规点评"实务课程,就像通过"模拟法庭""经典案例分析"等实务课程培养司法人才一样,让学生亲自参与法案制作,在活动中熟悉法案制作过程,积累法案制作经验,掌握立法技术规范。通过"法规点评",评价现行立法的得与失,总结立法经验。

立法人才培养必须对立法部门、立法专家开放,通过在立法部门建立实习实践基地,邀请立法专家言传身教,强化立法人才培养。以法官、检察官、律师等司法人才为中心的法学教育是无法胜任立法人才培养的。

四、结语

"高校的法学专业教学理念应与时俱进,应积极探索高层次地方立法人才培养模式,从仅强调培养法官式、律师式思维的诉讼型人才培养模式,转向培养具有公共政策考量才能的立法决策型人才培养模式,使法学毕业生不仅能胜任法官、检察官、诉讼律师等职业,还能胜任地方人大立法、行政政策制定等事务。"[11] 国家治理体系现代化首先是国家治理体系的法治化,国家治理体系关键是国家治理法治体系。国家治

〔10〕 参见朱景文:《比较法总论》,中国人民大学出版社2008年版,第55~70页。

〔11〕 胡弘弘、白永峰:《地方人大立法人才培养机制研究》,载《中州学刊》2015年第8期。

理法治体系是基于以国家根本法《宪法》为核心的法律体系建立起来的规范国家管理活动的国家管理法律法规政策等各种规范体系,保证规范体系内在统一性,表达的严谨性和现实中的可操作性,需要一大批专门立法人才和具有立法素养的人才队伍。立法人才培养与司法人才培养有共同之处,但是差异性也是明显的,应比较当下以案件(法庭)为中心组织教学资源培养司法人才的法学教育模式,建立以法案制作为中心的、有针对性的培养立法人才的机制。

(责任编辑:罗　玥)

地方立法的权限与程序若干问题探讨

刘 牧*

目 次

摘要:在我国一元、两级、多层次的立法体制下,要明确地方立法权限,地方立法应突出地方特色并具有可执行性。在立法权限的划分上,实践中仍然存在若干难题有待解决。在立法程序上,明确法规所要解决的问题,是有效推进立法的前

* 刘牧,广东省人民代表大会常务委员会法制委员会副主任委员。

提。在法治现代化的建设中，科学立法应与民主立法相结合，促进多种不同的声音参与进立法过程。

关键字：地方立法权限；地方立法程序；立法法

本文重点从地方人大机关工作的实务层面探讨地方立法的权限、程序及相关问题，主要包含以下四个层面：第一，地方立法权限；第二，地方立法程序；第三，关于《立法法》修改的一些情况；第四，对"科学立法、民主立法"的一些认识。笔者认为，应在我国一元、两级、多层次的立法体制的背景下明确地方立法权限，目前实践中立法权限的划分仍然存在若干难题有待解决。在立法过程中，要明确法规所要解决的问题，针对这个问题组织条文。地方立法应突出地方特色并具有可执行性。在目前法治现代化的建设中，科学立法是严格执法、公正司法和全民守法的基础，科学立法和民主立法需要结合，促进公众参与立法进程。

一、地方立法权限的问题

（一）立法体制以及地方立法的特征和它的表现形态

立法权限问题是我们现在政治体制建设及改革过程中的一个非常重要的课题，也是这次《立法法》修改需要重点解决的一个问题。而谈到立法权限的问题，就有必要回顾我国的立法体制。

1. 一元，两级，多层次

笔者将我国的立法体制概括为七个字：一元，两级，多层次。

"一元"意指我国的立法是完整的，中国特色法律体系是个完整的体系。地方的立法权这个概念是在1979年出现，[1]继而的发展就是此

---

〔1〕 即1979年在省一级设立人大常委会后才赋予地方以立法权。1979年7月1日，五届全国人大二次会议表决通过了《关于修正〈中华人民共和国宪法〉若干规定的决议》（以下简称《决议》）和7部法律。《决议》、《地方各级人民代表大会和地方各级人民政府组织法》规定，县级以上地方各级人大设立常委会，赋予省级人大及其常委会制定地方法规的权力。当年，全国有22个省、自治区、直辖市召开人民代表大会，选举产生了本级人大常委会。

次《立法法》的修改,赋予了设区的市立法权。立法权本来是属于中央的,只有中央才能行使。而为了适应改革发展的要求,中央将其立法权分出一部分,赋予了地方。这其中第一步是赋予省一级,即省、市、自治区的人大及其常委会享有立法权;第二步是赋予省会所在城市以立法权,后来又扩展到了较大的市。[2]

"两级"即立法权从层级来分,为中央和地方两级。

中央的立法权是"多层次",指的是在中央,立法权有两个:一是最高立法机关,即全国人民代表大会及其常务委员会的立法权;二是最高行政机关,即国务院制定行政法规的权限。至于国务院各部委制定的规章,在立法机关的理解中不算是严格意义的立法。[3]《立法法》修改后对规章作了进一步的限制,笔者会在下文详细论述。

地方的立法权,笔者将其概括为三个层面。第一个层面是地级市的立法权。在该层面,地方的立法权的主体有两个:一是省级人大及其常委会;二是较大的市。此次《立法法》修改以后赋予288个设区和不设区的地级市[4]普遍享有立法权。

地方立法权的第二个层面是民族自治地方的自治条例和单行条例。民族自治地方在我国的立法权可划分为三个层次:第一,五个自治区,即广西、新疆、西藏、内蒙古、宁夏;第二,地级层面的自治州是有立法权的;第三,自治县的立法权,比如广州的连南、连山、乳源三个自治县,都有其相应的立法权。从行政自治单位来看,民族自治地方还有一种形式为民族自治乡。全国范围内民族自治乡的数量很多,而广东省

---

〔2〕 较大的市在我国有两种情况:一是经济特区所在的城市,这种城市最晚在1996年才出现;二是国务院批准的较大的市,这种城市大概起始于是20世纪80年代确定的十几个计划工业城市。现在国务院批准的较大的市总共有49个。

〔3〕 这一点可以《行政诉讼法》做一个佐证。《行政诉讼法》第63条规定:"人民法院审理行政案件,以法律和行政法规、地方性法规为依据……人民法院审理行政案件,参照规章。"法律、法规是法院判案的依据,规章仅仅作为参考。

〔4〕 这288个市包含了几部分:第一,设区的市,在我们国家是284个;第二,不设区的地级市,全国原来是5个,即甘肃的嘉峪关,广东的东莞和中山,海南的三沙和三亚。海南三亚市在2014年撤镇设区,即不设区的地级市现在有4个。二者合计共288个地级市。

内有七个。民族自治乡没有立法权。另外,民族自治地方行使民族自治立法权时,必须是由人民代表大会行使,其常委会不能行使民族自治地方的立法权限,包括对立法的修改。

地方的立法权的第三个层面是经济特区所在市的人民代表大会及其常务委员会制定的特区法规。特区法规是非常模糊的一个概念,它究竟属于地方立法,还是属于全国人民代表大会的特别立法,在理论上争议非常大,至今没有定论。法学界主流观点一般认为,它是全国人民代表大会授权的,因而应属于全国人民代表大会的特别立法。从立法机关的角度考虑,特区立法授权是为了解决经济体制改革和对外开放过程中面临的一些实际问题,因此特区立法本质上应该属于地方立法。但特区立法特殊在授予其立法机关比较大的立法权限,可以对法律的具体规定予以变通,相应地,其需要报全国人民代表大会常务委员会备案。

综上,笔者将我国立法体制概括为一元、两级、多层次。建立这个基本概念对于党政机关的工作是非常有好处的:每一个层级都了解自身的权限范围,才更加有利于开展进一步的工作。

2. 地方立法的四个特征

地方立法是中国特色社会主义法律体系的组成部分,或者叫重要组成部分、重要补充、组成部分等,总之它是属于中国特色社会主义法律体系的组成内容。地方立法具有以下四个特征:

第一,从属性。地方立法从属于法律和行政法规,地方立法的基本原则就是不与宪法、法律、行政法规相抵触。该基本原则决定了它从属于法律和行政法规的地位。

第二,地方性。地方立法应具有地方性,突出地方特色。

第三,自主性。地方立法应解决地方事务。例如,养狗、城市垃圾的处理、规划建设等问题,属于纯粹的地方性事务,中央不可能为这些比较细致的问题去立法。又如,广东省比较有特殊性的外嫁女权益保障问题,这是在珠三角城市化过程中的一个区域性问题,不可能成为一个全国性的问题。这样的问题都需要通过地方立法去加以解决。在国家层面，无论是法律还是行政法规都不可能为这种问题制定相应的规范。

第四，先行性。地方立法可以“先行先试”。全国人大八届会议的委员长乔石讲过，要让广东充分发挥立法“试验田”作用，要先行先试。有一些在国家层面立法比较难的问题，中央希望在广东先行立法，去探索通过法律解决问题的路径。这方面例子非常多：1987 年时，《宪法》规定土地归国家所有，不得出租、出让、买卖。而当时深圳的《土地管理条例》就突破了这个规定。若按照传统的法治观念，这属于明显违宪，需要追究法律责任。但当时因为广东得到了中央授权，可以对土地所有权和使用权分离做一些探索，因此深圳的《土地管理条例》才能够规定使用权可以出让、出租、拍卖，后来才有了整个房地产市场的发展，以及土地制度的彻底性改革。有限责任公司和股份有限公司这两种公司形态在 20 世纪 80 年代末、90 年代初就在广东先通过制定条例确定，全国的《公司法》在 1998 年以后才确定。

3. 地方立法的四种形态

在地方立法表现形式上，根据上面的四个特征可以对应出地方立法的四种形态：

第一，实施性的立法，即依据法律的授权来规定，弥补法律没有直接标注的实施办法，笔者将其归至实施规则。

第二，补充性的立法，即国家法律不做具体的规定，仅要求就该问题加以具体规定的，需要地方立法来完成。例如，食品小摊贩小作坊问题。

第三，自主性的立法，即完全解决地方的问题。例如，在 20 世纪 80 年代末 90 年代初，广东针对放高利贷的问题专门立法，现在借钱后以高利贷索债行为已经在《刑法》和《治安管理处罚法》中有所规定，因此，在 2014 年 9 月的法规清理工作中，这个地方的立法已经被整理了。

第四，先行性的立法。此种立法在 20 世纪八九十年代的广东占比几乎有 40% 多。近年来保持在 20% 以下，因为国家法治在不断的完备，地方探索的空间就相应性地少一些。

(二)地方立法在立法权限上的原则与问题

1. 地方立法三大立法原则

地方立法在立法过程中需要把握三个立法原则:

第一,维护国家法治统一。我们是单一制的,多民族的统一国家,只有一个法律体系,维护法治统一是任何一个立法主体必须要坚守的。

第二,突出地方特色。每个地区的立法要具有每个地区的特色,要解决该地区针对的问题。在东北三省,即黑龙江、吉林和辽宁,照搬兄弟省市的法规条文的现象十分严重。这种做法或许节省了许多立法资源,但在立法权的行使上十分不合适,使得这三省的立法权形同虚设,也没有突出地方特色。笔者强调,一定要从本省的实际出发,着眼于解决本省的实际问题,抄外省外市的法规不一定实用。

第三,增强可执行性。法规出台后,必须要有可操作性和可执行性,否则该法规等于没有制定。例如,广州市人大制定了养犬条例,对养狗设定了诸多门槛,每年收费极高,片面强调狗主尽义务与责任,却没有任何条款保障其权利。这种条例必然难以被执行,实践中养狗的人极少办理登记。广州市的控烟条例规定了在公共场所禁止吸烟,但在具体实施层面上无法对此进行监督,不可能执行。笔者认为,对此可以做提倡性的规定,但也要考虑执法的能力和成本问题。立法要考虑到经济社会发展的状况,社会的氛围,以及人的素质程度。又如,《广东省未成年人保护条例》规定 13 岁以下儿童不准安排坐在副驾驶的位置,但是没有设定处罚,而只是作为一项责任来规定,原因是执法机关不可能对此进行有效的监督。但立法的目的在于告知未成年人的监护人有这项责任和义务去保护未成年人。随着人们的认识水平提高,慢慢会主动这样做。此处考虑的是执法能力、执法成本和设定罚则的必要性问题。地方立法不要以奇制胜,要实实在在地解决问题。

2. 中央与地方立法的权限划分中的若干难题

《立法法》第8条规定的是中央专属立法权,[5]但是在实践中比较难以把握。下面笔者逐一阐释《立法法》第8条规定的立法权事项。以下这些都是地方立法不能规定的事项,是属于全国人大及其常委会的专属立法权,必须制定法律。

第一,国家主权的事项。例如,地方人大无权制定境外非政府组织管理条例,这事项属于中央权属,地方没有权力立法,而且涉外的事项一定是中央权属。

第二,涉及各级人民代表大会、人民政府、人民法院、人民检察院的职权,不能立法的情况比较多。例如,设立人民法院和增加警种都属于中央权属,超出了地方立法权限。

第三,民族区域自治制度、特别行政区制度、基层群众自治制度。这些制度,是通过法律规定的。例如,若地方人大要制定"基层村居自治条例",则存在诸多政治及法律上的难题。无论从政治制度还是法律制度的角度来看,都没有"村居自治"这样一种表述。村委会、居委会自治制度是一种公共事务的自我管理、自我教育的机构,是一种私务上的自治而非政治上的自治。笔者认为不适宜于将它作为一种法律事务或者一种政治事务来规定。

第四,犯罪和刑罚。

第五,对公民政治权利的剥夺,限制公民自由的强制措施和处罚。

第六,在这次"两会"期间争论比较大的,关注比较多的,即税种的设立、税率的确定和税收征收管理制度。

---

[5] 《立法法》第8条规定:"下列事项只能制定法律:(一)国家主权的事项;(二)各级人民代表大会、人民政府、人民法院和人民检察院的产生、组织和职权;(三)民族区域自治制度、特别行政区制度、基层群众自治制度;(四)犯罪和刑罚;(五)对公民政治权利的剥夺、限制人身自由的强制措施和处罚;(六)税种的设立、税率的确定和税收征收管理等税收基本制度;(七)对非国有财产的征收、征用;(八)民事基本制度;(九)基本经济制度以及财政、海关、金融和外贸的基本制度;(十)诉讼和仲裁制度;(十一)必须由全国人民代表大会及其常务委员会制定法律的其他事项。"

这次《立法法》修改，大家的关注点主要是三个：第一，界定立法权力边界，包括中央的法律和行政法规的权力边界，中央和地方的权限划分，以及地方的、特别是设区的市的权力边界。这是立法法修改的第一个关注点，也和十八届四中全会相关联。第二，完善立法程序，特别是对全国人民代表大会及其常务委员会的立法程序做了进一步的完善。第三，科学立法、民主立法的机制建设。广东近年来在立法上创新的经验在全国人大修改《立法法》的过程中基本得到体现。

界定权力边界的内容可以以三个字概括：放、收、控。

一是“放”，即赋予288个设区的市和不设区的市地方立法权。

二是“收”，主要体现在对授权立法的收紧，包括对行政法规立法权限的收紧。例如《立法法》颁布前国务院曾对燃油税进行几次调整，而《立法法》2015年3月15日颁布后，这种税率的调整必须报全国人大，并由全国人大通过法律来规定。

三是“控”，主要体现在设区的市的立法权限仅包含三个方面，城乡建设和管理、环境保护和历史文化保护。除此之外，不能制定地方性法规。例如，某市出台了廉洁城市建设条例，表面上跟城市建设有些联系，而实际上规定的都是政治制度、廉政建设方面的内容，这超出了地方立法的权限。省人大在批准地方性法规时一般只有三种方式：第一种是决定予以批准。第二种是附议定意见批准，即就个别条文、个别内容是与宪法、法律、行政法规、本省的地方性法规相抵触的，要求必须对某一条某一款修改以后才能公布施行。第三种是不予批准。例如，1997年曾经批过广州的一个义务献血条例，是附议定意见的批准，需要修改，到现在这个法规还没有公布。鼓励公民义务献血没有问题，但该条例不恰当的把义务献血规定为公民的一种义务，这是不允许的，公民的权利和义务是宪法才能规定的，地方性法规不能增加公民的义务。

现阶段比较难把握的还有《立法法》第8条第（八）项，即民事基本制度。比如电梯安全事故首负赔偿责任的确定，涉及基本民事制度。

此外《立法法》第8条第（九）项，即基本经济制度，也较难以把握。

比如工商登记方面。目前市场主体想要取得市场主体资格,须先办好所有的行政许可,然后再能拿到工商执照。工商登记是最后把关的口。但办理工商登记的手续非常繁琐。现在广东省探索工商商事登记制度改革,力图通过设立工商登记条例改变这种现象,主要思路是:先登记,再按照从事的行业、负面清单管理目录、需要办行政许可等到相关部门办理行政许可;另外还有"三证合一",即工商登记、税务登记和企业事业单位的编码登记。总体上改革的思路很清楚,但是法律依据不足。按照总书记讲的"凡属重大改革,都必须于法有据",很多东西还要国务院明确以后,地方性法规才能往下面走,还有一些法律上和法理上的问题有待探讨和解决。

3. 其他立法的权限划分中的若干难题

《立法法》修订以后,除了中央和地方的立法权限问题外,还有一些其他权限划分方面的难题:

第一,地方的人大和常委会之间的立法权限怎么划分还是不清楚,《立法法》第76条很笼统地规定属于本地重大事项应当经过地方的人民代表大会通过。在实践中,我们原来的想法是,凡是涉及对常委会职权的一些规定,比如议事规则,立法条例,选举办法这些必须由代表大会通过,因为常委会不能自己给自己设权,必须由人民代表大会为其设定权利,这是一个政治伦理的问题,也是一个法律原则的问题。

第二,法规与地方政府规章的权限也不太清楚。对于这一点,《立法法》的修改已经明确了。例如国内某些城市的先行限购行为,从法理以及人大立法工作的权限和程序角度看是存在问题的。对市场买卖行为、市场经营活动的限制,要采取合适合法的程序。《立法法》第82条对规章做了一些限制,比如说有效期是两年,两年后如果不制定地方性法规,它的有效性就终止。

第三,是经济特区的立法权限的问题。经济特区的立法权为1992年和1996年两次全国人大和常委会授权。经济特区的初衷主要为两个方面服务:一个是经济体制改革;另一个是对外开放。实际上这些年特区法规的范围没有任何限制。例如,《深圳经济特区司法鉴定条例》,规定了六个民事事项必须强制公正,这实际上是对公民民事权利的一种限制,是违法的。这个条例后来被废除了。如果细看,我省三个特区都有这样的法规,因为授权决定里写的是向全国人大常委会备案,同时报送省人大常委会,即主备案机关是全国人大常委会,省人大不能太多的审查。在此一是存在人力的问题,二是因为这个规定,省级能做的空间比较小,所以对于特区法规这一块我们基本上是放任的。

《立法法》第 98 条第(五)项规定,特区立法在报备的时候必须对法律、行政法规和地方性法规做出变通的内容加以说明。这是一个有研究空间的新课题。笔者认为,这个规定有两个方面的含义:第一是经济特区所在的市大多数都有两个立法权,一个原来叫较大的市立法权,还有一个特区立法权。以后必须是需要对法律、行政法规和地方性法规做出变通的才能用特区立法权。如果不存在对法律、行政法规和地方性法规做出变通的,那么只能用设区的市的立法权。第二是在报备的时候需要对变动的内容专门作出说明。实际上这个规定是对特区立法权的收紧,也是控权的一个很重要的内容。

按照这次《立法法》的修改,授权立法是随时可以收回的,那么特区立法存不存在收回的问题?因为当初授权之时没有期限、范围,没有过多限制的内容,那么这种授权能不能够收回,在什么时候收回,这也是值得研究的问题。现在广东省的三个特区基本上不用较大市或设区的市的立法权了,基本上都是用特区立法权,那么这就跟授权初衷有背离。因为当时主要是要求在经济体制改革和对外开放方面制定特区法规。现在政治体制方面的事务还有社会建设、社会管理还有城市管理方面的事务全部都用特区立法,显然跟当时的授权有一些不一致的地方。

第四,民族区域自治。在广东这个问题不是很突出。这类法规一般在立项之前都会跟省人大之间保持一个密切的联系和沟通,所以很多问题在立项之前就解决了。

二、地方立法的程序

地方立法程序在理论上与实践上,以及在理解和认识还是有一些不同的。对立法程序有广义和狭义两种理解:广义的立法程序包括立法工作程序;而狭义的立法程序只是包括法案的“提出、审议、表决、公布”程序。

(一)广义的立法程序

立法工作程序主要是在立法前准备,一般包括立法规划的编制和立法计划。立法规划一般是指人大及其常委会一个届别一个规划,为期五年,换届以后就要准备下一届人大及其常委会的立法规划。而立法工作计划是指年度的,一般是每年九月份开始征集项目,到一月份报省委,三月份开完全国两会以后就基本确定当年的立法计划。规划与计划不属于严格的立法程序的范畴,是立法工作程序,只能算作立法前的准备工作。此次全国人大在修改《立法法》的时候对规划、计划的编制做了一些原则规定,即对立法准备的基础性规定。笔者认为不能将此理解为作为立法程序来规定。这个问题可以继续研究。

立法工作程序首先是立法准备阶段,然后就是法规起草、调研、论证、听证、评估、征求意见、公众参与,这些都是由法工委组织开展的一些工作。笔者都把它们归在立法的工作程序里面。所以立法工作程序围绕立法程序展开,为立法程序服务。当然现在也有专家提出立法准备阶段还要包括立法预测的观点,这有待于深入探讨。

(二)狭义的立法程序

1. 法案的提出

从《宪法》、《地方各级人民代表大会和地方各级人民政府组织法》和《立法法》的规定来看,有权提出法规案或法律案的主体如下:一是人民代表大会的主席团;二是人民代表大会的常务委员会;三是专门委员会;四是本级政府;五是一个代表团或十名以上的代表联名。像常委会提出法规案件主要是常委会的主任会议,代表大会专门委员会、政府、常委会委员五人以上联名。需要注意的是,中央和省两个层级法院和检察院是不提出法案的。

常委会的法制工作委员会是常委会的工作机构,受常委会的领导。与常委会的法制工作委员会一起工作的还有省人大法制委员会,它是人民代表大会的专门委员会。法制委员会和法制工作委员会是两个不同的机构。省人大的法制专门委员会的组成人员首先必须是代表,而常委会的法制工作委员会的组成人员可以是代表也可以不是代表。专门委员会讨论决定事情是集体制的,法制委员会主任委员只能是集合大家的意见;而工作委员会是首长负责制。人大没有上下级的关系,比如省人大常委会和市的人大常委会没有领导关系和上下级关系,只是一种指导关系。法制工作委员会负责具体的法规起草工作,之后交给法制委员会在三审的时候做一个审议结果报告。从法律性质上,法制委员会是一个统一审议机构,在法规案表决前对法规案合法性做个统一审议,认为不具有合法性的问题就向常委会做一个审议结果的报告。

提出的法案一般要包括四个内容:一是议案,那是很简单的两、三句话;二是法规草案;三是说明;四是相关的参阅材料。广东有一套立法指引。常委会组成人员都是非专业的,不是专职担任委员,都有其他工作,立法指引帮助他们便于看明白条文。立法指引内容是每一条有条注,说明是规范什么内容;每一条下面有注释,说明这一条解决什么问题,制定这一条的依据,以及相关的文件的解释。

法规草案在起草过程需要把握的就是要解决什么问题。比如《电梯使用安全管理条例》,首先,要明确这部法规要解决的问题是电梯使用过程中的安全监管的责任如何配置。至于事故鉴定和赔偿责任问题,在《民法通则》包括《侵权责任法》里面都有很明确的规定,不是该条例解决的问题。其次,厘清电梯使用过程中的责任配置的逻辑顺序。在电梯使用过程中环节非常多,包括生产、强检、维保及使用环节等。电梯发生事故,只有经过事故的鉴定以后才能确定责任承担者是谁,进而才有赔偿的问题。整个逻辑关系理顺后,再对应到每个环节设置不同的条款,或者说,按照它们在整个链条里面的重要性把安全责任配置到不同主体身上。即在每环节中看生产单位、强检单位、维保单位及使用人各负什么责任。我们创立了一个概念叫使用管理人,以此确定每个环节各个单位在整个链条里面起什么样的作用,应该配置什么样的责任,以及出了事故以后怎么去追究责任。至于后续的民事责任的问题,由相关的法律和行政法规去解决。立法首先要明确法规需要解决的是什么问题,这个问题在现实生活里是什么状况,立法所希望达到的状态是什么。之后就是组织条文的问题。组织条文从技术层面来讲必须要找出相关的法律依据,包括直接上位法。如这个电梯条例的直接上位法如国家的《特种设备安全法》和国务院的《特种设备安全监察条例》,相关的法律是《侵权责任法》《民法通则》,以及国务院相关部门制定的一些规章和规范性文件。作为一个启发思路还可以参照一些类似的立法看它在这个问题上的规定的思路和方法,但是不主张去照抄,具体还是得回到本地实际情况中来。

笔者上文中提到一部不甚清楚的法规,即《基层村居自治条例》,解决的问题不明确,且现有的法律、行政法规、部门规章、规范性文件都没有这样一种制度的安排,这样的立法就很难推进,因为不知道目标和要解决什么问题。再如另一个立法项目叫《市场监管条例》,要解决的是市场监管体系建设的问题,但是这个条例从技术上看无法完成。市场监管的环节、品种、区域、制度都非常复杂,无法在一个法规中全部解决,而这个条例也没有明确其目的是在于解决哪个方面的问题。

又如最近的一部《救灾条例》。救灾与环境保护有些类似。环境保护有一个基础性的法律《环境保护法》,还有很多根据不同的环境要素制定的法规,如大气污染防治、固体废物防治、水污染防治等,总共大概有三十部。救灾也是类似,因为不同的自然灾害有不同处置的法律规定,比如地震有防震减灾法,水灾有防洪法。这个救灾条例的立法也有其相应的语境,如果清楚其立法的目的主要在于两个方面,一个是农村保险的问题，另一个是社会力量参与救灾的问题，那这个法规就很容易起草。于是改成《社会力量救灾促进条例》，引导鼓励农民保险，例如投财产险，投农作物险，调动农民的积极性。鼓励和引导社会力量有序的参与到灾区的救灾以及灾后的善后的问题。所以起草过程里主要是要抓住法规解决的主要问题是什么，针对这个问题去组织条文。

2. 法规的审议

按照广东省的立法条例，新制定的法规施行三读，就是三次审议附表决的方式。修订的法规是两读，简单的也可以采取一读、通过的方式。从法工委的工作层面来讲，在不同的审次里把握的重点可能有一些差异：一审主要是解决立法的可行性、必要性这两个方面的问题，即有没有必要立这个法，法规草案里规定的内容是不是可行。特别现在多数法规是在相关的委员会即专门委员会进行一审。二审主要解决的是合法性和规范性的问题。合法性即所设计的主要制度跟法律、行政法规的规定是不是相一致，跟我省相关的地方性法规是不是相衔接。规范性主要是指按照立法技术规范，从条文的表述到格式都有相应的规定，比较繁杂。三审主要关注法规出台后可能会给社会造成的影响，对其进行预演、预判、预估，这个过程较为规范化，主要体现在表决前评估制度。表决前评估制度是指法工委做完以后还需要请一些没有参与过前面过程的专家来对这个法规做一个评估，主要是论证这个法规出台后可能会对社会造成的影响。综上所述，不同的审次，审议的侧重点亦不同。从法律规定上来讲，审议的方式主要采用分组审议的形式，也有全体会议审议等方式。

3. 法规的表决

这次《立法法》修改以后对个别条文的单独表决做了规范。2014年9月广东省里面就先试行了一下，当然在把握的标准上跟《立法法》有点不同，我省是重大条款就可以实行单独表决，国家法律规定是重大条款有重大分歧意见的单独表决。这种提议一般由法工委报主任会议，主任会议同意之后常委会还要先对这个条文是否单独表决做个表决,过半数同意就可以实行单独表决。

4. 法案的公布

公布主要是由人大常委会以公告的形式来公布,现在主要的公布的方式一个是网站,另一个是媒体。还有人大常委会的公报等形式。

三、结语:立法机关对“科学立法、民主立法”的一些认识

习总书记在多个不同场合反复强调科学立法、民主立法,十八大、十八大三中、四中全会的决定里面也多次提到,可见科学立法、民主立法越来越重要。

科学立法主要是把握三个规律:一是经济和社会发展变化规律;二是立法所调整的社会关系的客观规律;三是立法工作的规律。如果这三个规律没把握好,科学立法就是空的、假的。而民主立法主要是公众参与的问题,就是在立法的过程中怎么保证公众参与的问题。所以这两个问题不能孤立看待,科学立法不等于民主立法,二者不能等同。需要把两者结合起来,在科学立法的过程中做到民主立法,在民主立法过程中做到科学立法。多数人赞同的并不一定是真理,只听专家的也不一定能立好法。无论科学立法还是民主立法,关键是要让各种不同的声音表达出来,如果立法的过程里面一边倒没有一点反对声音的话,这个时候往往要警惕,这个法规肯定是有问题,当然反对的声音太大的时候更要注意。在做具体工作的过程里面不怕有不同的声音,立法过程里面有不同的声音,这有助于把握法规里面的一些关键的问题,或者一些需要注意的细节问题。越是没有声音,专家论证会或者座谈会反而会开得多一些。

按照习总书记的说法,法治的新常态,或者基本的要求十六个字中“立法”是摆在最前面:科学立法、严格执法、公正司法、全民守法。科学立法是基础,必须要有法可依,还必须有良法可依。现在主要问题还是集中在严格执法和公正司法这两个环节。在严格执法上,例如2014年4月全国人大通过的《环境保护法》修改,被媒体称为“史上最严”的环

境保护法。它主要严格规定了政府的环境责任以及环境保护行政主管部门的执法责任。如对环境保护行政主管部门规定了九种渎职行为，这九个方面触及了任何一条就可以对其进行问责。这就是从根本上解决了严格执法的问题。在公正司法上，现在的司法体制改革主要是提高司法公信力的问题，解决好兜底的以及最后黄线的问题。只有前面三个问题解决好，人民才能相信、遵守法律，全民守法才可能实现。

实现法治是新一届中央领导集体提出来的在工业现代化、农业现代化基础上第五个现代化，目前对法治现代化的要求越来越严。立法层面上，应重点把握三个问题：一是发挥立法的引领和推动作用，这是全国人大法工委对《立法法》的一个很大的贡献。二是实现了立法决策和改革决策相适应，在立法工作里面体现在“立、改、废、释”四个环节并重，即不能仅注重立法，还要注重法律的修改，法律的废止和法律的解释。三是发挥人大及其常委会在立法工作中的主导作用。

（责任编辑：罗　玥）

PART 6

书评

Book Review

pp. 307 -327

在法的逻辑与社会经验之间

——读评《法律调整》

孙竞超*

目　次

一、问题:社会中法的实际运作

法与社会的关系已成为今天许多中国学者关注的对象,相关研究文献也日益增多。近日读到黄建武教授的近作《法律调整——法社会学的一个专题讨论》,[1]感觉研究内容与方法都有一些特点,

---

* 孙竞超,北京大学法学院2015级博士研究生。

[1] 该书由中国人民大学出版社于2015年出版。

值得与同道分享。

《法律调整》汇聚了黄建武教授近20年研究之精华,其问题意识非常突出,且贯穿全书始终。随着我国在中央和地方层面上立法工作的展开,“无法可依”的情况得到了广泛缓解,然而作者在导论中提到:“历史也告诉我们,法律的规定常常有实现不了的时候,而且法的运行有时还会出现一些与法的意图背离的反变现象”。[2] ——既然主权者的代表们已经制定了法律,为何有时人们却做不到“有法必依”?这种“有法不依”现象的出现与何种因素相关?实际生活中法的运行究竟是哪里出了问题?

对此,作者先给我们指出了一个探究问题的方向:法律其实是在社会场域中产生和运作,它不能不受到它所处的社会环境的影响。如果我们把从法律规范的产生到实现法律要求的权利、义务行为作为一完整过程,可以看到整个法律的运作与社会关联,法律与社会处于相互影响之中。[3] 法律作为一种规范力量不能脱离国家和社会孤立存在,而调整社会关系的法律反过来也受社会场域控制,法律与社会的互动每时每刻都在发生,故而法的运行与法的意图相背离的现象便有可能甚至很容易发生。

正是出于对上述法对社会关系的调整及实现问题的关注,并结合自己多年从事法学教育和地方立法理论研究以及人大立法实践的经验,黄建武教授在《法律调整》中从法律与社会的关联性角度出发重点关注了如下三个问题:法律调整方案的设立,法律调整的实现(法的实现),法的实现效果的评价。全书共分十三章,其中前八章重点论述“法律调整”,集中处理了“什么是法律调整”“法律调整什么”以及“法律如何进行调整”这三个更为具体的问题;第九章至第十二章重点论述“法的实现”,加上第十三章关于法的实现的评价部分,集中讨论了“什么是

〔2〕 黄建武:《法律调整:法社会学的一个专题讨论》,中国人民大学出版社2015年版,导论第1页。

〔3〕 黄建武:《法律调整:法社会学的一个专题讨论》,中国人民大学出版社2015年版,第3页。

法的实现”“法如何实现，影响法的实现的要素”以及“如何评价法的实现的效果”问题。作者的论述过程存在两条主线，一条是对法社会学研究意义上的法与社会关联问题的相对整体且完整的思考，同时还存在一条贯穿其间的暗线，即法与社会关系问题的研究既关注经验中的法，又关注法律自身的逻辑，因而可以说，《法律调整》亦是作者对法理学经典命题——法律的生命是逻辑抑或经验——的一种法社会学回应。

二、法律调整：在国家与社会之间

在研究法与社会关联问题时，法律调整是一个核心概念。在《法律调整》一书中，作者先给出了“社会调整”的描述性定义，即“指社会自身或一定社会组织，运用一定手段、方法，有目的地确定或引导人们的行为，使整个社会活动形成一定秩序”，[4]进而以此为坐标系原点，将法律调整限定为“从调整的主体、调整的手段和方法等角度对社会调整进行分类的结果”。[5] 仅仅描述一个核心概念是不足以达成分析实际问题目的的，在描述“法律调整”的基础上，作者提出了本书中所指“法律调整”的一个相对明确的定义：“国家为了维护某一种社会制度，或为了保障和发展某些利益，自觉运用一系列法律手段，对社会关系施加的规范性和组织性的影响。”[6]如此，笔者认为书中的“法律调整”可用下图简要表示出来：

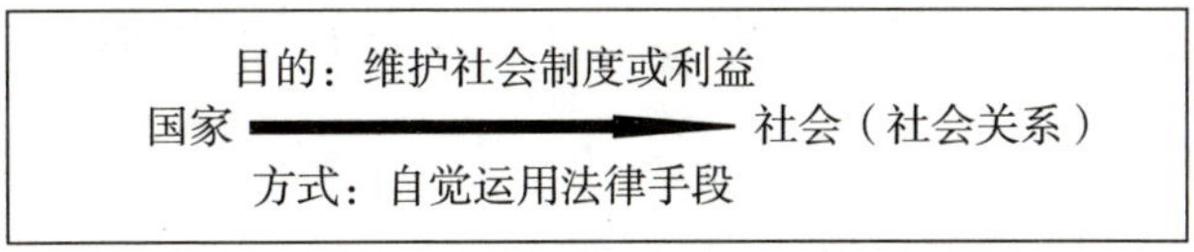

〔4〕 黄建武：《法律调整：法社会学的一个专题讨论》，中国人民大学出版社 2015 年版，第 10 页。

〔5〕 黄建武：《法律调整：法社会学的一个专题讨论》，中国人民大学出版社 2015 年版，第 11 页。

〔6〕 黄建武：《法律调整：法社会学的一个专题讨论》，中国人民大学出版社 2015 年版，第 12 页。

从法律的视角来看,法律调整的主体是国家,法律调整具有目的性,国家自觉运用法律手段,调整的对象是社会关系,其中实际上包含两种关联:一种是法与社会的关联,另一种是法律与自觉运用法律手段的国家之间的关联,而这两种关联在本书关于"法律调整"的论述中都有涉及。

法律调整的目的在于维护某一种社会制度,或为了保障和发展某些利益——这个目的本身就是社会性的,是真实存在的。因此,作者提醒我们,"在设立法律调整方案时不能仅以抽象的理念和原则为唯一的引导而对现实的社会利益结构视而不见"。[7] 法律调整旨在维护某一种社会制度或保障某些特定利益恰恰是因为社会中存在不同且经常是相互冲突的利益,此时法律作为一种工具被有针对性地用来调整社会中的利益分配情况。社会中利益的实现有很多种途径,法律仅是调整手段之一,故而还应注意,"利益实现的规律性决定法律调整技术手段的选择"。[8] 从此意义上讲,法律调整是社会利益实现的需求,法律从社会中来,最终复归于社会。

或许更为关键的一点在于,法律调整的对象是"以人的意志行为为中介,以人们的利益为内容的社会关系",[9]这直接决定了法律调整社会的方式,诚如作者所述,"法律作用的最直接对象是人的意志行为,法律是通过影响意志行为来实现对社会关系的调整的"。[10] 法律调整的是一种具有法律属性的社会关系,这种"法律属性"集中体现在以下两点之中:其一,"法律属性表现了主体社会属性的一般性,因而排除了不

---

〔7〕 黄建武:《法律调整:法社会学的一个专题讨论》,中国人民大学出版社2015年版,第22页。

〔8〕 黄建武:《法律调整:法社会学的一个专题讨论》,中国人民大学出版社2015年版,第22页。

〔9〕 黄建武:《法律调整:法社会学的一个专题讨论》,中国人民大学出版社2015年版,第18页。

〔10〕 黄建武:《法律调整:法社会学的一个专题讨论》,中国人民大学出版社2015年版,第18页。

具一般性的个别利益对一般利益的冲击";[11] 其二,法律关系本身构成了对社会利益关系的法律拟制。法律关系是对特定社会关系的拟制,而"法律规范是社会重要规范的重述",[12] 这使得法律和社会构成了一种镜像关系,"创制法律规则并非没有社会基础而纯由法律理念或原则引导"。[13] 再者,从更为宽泛的意义上讲,法律与社会特有的文化存在复杂关联,最为直接的关联在于法律与社会规范系统(如道德规范等)和价值观系统(如宗教信仰等)发生联系,法律、道德习俗、宗教信仰构成了庞德论述中社会控制的三种主要手段,[14] 三者的综合作用及一些其他因素的影响塑造了社会价值观系统,这个社会价值观系统反过来成为了证明法律正当性的价值标准。[15] 从本书后文来看,法的实现亦和特定社会形态息息相关——特定的法律产生并作用于特定的社会,作者从法律对社会的调整中得出的认识正合于吉尔兹通过分析法律与社会事实关系得出的"法律是一种地方性知识"[16] 论断。

"法律调整"概念涉及的另一对联系在于国家与法之间。可以看到,本文中所提到的"法"主要是指法律,即由国家制定或认可的成文法。我们在讨论法律与社会关系过程中常常忽略掉如下事实:法律调整的主体是国家,国家自觉运用法律手段调整社会关系。忽略这一事实或许是因为其已经成为了一个"不证自明的事实",国家与法的关系构成了法律与社会关系的隐含前提,无需申明。然而,忽略这一事实也

---

〔11〕 黄建武:《法律调整:法社会学的一个专题讨论》,中国人民大学出版社 2015 年版,第 41 页。

〔12〕 黄建武:《法律调整:法社会学的一个专题讨论》,中国人民大学出版社 2015 年版,第 75 页。

〔13〕 黄建武:《法律调整:法社会学的一个专题讨论》,中国人民大学出版社 2015 年版,第 99 页。

〔14〕 [美]庞德:《通过法律的社会控制,法律的任务》,沈宗灵、董世忠译,杨昌裕、楼邦彦校,商务印书馆 1984 年版。

〔15〕 黄建武:《法律调整:法社会学的一个专题讨论》,中国人民大学出版社 2015 年版,第 100 页。

〔16〕 [美]克利福德·吉尔兹:《地方性知识:阐释人类学论文集》,王海龙、张家瑄译,中央编译出版社 2000 年版,第 222 ~ 322 页。

存在一些隐患,如无视"法律是有祖国的"这一现象,盲目地进行法律移植活动而不顾及本国政制,对一国之法律体系的统一和法律的公信力造成负面影响;又如强调社会对法的作用而忽视了国家对法律的确认作用,将社会与国家视为两种对立的力量,过于强调二者之间的张力而忽略了二者在塑造公民和共同体方面的综合作用;或者是在法律的"权利—义务"关系中仅仅强调"为权利而斗争",无法"认真对待义务"——环顾世界发展的历史,从"自由放任"经济理论到"守夜人"的政府理论以及其对社会发展造成的影响中可以看出,重个体轻集体、重权利轻义务不仅仅是一种现代性的体现,有时也成了一种现代的弊端。

对此,作者的态度是建构性的,而非纯粹批判性的。在《法律调整》一书中,这种对于法与社会关系中"国家"定位的建构性主要体现在以下两个非常重要的方面:第一,在法律拟制社会关系的过程中,法律关系是一种以权利义务为核心的两阶关系;〔17〕第二,从性质上说,法律调整的能量是国家的力量,是国家的强制力。〔18〕 正所谓"有权利必有救济"(*ubi jus, ibi remedium*),法定权利和义务背后必然存在保障其实现的强制力,权利关系实际上是一种两个向度的三方关系,一个指向法定义务,另一个指向受制于法律的国家强制力(即法律能量〔19〕)。于是,我们以往理解的趋于平面化的法律权利—义务关系实际上被构建为一种权利人、义务人、国家三者之间的立体的法律关系,国家作为立法者和法律调整主体的作用存在于法律调整的各个环节之中,对法律与社会的关系产生了至关重要的影响。

---

〔17〕 黄建武:《法律调整:法社会学的一个专题讨论》,中国人民大学出版社2015年版,第44~45页。

〔18〕 黄建武:《法律调整:法社会学的一个专题讨论》,中国人民大学出版社2015年版,第69页。

〔19〕 黄建武:《法律调整:法社会学的一个专题讨论》,中国人民大学出版社2015年版,第69页。

三、法的实现：在经验与逻辑之间

本书采取的是一种法社会学立场，在讨论法律调整和法的实现问题时更侧重法的经验性部分，但正如作者所言，法律的生命不能没有自身逻辑，[20]既然法律是一种国家创制或认可的规范，那么这种规范或多或少是"有章可循"的——"章"指的是法的实现之理性标准，这里，作者结合中国法律制度运行的实际情况，从法社会学角度回应了霍姆斯大法官提出的"法律的生命不是逻辑而是经验"经典命题。

第一，在宏观的法制设计层面上，作者认同庞德对上述经典命题的回答，即认为法律乃是经由理性发展起来的经验和经由经验检测的理性。作者将整个法律规范体系的运作视为立法者的一种选择和刻意安排，这种安排本身必然要受到理性原则和方法的引导。[21] 如果追溯法律的渊源，我们便会发现法律最根本来源于人们对神圣或世俗社会生活的种种经验，但这种经验一定是按照一定的逻辑顺序重塑的经验，断然不是碎片化的经验本身。[22] 诚如作者所言："由经验产生的法律如果不讲内在的逻辑合理性，纵然有生命也会是不健康的生命。"[23]在现代成文法国家中，实证法的理论和方法已经成为了法律体系的逻辑完整所不可或缺的保证，这也是法律作为一种社会控制手段越来越重要的有力证明，在此意义上或许可以说，通过法律的社会控制本身最重大的使命在于提供了一种程序正义的生活方式，正是法律的逻辑使得现代国家这台"大机器"有效率地转动起来。

---

〔20〕 黄建武：《法律调整：法社会学的一个专题讨论》，中国人民大学出版社 2015 年版，第 46 页。

〔21〕 黄建武：《法律调整：法社会学的一个专题讨论》，中国人民大学出版社 2015 年版，第 46 页。

〔22〕 黄建武：《法律调整：法社会学的一个专题讨论》，中国人民大学出版社 2015 年版，第 228 页。

〔23〕 黄建武：《法律调整：法社会学的一个专题讨论》，中国人民大学出版社 2015 年版，第 47 页。

第二,从法的实现的每一个具体阶段来说,法的实现过程是一种经过选择的逻辑过程。对于法的实现而言,立法过程仅仅是个开始,正所谓"徒法不足以自行",法律规范转化为人们的行为,权利被享用,义务被履行,禁令被遵守必须经过一定的程序。作者将法的实现过程分为法的规范系统、法的实现的活动系统、法的实现的结果系统三部分,[24]其中法的规范系统作为法的实现的前提和开始,同时也作为法的创制过程的结束,由各种相互关联的法律规范构成,法律规范本身、不同规范之间需要按照一定的逻辑位阶顺序组织起来,才能将立法者针对相关目标的意志转化为具有法律效力的法,进而开始对特定社会(法律)关系的调整。在法的实现的活动系统之中,不同的社会关系按照一定的逻辑规则被转换成具体的相对或绝对法律关系,同时,法律规范的逻辑因素亦构成了分析法的实现的重要标准。再者,逻辑对于法的适用,特别是对于司法活动的作用似乎是不言而喻的,从事实与事实的法律认定,到关于特定成文法的法律解释方法的选择及运用,再到司法哲学的形成,无不是法律逻辑性的体现。

第三,法的实现效果的评价标准的确立恰恰是一种对社会经验和法律经验进行理性化、逻辑化的过程。法的实现存在规范效率和社会效率两个评判层次,在作者看来,这两个层次是相互关联、具有递进关系的:认识法的实现的规范效率,是认识法的实现的社会效率的前提;认识法的实现的社会效率,是从法实现的社会效率向法的目标实现方面认识的深化,是认识法的社会作用的核心。[25] 认识法的实现的效率是为了正确评价法的实现的效果,而正确评价法的实现效果则是为了找出提高立法质量和完善法的实现活动的方法,因此,法的实现的效果评价实际上一种对于法律调整活动的理性反思过程。法的实现的社会

---

〔24〕 黄建武:《法律调整:法社会学的一个专题讨论》,中国人民大学出版社 2015 年版,第 132 页。

〔25〕 黄建武:《法律调整:法社会学的一个专题讨论》,中国人民大学出版社 2015 年版,第 212 页。

效率测定必须经历揭示法的目的、确定效率的指标、确定法的社会作用、用法的社会作用与目标进行比较[26]这四个阶段,以各个阶段最佳性的因素(法制根据性、合理性、有益性、经济性等)作为评价标准,亦依赖于规范化、精确量化的法律分析手段方能开展。

总而言之,作者意欲澄清的一点在于,本书关于法律受到社会场域影响的论述不应被理解为否定法律自身逻辑,更不是要去否定法律原则对法律体系构成以及对社会的规制作用。[27] 恰恰相反,作者肯定了法律原则、法律价值对于法律体系构成有着不可缺少的意义,而他想提醒我们注意的是这一法律的逻辑骨架背后存在一个更为广博的社会场域,从外部源源不断地向法律体系本身输送营养,人们切不可忘记法律的来源。因此,探究法的实现问题需要兼顾法的规范研究和法的实证研究等方法,这样一个问题本身既向法社会学同时也向法教义学发出了智识的邀请。

四、结语

《法律调整》是立足于中国社会的法学专题讨论,在论述具体问题和写作方法上都使读者受益良多。

这本书反映了作者思考法律与社会关系问题的长期努力。从法律调整到法的实现,再到法的实现效果的评估,作者对该问题的思考渗透于法律运行过程始终,涉及立法、执法和司法多范围,既关注法规范的形成,也关注法律规范在社会生活中的实际效果问题,同时因为法律与社会的复杂关系,作者的研究还延伸至文化理论和政治理论之中,在古今中西的维度下拓展问题的思考。面对如何复杂的问题以及更为纷繁的经验世界,本书更为难得的一点在于强调"法社会

---

〔26〕 黄建武:《法律调整:法社会学的一个专题讨论》,中国人民大学出版社 2015 年版,第 218 页。

〔27〕 黄建武:《法律调整:法社会学的一个专题讨论》,中国人民大学出版社 2015 年版,第 228 页。

学的一个专题讨论”,即凭借作者所论健康的法律逻辑和作者多年从事法学理论教学研究和地方立法的经验将各个问题不露违和感地串联起来。

值得注意的是,这本书既是关于法社会学问题的一个专题讨论,更是写给中国法学研究生的参考书,故而具有教学意义。正因为是教学参考书,作者在论述过程中加入了大量生活中的立法和司法实例,风格上既严肃又活泼,力图深入浅出地引导学生们从感性认识上升到理性认识,了解法律调整和法的实现的全过程。同时,为了向法学研究生们呈现一幅完整的法社会学知识图景,作者在写作过程中既注意到自己观点的表达,做到立己之言,同时引介了许多中外法学理论研究者在相关问题上的认识,不偏于一家之说,实属可贵。

我还想向本书的一个使命重大的读者群——共和国的立法工作者们——郑重推荐此书。我国是一个以成文法为主的国家,可以说,立法工作较之行政、司法工作而言对于社会民生的影响更为关键。因此,作者在本书导言中提到的问题——在社会生活中,为何有时人们不愿按照法律的规范调整自己的行为方式,为何有时法的运行会出现与法的意图背离的反变现象——在很大程度上就成了立法工作者需要回应的问题。立法者要结合社会情况考虑法的目标,运用专门的立法技术进行法律制度的设计,还要根据社会反馈情况及时做出评估以调整法律制度。对此,黄建武教授以一位经验丰富的地方立法工作者的身份提供了智识的贡献,尤其是在立法评估问题上,黄教授更是总结并提出了一些评估因素和标准,这些理论探讨必然不是一种纯粹的经验谈,更不是是学究式的设想。我相信,立法工作者们一定能从本书的系统思考中获得理解立法和立法评估工作方面的助益。

最后,除去本书印刷中的一些瑕不掩瑜的问题之外,本书还存在一些可供拓展的理论空间,比如作者在最后一章揭示法的目标问题中提到的四个方面的研究,书中没有做进一步展开,但这四个方面的研究对于法学研究者,包括立法研究者和工作者认识“法从何来”“如何摆正法的目标,并结合法的目标做出相应的法律制度设计”等问题都会很有启发。针对这些问题,或许读者们可以期待《法律调整》第二版以及由此激发出的一系列理论研究给出更为明确的回答。

(责任编辑:罗　玥)

评《中国主权下的香港立法会(1998～2013)》

鲁　闽*

自“吴嘉玲案”[1]以来,关于《中华人民共和国香港特别行政区基本法》(以下简称《基本法》)解释权以及中央和特别行政区关系的书籍论文可谓汗牛充栋。[2] 事实上,特别是考虑到香港政治经济社会这些年来的发展变化,包含有160个条文的《基本法》还有许多学术处女地值得挖掘。顾瑜博士在其博士学位论文基础上修改出版的这本《中国

---

* 鲁闽,北京大学法学硕士,香港大学普通法硕士。

〔1〕 [1999] HKCFA 72.

〔2〕 据学者统计,回归后,和基本法解释机制以及港澳政治体制直接或间接相关的论文超过100篇,占回归后基本法相关论文的50%以上。参见孙成:《大陆学界对基本法相关理论的研究综述(1985～2009)》,载于周叶中、邹平学主编:《两岸及港澳法制研究论丛》(第1辑),厦门大学出版社2011年版,第73～74页。

主权下的香港立法会(1998 ~ 2013)》,[3]提供了一个如何深挖香港基本法研究领域的新视角。从基本法有关立法会的规定出发,顾瑜博士细致梳理了《立法会议事规则》(以下简称《议事规则》)的相关规定、香港法院历年来关于立法会的判例、立法会主席对议案所做的一系列裁决、立法会议员的发言记录、重要立法事件、立法会议员个人以及会议情况等的统计数据等,资料丰富翔实,对后来者进一步研究也提供了很好的指引。

作为一本研究型的学术专著,该书并不意在对香港立法会进行面面俱到的介绍,而是立足于立法会所拥有的权力和职责,将其放进整个政治体制架构中进行法律和政治分析。在《基本法》第 73 条关于立法会职权规定[4]的基础上,顾瑜博士归纳出了五项主要职权,即监察立法、监察公共开支、动议议案、质询、根据《立法会(权力及特权)条例》享有的调查权,并分章进行论述。就写法而言,上述体例有其优势,能够让人明白立法会的具体工作,但也有劣势,那就是不能集中分析其中具有共通性和根本性的问题。比如,就监察立法和公共开支而言,其实都存在如何理解《基本法》第 74 条限制议员提出法律草案的问题,[5]也都涉及《基本

---

〔3〕 Gu Yu, Hong Kong's Legislature under China's Sovereignty: 1998 – 2013, Leiden and Boston: Brill Nijhoff, 2015.

〔4〕 《基本法》第 73 条规定:"立法会拥有以下职权:(一)根据本法规定并依照法定程序制定、修改和废除法律;(二)根据政府的提案,审核、通过财政预算;(三)批准税收和公共开支;(四)听取行政长官的施政报告并进行辩论;(五)对政府的工作提出质询;(六)就任何有关公共利益问题进行辩论;(七)同意终审法院法官和高等法院首席法官的任免;(八)接受香港居民申诉并作出处理;(九)如立法会全体议员的四分之一联合动议,指控行政长官有严重违法或渎职行为而不辞职,经立法会通过进行调查,立法会可委托终审法院首席法官负责组成独立的调查委员会,并担任主席。调查委员会负责进行调查,并向立法会提出报告。如该调查委员会认为有足够证据构成上述指控,立法会以全体议员三分之二多数通过,可提出弹劾案,报请中央人民政府决定;(十)在行使上述各项职权时,如有需要,可传召有关人士出席作证和提供证据。"

〔5〕 《基本法》第 74 条规定:"香港特别行政区立法会议员根据本法规定并依照法定程序提出法律草案,凡不涉及公共开支或政治体制或政府运作者,可由立法会议员个别或联名提出。凡涉及政府政策者,在提出前必须得到行政长官的书面同意。"

法》附件二第2条立法会表决实行“分组点票”的问题。[6] 两个章节对上述问题分别都有论述，虽然角度和材料并不相同，但还是稍显重复，也就浪费了进一步集中深入分析的空间。

在对1998年至2013年这段时期香港立法会的运作进行梳理之后，顾瑜博士认为，在“一国”原则压倒性的影响下，早期立法和行政之间试图追求共识与合作的倾向，已经逐步让位给了行政权力集中和全面控制，立法会的独立性以及对行政机关的制衡作用也逐渐削弱。[7] 下面对该书着重分析的两个基础性问题做些评析。

第一，关于立法会的独立性。这是该书着力论述的基本点和出发点，背后隐含的其实是如何看待香港政治体制。该书开篇就对此做了专门论述，其中特别强调了立法会对行政机关的制衡作用。[8] 关于行政和立法的关系问题，从《基本法》起草时开始，中央的态度就是明确的，即行政主导，既要制衡又要配合，但还是重在配合。不过在香港有不同的观点，认为香港实行的是“三权分立”，强调“分权和制衡”（check and balance），甚至认为立法会的主要作用甚至唯一作用就是向政府施压，对“配合”二字非常敏感。[9] 事实上，所谓“制衡”，不是让立法机关当行政机关的绊脚石；所谓“配合”，也不是要立法机关当行政机关的橡皮图章；“制衡”加“配合”，是希望立法机关和行政机关共同推动社会的繁荣进步。虽然西方政治体制有“分权和制衡”的一面，但为了实现

---

〔6〕《基本法》附件二第2条规定：“立法会议员个人提出的议案、法案和对政府法案的修正案均须分别经功能团体选举产生的议员和分区直接选举、选举委员会选举产生的议员两部分出席会议议员各过半数通过。”

〔7〕 Gu Yu, Hong Kong's Legislature under China's Sovereignty: 1998 – 2013, Leiden and Boston: Brill Nijhoff, 2015, pp. 229 – 230.

〔8〕 Gu Yu, Hong Kong's Legislature under China's Sovereignty: 1998 – 2013, Leiden and Boston: Brill Nijhoff, 2015, pp. 4 – 6.

〔9〕 比如2007年时任国家副主席习近平对外表示，希望特区管治团队“更积极合作”，“行政、立法、司法三个机构要互相理解，互相支持”，香港大律师公会随即发表声明反驳。虽然该声明主要谈了对“司法独立”的看法，但充分体现了香港社会对“配合”说的敏感程度。参见“Press Statement Regarding Judicial Independence”，载 http://www.hkba.org/whatsnew/press-release/20080709.pdf，访问时间：2016年5月25日。

正常运作,实践中还是往“配合”的一面努力。议会制下,在议会取得多数席位是组阁执政的前提条件。对执政者而言,“一党执政”肯定比“联合执政”更加稳固,在这种情况下,执政党在议会拥有多数支持,行政机关和立法机关之间体现出的就是一种配合关系。总统制下,虽然不排除议会和总统分属不同政党或阵营的可能性,但是任何执政者都不愿形成这种局面,而仍然希望能在议会也拿到多数席位,目的还是为了实现配合,从而提高行政机关的执行力。当然,香港的情况比较特殊,行政长官和立法会由不同渠道选举产生,行政长官不能拥有政党背景,立法会议席一半由功能团体选举产生,一半由分区直接选举产生,分区直接选举采用的又是比例代表制,导致政党碎片化,大大提高了行政机关在立法过程中的议价难度。〔10〕 这不是民主成分多一点还是少一点导致的结果,而是一种机制本身的困境。在暂时无法对现有机制作出改变的情况下,也不宜以“独立和制衡”之名过分强调行政机关和立法机关之间的区隔,而要在保持机构独立性的前提下,促使双方有更多的良性互动。

当然,任何机构都有扩权倾向,表现出来就是一种紧张关系。比如前面提到的《基本法》第 74 条规定议员提出的法律草案不能涉及公共开支或政治体制或政府运作,那么到底由谁来决定议员提出的法律草案是否涉及了这些方面呢? 行政机关一向认为决定权在自己手上,而立法会主席从来就不接受这个观点。根据顾瑜博士的统计,1998 年至 2013 年间,两任立法会主席共做出了 24 项裁决,〔11〕把决定权属于立法会这件事坐实了,似乎更好地落实了监察立法的职权。但这种做法本身的确也存在商榷空间。根据《基本法》第 74 条,我们可以把议员提出法律草案的限制,分为两个层次:一是涉及政府政策者,可以有条件提

〔10〕 参见刘兆佳:《回归十五年以来香港特区管治及新政权建设》,商务印书馆 2012 年版,第 198～208 页。

〔11〕 Gu Yu, Hong Kong's Legislature under China's Sovereignty: 1998 – 2013, Leiden and Boston: Brill Nijhoff, 2015, p. 46.

出,即得到行政长官的书面同意;二是涉及公共开支或政治体制或政府运作者,则完全不能提出。从逻辑上看,既然要求更宽松的第一个层次都完全由行政机关决定(行政长官是香港特别行政区政府的首长),那么行政机关不可能对要求更严格的第二个层次完全没有话语权,而由立法会自行决定。

除了行政和立法,立法和司法的关系也值得重视。在顾瑜博士的论述中,香港法院对立法会内部一些事务进行裁判的行为,是作为外部限制而存在的,似乎是对立法会独立性的一种侵蚀。[12] 正因如此,香港法院在一系列判决中秉持的"不干预原则"得到了顾瑜博士的认可。类比之下,如果立法会履行《基本法》第73条第(七)项的权力,否决了终审法院法官或高等法院首席法官的任命,可以反过来说立法会侵犯了法院的司法独立吗?恐怕很难。然而,在顾瑜博士概括的五项主要职权中,并不包括任命终审法院法官或高等法院首席法官。这的确也符合香港的现实,如果上文所说的立法机关制衡行政机关是某种"政治正确",那么司法机关几乎成了一个"独立王国"则是另一种"政治正确"。回归以来,立法会的这项权力一直处于虚化状态。类似美国最高法院安东尼·斯卡利亚大法官突然逝世导致民主共和两党在任命新法官问题上的政治角力,从来没有在香港上演过。

第二,关于中央的态度。顾瑜博士认为,中央政府及其驻香港特别行政区联络办公室是影响立法会独立性的诸多外部因素中最有影响力的一个。[13] 香港当前的乱局似乎有一个先因后果的关系,即中央和特区政府在23条立法、广深港高铁、新界东北发展计划等议题上的进取态度以及在立法会内只追求"够票",导致或者说加剧了政党碎片化、反对派激进化,最后还是归结到了普选问题上。这种两个阵营式的分析

[12] Gu Yu, Hong Kong's Legislature under China's Sovereignty: 1998 – 2013, Leiden and Boston: Brill Nijhoff, 2015, p. 216.

[13] Gu Yu, Hong Kong's Legislature under China's Sovereignty: 1998 – 2013, Leiden and Boston: Brill Nijhoff, 2015, p. 225.

套路或许有利于我们从一片纷乱嘈杂中抓住主要矛盾,但也有可能让我们失去了很多宝贵的细节,最终得到的只是一幅失真的图像。比如2010年的政改争议,虽然如顾瑜博士所指出,反对派内部有公民党和人民力量的立法会议员发起了“变相公投”,但民主党、“终极普选联盟”等也都试图在法律框架内寻求突破,最终才有了民主党在立法会内支持俗称“超级区议员”的政改方案,让回归后的香港政制第一次实现了向前走。为防止再次出现“变相公投”,[14]特区政府于2011年5月提出了“替补机制”,规定立法会议员辞职后6个月内不能再次参选。反对派强烈反弹,提出大量修正案,也是今天立法会内“拉布(filibuster,即‘冗长辩论’)”泛滥的肇始。顾瑜博士在书中对“拉布”现象以及香港法院关于立法会主席“剪布”权(即立法会主席依照议席规则决定结束冗长辩论)的判决做了分析。[15] 但是香港的情况变得很快,原意为“冗长发言”的“拉布”在香港已经演变成了频繁点算会议出席人数。下面就如何应对“拉布”做些分析,正好也可以窥探一下中央的态度。

《基本法》第75条规定,“举行会议的法定人数为不少于全体议员的二分之一”。为落实这条被认为是指会议全程都必须达到法定人数的规定,[16]立法会《议事规则》第17条规定,“如出席会议的议员不足

〔14〕 据统计,此次“变相公投”的投票率只得17.19%,创下最低纪录,耗用约1.26亿元。根据不同机构于2009年11月至2010年5月期间所进行的民意调查,有50%至58%的受访者表示反对这次“变相公投”。参见《填补立法会议席空缺安排咨询文件》第1页,载http://www.cmab.gov.hk/doc/tc/documents/filling_vacancies/Consultation_Paper_with_Annexes_tc.pdf,访问时间:2016年5月25日。

〔15〕 Gu Yu, Hong Kong's Legislature under China's Sovereignty: 1998－2013, Leiden and Boston: Brill Nijhoff, 2015, pp. 82－87.

〔16〕 比如,根据御用大律师Lord Lester of Herne Hill的意见,如果将会议法定人数的规定限为只适用于立法会会议过程中的某些特定时刻,限制议员提出点算法定人数要求的权利活禁止议员在点算法定人数期间离开会议厅等建议,要不是违反《基本法》第75条的宗旨或目的,便是不相称地行使议事规则和基本法相关条文赋予立法会主席的权力。参见《香港特别行政区立法会议事规则委员会2014年10月至2015年6月的工作进度报告》第5页,载http://www.legco.gov.hk/yr14－15/chinese/procedur/reports/crop-rpt150708－c.pdf,访问时间:2016年5月15日。

法定人数,而有人向立法会主席提出此事,立法会主席即须指示传召议员到场。15分钟后,如仍不足法定人数,立法会主席即无须付诸表决而宣布休会”。问题的关键是“有人向立法会主席提出此事”这一句。如果机械地理解《基本法》第75条,那么,是否达到全体议员的1/2应该是一个客观事实,并不以“是否有人向立法会主席提出此事”为前提。由此,合适的做法似乎应该是,由立法会秘书处的工作人员即时对会场的人数进行滚动点算,只要不足1/2就自动响铃提醒议员,15分钟后如果人数依然不够,那就要宣布休会。很显然,这不会是第75条的本意,也不符合一般开会议程和议会运作的逻辑。将《基本法》第75条中的“法定人数”解释为会议刚开始时或表决时所需的人数,其实是有法律空间的。根据《基本法》第158条,全国人民代表大会常务委员会享有对《基本法》的解释权。香港终审法院在“刘港榕案”也明确,全国人大常委会的解释权不限于香港终审法院在诉讼过程中根据第158条第3款提请解释《基本法》关于中央管理的事务或内地与香港关系的条款的情况。[17] 从理论上看,如果香港特区内部无法就频繁点算人数进行“拉布”、干扰特区政府施政的情况提出解决方案的话,可以由全国人大常委会对《基本法》第75条中“举行会议的法定人数”的具体意思进行解释,起到釜底抽薪的效果,但是迄今为止,全国人大常委会并没有这么做。这个侧面其实也可以说明,虽然《“一国两制”在香港特别行政区的实践》白皮书的发表让一些香港人感到忧虑,甚至如同顾瑜博士所言是“一国”全面支配“两制”,[18] 但是在依法管治香港事务方面,中央的态度其实是十分慎重的。

在一篇评论法学著作的文章中谈了不少政治,似乎有些偏题,但立法从来都是一个政治过程,香港立法会的历史也绕不开政治,否则顾瑜

〔17〕［1999］3 HKLRD 778,参见第57段。

〔18〕Gu Yu,Hong Kong's Legislature under China's Sovereignty:1998 - 2013,Leiden and Boston:Brill Nijhoff,2015,p. 229.

博士这本书的标题也不会有“中国主权下”这几个字。笔者认为,中国主权并不是立法会更好履行职责的束缚和羁绊。基于这个政治现实秩序,如何更好地发挥立法会的作用,希望未来能有更多丰富理性的讨论。

(责任编辑:罗　玥)

《立法评论》注释体例

一、一般规定

1. 本评论采用页底脚注的形式，编号连排，注释序号以阿拉伯数字上标；标题及作者简介信息注以星号上标。

2. 引用文献的必备要素及一般格式为“[国籍]责任者与责任方式：《文献标题》(版本与卷册)，出版者出版时间，起止页码。”

3. 所引文献若为撰著，不必说明责任方式，否则，应注明“编”“主编”“编著”“整理”“编译”“译”“校注”等责任方式。

4. 非引用原文者，注释前应以“参见”引领；非引自原始资料，应先注明原始作品相关信息，再以“转引自”引领注明转引文献详细信息；凡有“参见”“转引自”“摘自”等引领词者，作者与书名之间不用“：”隔开。

5. 引证信札、访谈、演讲、电影、电视、广播、录音、馆藏资料、未刊稿等文献资料，应尽可能明确详尽，注明其形成、存在或出品的时间、地点、机构等能显示其独立存在的特征。

6. 外文文献遵循该语种通常注释习惯。

二、注释范例

1. 著作

黄建武:《法律调整——法社会学的一个专题讨论》,中国人民大学出版社2015年版,第115页。

参见季卫东:《法治构图》,法律出版社2012年版,第56页。

2. 论文

王利明:《惩罚性赔偿》,载《中国社会科学》2000年第4期。

3. 集刊

贺卫方、苏彦新、徐忠明、任强:《法治及其西方资源》,载谢进杰主编:《中山大学法律评论》(第9卷第1辑),法律出版社2011年版,第56页。

4. 文集

陈光中:《中国刑事诉讼法的特点》,载陈光中:《陈光中法学文集》,中国法制出版社2000年版,第258页。

5. 教材

江平主编:《民法学》(第二版),中国政法大学出版社2011年版,第96页。

6. 译作

[美]贝勒斯:《法律的原则——一个规范的分析》,张文显等译,中国大百科全书出版社2002年版,第156页。

7. 报纸

徐忠明:《学术训练与大学时光——2011届新生开学典礼致辞》,载《中山大学法学院院报》2011年9月25日,第8版。

8. 古籍

沈家本:《沈寄簃先生遗书》(甲编),中国书店1985年版(据民国刊刷印本)(第43卷),第45页。

9. 学位论文

吴洪淇:《证据法的运行环境与内部结构》,中国政法大学2010年博士学位论文,第26页。

10. 会议论文

黄瑶:"military intervention under the doctrine of the Responsibility To Protect (R2P)",发表于"亚洲国际法学会第三届双年会",北京,2011年8月27~28日。

11. 学术报告

陈弘毅:《香港特别行政区与台湾地区的法治和民主:比较与反思》,发表于中山大学法学院"方圆大视野"系列高端公益论坛第十九期,广州,2013年1月8日。

12. 研究报告

丁利:《理性、进化与均衡:博弈论解概念及其基础》,中国社会科学院经济研究所博士后工作报告,北京,2002年9月。

13. 网络文献

《中国法学会国际经济法学研究会2011年年会在中山大学隆重召开》,载 http://ielaw. uibe. edu. cn/html/yanjiuhuizhichuang/20111120/17079. html,访问时间:2011年12月21日。

14. 外文文献

期刊文章:D. James Greiner, Cassandra Wolos Pattanayak and Jonathan Hennessy, "The Limits of Unbundled Legal Assistance: A Randomized Study in a Massachusetts District Court and Prospects for the Future", 126 Harvard Law Review 901 (2013), pp. 905 - 907.

著作:Tai-Heng Cheng, *When International Law Works*, New York: Oxford University Press, 2012, p. 151.

图书在版编目(CIP)数据

立法评论. 第1卷. 第1辑 / 黄建武主编. —北京：法律出版社,2016.10
ISBN 978-7-5197-0252-6

Ⅰ.①立… Ⅱ.①黄… Ⅲ.①地方法规—立法—研究—中国 Ⅳ.①D927

中国版本图书馆CIP数据核字(2016)第269496号

立法评论(第1卷·第1辑) | 黄建武 主编 | 责任编辑 李峰沄 装帧设计 李 瞻

开本 720毫米×960毫米 1/16
印张 21.25 **字数** 277千
版本 2016年10月第1版
印次 2016年10月第1次印刷
出版 法律出版社
编辑统筹 学术·对外出版分社
总发行 中国法律图书有限公司
经销 新华书店
印刷 固安华明印业有限公司
责任印制 陶 松

法律出版社/北京市丰台区莲花池西里7号(100073)
电子邮件/info@lawpress.com.cn
销售热线/010-63939792/9779
网址/www.lawpress.com.cn
咨询电话/010-63939796

中国法律图书有限公司/北京市丰台区莲花池西里7号(100073)
全国各地中法图分、子公司电话：
第一法律书店/010-63939781/9782
西安分公司/029-85388843
重庆公司/023-65382816/2908
上海公司/021-62071010/1636
北京分公司/010-62534456
深圳公司/0755-83072995

书号：ISBN 978-7-5197-0252-6
定价：65.00元
(如有缺页或倒装,中国法律图书有限公司负责退换)